"十四五"职业教育规划教材

高职高专财经商贸类专业"互联网+"创新规划教材

职场沟通实务
（第4版）

主　编　吕宏程　陈璐露

副主编　程淑华　陆春光

　　　　李艳琴　王　兰

参　编　林　吉　徐　侃

　　　　陈杏头　翁玄彬

北京大学出版社
PEKING UNIVERSITY PRESS

内 容 简 介

本书共分 15 个项目。项目 1 至项目 7 为职场沟通基础，主要介绍和训练学生沟通的基本技能，包括职场沟通概述，沟通筹划，职场交往礼仪，观察和倾听，语言沟通与非语言沟通，赞美、妥协和道歉，说服、求助和拒绝；项目 8 至项目 15 为职场沟通技能，包括求职和初入职沟通、平行沟通、上行沟通、下行沟通、客户沟通、会议沟通、电话沟通和网络沟通、当众发言。

与同类教材相比，本书既重视原理的讲解，也重视技能的训练，适用对象明确、内容新颖全面、实践操作性强。为了突出实用性和实践性，本书加入了大量的案例，并在每个项目后安排了实训项目，便于启发学生的思维，培养其分析、解决实际问题的能力。

本书既可作为高职高专财经商贸类专业人才培养的教材，也可作为相关从业人员的培训教材。

图书在版编目（CIP）数据

职场沟通实务 / 吕宏程，陈璐露主编. —4 版. —北京：北京大学出版社，2024.6. —（高职高专财经商贸类专业"互联网+"创新规划教材）. — ISBN 978-7-301-35184-0

Ⅰ．C912.11

中国国家版本馆 CIP 数据核字第 20244LT160 号

书 名	职场沟通实务（第 4 版）
	ZHICHANG GOUTONG SHIWU（DI-SI BAN）
著作责任者	吕宏程　陈璐露　主编
策划编辑	吴　迪
责任编辑	李瑞芳
数字编辑	蒙俞材
标准书号	ISBN 978-7-301-35184-0
出版发行	北京大学出版社
地　　址	北京市海淀区成府路 205 号　100871
网　　址	http://www.pup.cn　新浪微博：@北京大学出版社
电子邮箱	编辑部 pup6@pup.cn　总编室 zpup@pup.cn
电　　话	邮购部 010-62752015　发行部 010-62750672　编辑部 010-62750667
印刷者	河北博文科技印务有限公司
经销者	新华书店
	787 毫米×1092 毫米　16 开本　17.5 印张　411 千字
	2012 年 8 月第 1 版　2016 年 8 月第 2 版　2020 年 6 月第 3 版
	2024 年 6 月第 4 版　2024 年 6 月第 1 次印刷
定　　价	49.00 元

未经许可，不得以任何方式复制或抄袭本书之部分或全部内容。

版权所有，侵权必究

举报电话：010-62752024　电子邮箱：fd@pup.cn

图书如有印装质量问题，请与出版部联系，电话：010-62756370

第4版前言

《职场沟通实务》于2012年首次出版之后，深受各大高校相关专业师生的欢迎。2014年年初，该课程参与中国高等教育学会大学素质教育研究分会（CASE）主办的"大学素质教育精品通选课"评选，被评为A级。同年被列入中国高等教育学会的《大学素质教育通选课手册》。

习近平总书记在全国高校思想政治工作会议上强调指出："要用好课堂教学这个主渠道，思想政治理论课要坚持在改进中加强，提升思想政治教育亲和力和针对性，满足学生成长发展需求和期待，其他各门课都要守好一段渠、种好责任田，使各类课程与思想政治理论课同向同行，形成协同效应。"时光飞逝，21世纪出生的年轻一代已步入大学校园，他们大多是伴随智能通信设备和网络技术长大的，职场沟通的形式也发生了日新月异的变化，不过，沟通的一般规律和沟通的艺术，并没有因此而发生根本改变。相反，由于"低头族"的增加，更需要加强观察、倾听、书面沟通和当面沟通等沟通形式的教育和学习，才能使大学生在未来的社会交往和职业生涯中立于不败之地。

本书除了明确了每个项目的知识目标和能力目标，还配备了实训项目，并按照新形态教材之要求，增列了50个微课视频，更好地满足学生对不同学科知识点的个性化自主学习要求，也充分体现了高职高专教育理论够用、重视技能提高的特点。

本书的主要特色是力求符合高职高专教育人才培养的要求，以经管类专业必须掌握的管理沟通知识为基础，把职场沟通所需的技巧等有关内容重新进行整合，重视过程教学和课堂内外的实训。本书适合高职高专经管类专业的教学，适合企业对新员工的培训，也适合其他对职场沟通有兴趣的各类读者阅读和学习。

本书建议学时为54学时，各项目参考学时如下。

项 目	内　　容	参考学时
项目1	职场沟通概述	3
项目2	沟通筹划	4
项目3	职场交往礼仪	3
项目4	观察和倾听	4
项目5	语言沟通与非语言沟通	4
项目6	赞美、妥协和道歉	3
项目7	说服、求助和拒绝	4
项目8	求职和初入职沟通	4

续表

项　目	内　　容	参考学时
项目 9	平行沟通	4
项目 10	上行沟通	4
项目 11	下行沟通	4
项目 12	客户沟通	4
项目 13	会议沟通	3
项目 14	电话沟通和网络沟通	3
项目 15	当众发言	3

本书由吕宏程、陈璐露担任主编，程淑华、陆春光、李艳琴、王兰担任副主编，林吉、徐侃、陈杏头、翁玄彬参编，并邀请相关行业专家做指导。由于编写时间仓促，加之编者水平有限，书中不足之处在所难免，敬请广大读者批评指正。

编　者

2024 年 1 月于杭州

【资源索引】

目 录

项目1 职场沟通概述 1
- 1.1 沟通的概念及有效沟通的重要性 2
  - 1.1.1 沟通的概念 2
  - 1.1.2 有效沟通的重要性 2
- 1.2 沟通的类型及组成要素 5
  - 1.2.1 沟通的类型 5
  - 1.2.2 沟通的组成要素 8
- 1.3 沟通的障碍 9
- 1.4 高效沟通的基本步骤 12
  - 1.4.1 事前准备 12
  - 1.4.2 确认需求 12
  - 1.4.3 阐述观点 14
  - 1.4.4 处理异议 14
  - 1.4.5 达成协议 14
  - 1.4.6 共同实施 14
- 思考题 15
- 实训项目 15

项目2 沟通筹划 19
- 2.1 因人而异的沟通策略 19
  - 2.1.1 不同的气质 20
  - 2.1.2 不同的性格 21
  - 2.1.3 不同的性别 22
  - 2.1.4 不同的年龄 22
- 2.2 自我认知和认知他人 23
  - 2.2.1 自我认知 23
  - 2.2.2 自我激励 25
  - 2.2.3 认知他人 26
  - 2.2.4 理解他人的情绪和情感 27
- 2.3 情绪的识别与克制 29
  - 2.3.1 人的4种情绪 29
  - 2.3.2 不良情绪的恶果 30
  - 2.3.3 控制自己的情绪 31
  - 2.3.4 识别和安抚他人情绪 32
- 2.4 克服沟通心理障碍 33
  - 2.4.1 人际交往的心理障碍 34
  - 2.4.2 克服人际交往的心理障碍——扬长避短 35
- 思考题 36
- 实训项目 36

项目3 职场交往礼仪 39
- 3.1 基本要求 40
  - 3.1.1 仪表 40
  - 3.1.2 仪态举止 42
- 3.2 致意礼仪 43
- 3.3 称呼、微笑、问候和寒暄的礼仪 45
  - 3.3.1 称呼的礼仪 45
  - 3.3.2 微笑的礼仪 46
  - 3.3.3 问候和寒暄的礼仪 47
- 3.4 引导、接待、迎送和介绍的礼仪 48
  - 3.4.1 引导的礼仪 48
  - 3.4.2 接待的礼仪 49
  - 3.4.3 迎送的礼仪 50
  - 3.4.4 介绍的礼仪 51
- 3.5 宴会礼仪 52
  - 3.5.1 宴会的种类 52
  - 3.5.2 宴会准备的礼仪 52
  - 3.5.3 宴会中主人的礼仪 54
  - 3.5.4 赴宴的礼仪 55
- 思考题 56
- 实训项目 57

项目4 观察和倾听 58
4.1 观察的作用、方法和技巧 59
- 4.1.1 观察的作用 59
- 4.1.2 观察一个人的方法 60
- 4.1.3 提高观察力的技巧 60

4.2 倾听的概念、作用和层次 62
- 4.2.1 倾听的概念 62
- 4.2.2 倾听的作用 62
- 4.2.3 倾听的层次 64

4.3 消除倾听的障碍 65
- 4.3.1 主观障碍 65
- 4.3.2 客观障碍 66

4.4 有效倾听 67
思考题 70
实训项目 70

项目5 语言沟通与非语言沟通 73
5.1 语言沟通能力的培养 74
- 5.1.1 语言沟通的分类 74
- 5.1.2 语言沟通能力的培养 74

5.2 说话技巧 77
- 5.2.1 展开话题技巧 78
- 5.2.2 维持话题技巧 79
- 5.2.3 倾听和回应 80
- 5.2.4 结束话题技巧 80

5.3 职场说话禁忌 81
- 5.3.1 爱揭短 81
- 5.3.2 爱抱怨 81
- 5.3.3 说闲话、传流言 82
- 5.3.4 直言直语 83
- 5.3.5 把话说死、说绝 83
- 5.3.6 有口无心 83
- 5.3.7 职业"哑巴人" 84
- 5.3.8 演说家 84
- 5.3.9 凡事喜欢争个明白 84

5.4 非语言沟通的技巧 86
- 5.4.1 非语言沟通的概念及分类 86
- 5.4.2 非语言沟通的功能 87
- 5.4.3 学会"察言观色" 87

思考题 90
实训项目 90

项目6 赞美、妥协和道歉 92
6.1 赞美的艺术 93
- 6.1.1 赞美的概念和意义 93
- 6.1.2 赞美的技巧 94
- 6.1.3 提高赞美的能力 97

6.2 妥协的艺术 100
- 6.2.1 不伤和气的辩论 101
- 6.2.2 化解冲突的5种方法 102

6.3 道歉的艺术 104
- 6.3.1 道歉的作用 104
- 6.3.2 职场道歉的技巧 105
- 6.3.3 向客户道歉的技巧 107

思考题 110
实训项目 110

项目7 说服、求助和拒绝 112
7.1 说服的技巧 112
- 7.1.1 从《触龙说赵太后》看说服技巧 113
- 7.1.2 说服的基本原则 115
- 7.1.3 说服的其他技巧 117

7.2 求助的技巧 120
- 7.2.1 求人的意义和原则 120
- 7.2.2 求人的技巧 121
- 7.2.3 善于识人,对症下药 122

7.3 拒绝的意义和技巧 124
- 7.3.1 拒绝的意义 124
- 7.3.2 拒绝的技巧 125

思考题 128
实训项目 129

项目 8 求职和初入职沟通 130

- 8.1 求职准备 131
  - 8.1.1 求职前的心理准备 131
  - 8.1.2 求职前的资料准备 133
  - 8.1.3 了解招聘单位 137
- 8.2 面试礼仪和沟通技巧 138
  - 8.2.1 注意面试礼仪 138
  - 8.2.2 面试沟通技巧 140
  - 8.2.3 致谢和总结 142
- 8.3 初入职沟通 142
  - 8.3.1 做一个受欢迎的职场新人 142
  - 8.3.2 初入职的忌讳 145
  - 8.3.3 与同事相处的原则 146
- 思考题 147
- 实训项目 147

项目 9 平行沟通 149

- 9.1 平行沟通的作用和流程 150
  - 9.1.1 平行沟通的作用 150
  - 9.1.2 平行沟通的流程 151
- 9.2 平行沟通的障碍 153
  - 9.2.1 障碍的来源 153
  - 9.2.2 障碍的克服 153
- 9.3 平行沟通的技巧 154
  - 9.3.1 主动表达善意 155
  - 9.3.2 不旁观、不错位 155
  - 9.3.3 求同存异建交情 156
  - 9.3.4 相互补台不拆台 158
  - 9.3.5 不要显示太强的优越感 159
- 9.4 同事之间的情感沟通 159
  - 9.4.1 尊重他人，给人留余地 159
  - 9.4.2 不要侵害同事的正当权益 159
  - 9.4.3 善于应对"小人" 160
  - 9.4.4 互相帮助 161
  - 9.4.5 增加人际敏感度 161
  - 9.4.6 幽默处事 161
- 思考题 161
- 实训项目 162

项目 10 上行沟通 163

- 10.1 上行沟通的目的和作用 163
- 10.2 上行沟通的障碍及改善措施 165
  - 10.2.1 上行沟通的障碍 165
  - 10.2.2 改善上行沟通的措施 165
- 10.3 上行沟通的技巧 167
  - 10.3.1 尊重权威 168
  - 10.3.2 服从 168
  - 10.3.3 把握沟通时机 170
  - 10.3.4 主动沟通 170
  - 10.3.5 化解领导的误会 172
  - 10.3.6 巧妙应对问责 173
- 思考题 175
- 实训项目 175

项目 11 下行沟通 178

- 11.1 下行沟通的意义及障碍 178
  - 11.1.1 下行沟通的意义 178
  - 11.1.2 下行沟通的障碍 179
- 11.2 下行沟通的技巧 180
  - 11.2.1 关心下属、尊重下属 180
  - 11.2.2 激励下属 184
  - 11.2.3 宽容大度，善于纳谏 186
  - 11.2.4 恰当批评 187
  - 11.2.5 离职沟通 190
- 11.3 处理下属之间的矛盾 191
  - 11.3.1 不偏不倚 191
  - 11.3.2 折中调和 191
  - 11.3.3 "冷处理"与"调离" 191
- 思考题 192
- 实训项目 193

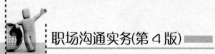

项目 12　客户沟通 194
12.1　客户沟通概述 195
12.1.1　客户沟通的意义和形式 195
12.1.2　不同客户的沟通需求 196
12.1.3　沟通立体化 196
12.2　与客户沟通的原则 197
12.2.1　语言表达简明得体 197
12.2.2　制造轻松和谐的谈话氛围 .. 197
12.2.3　在客户面前要不卑不亢 197
12.3　客户沟通的礼仪 199
12.3.1　称谓上的礼仪 199
12.3.2　握手时向客户传达敬意 200
12.3.3　名片使用讲究多 200
12.3.4　不可忽视地方风俗和民族习惯 201
12.3.5　以客户为谈话的中心 201
12.3.6　相互交流时的礼仪 202
12.4　客户沟通的技巧 203
12.4.1　给客户留下良好的印象 203
12.4.2　首次和客户接触的技巧 204
12.4.3　推销时的开场白 206
12.4.4　妥善处理客户的异议 208
12.5　客户沟通中的十大禁忌 211
思考题 213
实训项目 214

项目 13　会议沟通 216
13.1　会议沟通的目的和类型 217
13.1.1　会议的目的 217
13.1.2　会议的类型 218
13.2　有效的会议组织 220
13.2.1　会议准备 220
13.2.2　会议召开 222
13.2.3　会后跟踪 223
13.3　会议的主持 224
13.3.1　会议主持人的角色要求 224
13.3.2　会议主持人的沟通技巧 227
13.3.3　会场控制 230
思考题 233
实训项目 233

项目 14　电话沟通和网络沟通 235
14.1　电话沟通 236
14.1.1　电话沟通技巧 236
14.1.2　电话沟通的基本礼仪 239
14.2　网络沟通 240
14.2.1　即时通信礼仪 240
14.2.2　电子邮件沟通礼仪和技巧 241
14.2.3　微博、博客与网络论坛礼仪和技巧 243
14.2.4　网络沟通的特点 243
思考题 245
实训项目 246

项目 15　当众发言 248
15.1　做好当众发言准备 249
15.1.1　当众发言的类型 249
15.1.2　当众发言的准备 250
15.2　精心设计开头与结尾 253
15.3　依据发言目的选择发言思路 258
15.4　让发言生动得体 262
15.5　运用辅助手段强化发言主题 266
思考题 268
实训项目 268

参考文献 269

项目 1　职场沟通概述

 **知识目标**

1. 掌握职场沟通的含义及重要性；
2. 掌握沟通的类型和要素；
3. 掌握沟通的过程和原则；
4. 了解影响沟通的主要障碍。

 能力目标

1. 能在不同场合高效地进行自我介绍；
2. 能准确运用开放式提问和封闭式提问了解对方的需要。

 **案例 1-1**

小王为何怀才不遇？

　　小张与小王同时担任公司的项目协调员，两人在项目设计上均思维缜密、考虑周到，按理说业务水平应该是旗鼓相当，但偏偏只有小张被提拔为项目经理。

　　小王想不通，每次讨论他设计的项目，大伙都提不出什么意见。偶尔有人想说点儿什么，小王都据理力争，使得对方无言以对。虽然大家都认为他说得有道理，但总觉得有点儿"得理不饶人"的清高自傲。特别是当领导极有风度地点拨其项目中的某些问题时，小王显得不够沉稳，急着抢领导的话，辩解又有点儿过多，使领导脸面上有点儿看不出来但能感觉到的难堪。

　　小张则相反，讨论他设计的项目时，大伙都可以畅所欲言，每个与会的人，不管水平高低，都愿意献出自己的一家之言。小张谦虚豁达、从善如流，对每个人的话都做认真的记录，即使有个别完全相左的意见，他也表现出洗耳恭听、兼听则明的姿态。特别是领导的指示，他十分认真地聆听并给予重视，还一个劲地点头。最后修改过的项目书，既可海纳百川，又能以领导指示精神为纲。参加小张的项目讨论会，大家都有畅所欲言的机会，也都有展现自己真知灼见的成就感。当然，太出格的建议，小张是弃之不取的，但他记着下一次有机会，一定吸收该建议者的一些合理意见，以求平衡。

　　所以，在讨论提拔谁担任项目经理这个职务时，几乎所有人都推荐小张。

　　"怀才不遇"的小王愤然跳槽。过了两年，听说小王又跳槽了，而小张则"春风得意马蹄疾"，即将担任主管工程项目的副总经理。

（资料来源：范文琼，丰晓流，2009. 人际沟通技巧 [M]. 武汉：华中科技大学出版社.）

【思考与讨论】
1. 富有才干的小王，为何在职场上总是无法顺利晋升？
2. 这个案例给你什么启发？

这是一个职场上典型的案例。编者在对大学毕业生的跟踪调查中，发现类似小王"怀才不遇"的案例屡见不鲜，很多人常常为此感到困惑和无奈。可以说，职场沟通能力会直接影响到一个人事业的发展和生活的幸福。

职场沟通，本质上就是为了达到某种目的，通过一定的方式，使彼此了解、相互信任并适应对方的一种互动过程。对于职场沟通，我们必须重视，但不必恐惧，既要了解其复杂性，也要掌握其规律性。

1.1 沟通的概念及有效沟通的重要性

1.1.1 沟通的概念

沟通（Communication），是为了一个设定的目标，把信息、思想和情感在特定个人或群体之间进行传递，并且达成共同协议的过程。

汉语中"沟通"一词最早出现在《左传·哀公九年》："秋，吴城邗，沟通江淮。"这里"沟通"的意思是开挖水道，让水从一个地方流到另外一个地方。引申为能够对话、交流，形成一致。从现代汉语的一般意义上讲，沟通就是信息的发送者通过一定的渠道（媒介、通道），将信息传递给既定对象（接收者），并寻求反馈以达到相互理解的过程。

在职场和生活中，沟通都是人与人之间交往不可或缺的重要组成部分。人们既是信息的发送者，也是信息的接收者，沟通则是信息交换的桥梁。

要达到有效沟通，必须具备3个条件：一是沟通中所使用的信号双方都能理解；二是传递的信息尽量不受外界的干扰；三是沟通双方都要有心理准备。

职场沟通既是一个人职业发展的需要，也是一项最基本而又最重要的技能。在职场上，仅仅踏实肯干是不够的，还需要掌握必要的沟通技能。只有这样，才能妥善处理职业发展过程中遇到的各种问题，让自己的事业蒸蒸日上。

1.1.2 有效沟通的重要性

【职场沟通的重要性】

1. 有效沟通是人类身心健康的需要

有效而顺畅的沟通，是人类健康生活的基础。人的很多疾病是由于人际关系失调所致。人是社会性动物，人的自我意识和各种智能都是社会性的产物。如果自我封闭或被剥夺与他人沟通的机会，这个人的身心健康就会受到极大的伤害，主要体现在以下3个方面。

① 与人沟通不畅，出现冲突时会造成精神紧张、抑郁，不仅会导致心理障碍，而且会刺激下丘脑，使内分泌功能紊乱，进而引起一系列复杂的生理变化。很多疾病如冠心病、胃溃疡、偏头痛、月经失调等，都可能是长期情绪不良引起的。

② 每个人都有快乐和忧愁，与朋友分享快乐会更快乐，向他人倾诉忧愁会减轻忧愁；沟通的过程就是减轻心理压力、缓解心理紧张的过程。缺少沟通，就缺少了宣泄不良情绪的通道。

③ 愉快、广泛的沟通有助于个性发展与健康。案例1-2表明，如果一个人长期缺乏与别人的积极交往和沟通，这个人往往会有明显的性格缺陷。

 案例1-2

"交往剥夺"的实验

美国心理学家S.沙赫特（S. Schachter）曾经做过一个实验：他以每小时15美元的酬金先后聘请了5位志愿者进入一个与外界完全隔绝的小屋，屋里除提供必要的物质生活条件外，没有任何社会信息进入，以观察人在与世隔绝环境下的反应。结果，其中1个人在屋里只待了2小时就出来了，有3个人待了2天，时间最长的一个人待了8天。这位待了8天的志愿者出来后说："如果让我再在里面待1分钟，我就要疯了。"也有心理学家曾做过一个"交往剥夺"的实验，结果发现受试者在百米深的洞穴中，单独生活了156天以后，精神面临崩溃边缘，神情呆滞、态度冷漠、举止失常。实验证明，没有一个人愿意与其他人隔绝，人们都害怕孤独。可见，交往对人类来说是十分重要的。

（资料来源："儿子内向孤僻，该怎么办？"别焦虑，试试这几个[EB/OL].（2016-12-08）[2019-12-25]. http://www.sohu.com/a/120964386_319337.）

2. 有效沟通是事业成功的需要

有效沟通是人们在工作和事业上取得成功的关键。在当代，职场上很多重要的活动，需要大家分工合作，这种合作体现在领导与下属之间、同事之间、不同社会阶层之间，以及不同社会群体之间。这种合作的效果直接决定了目标能否顺利实现。而在个人层面上，发展趋势也同样如此：人们事业上的成功将越来越依赖于广泛的交流与合作，而合作的效果又取决于当事人的合作能力。21世纪的交往，从手段、方式到目标、结果，都有别于以往的任何时代。人际交往摆脱了空间的限制，随着互联网的建立和发展而得到了飞跃式的突破。

 案例1-3

沟通能力与事业成败的关系

在对1000位人事经理的调查中发现，被调查的经理均把口头沟通和倾听能力列为工作中最重要的技能。在另一项调查中，某大学的校友们回答，他们工作中最重要的技能是陈述、提问和回答问题及小组讨论。美国哈佛大学就业指导小组对几千名被解雇的雇员进行了综合调查，发现其中人际关系不好者的人数比业务不称职者高出两倍多；每年调动人员中因人际关系不好而无法施展其才能的占90%以上。

（资料来源：沈杰，2009. 沟通无处不在[M]. 北京：新世界出版社.）

  一个企业、一个组织、一个团队的运作过程，实质上是沟通的过程。沟通的重要性对于职场人士而言，体现在3个70%上：第一个70%指的是沟通对于个体尤其是管理者个人的成功来说，其重要作用超过70%；第二个70%指的是管理者70%以上的时间所做的工作都与沟通相关，开会、谈判、谈话、做报告是最常见的沟通形式，撰写报告实际上是一种书面沟通的方式，对外的各种拜访、约见也都是沟通的表现形式；第三个70%指的是企业中70%的障碍来自沟通不畅。

  给企业造成最大比例损失的原因，不是技术不精良、人员不充足，也不是资金不到位，而是企业方方面面的沟通不顺畅。平均来看，沟通不畅给企业造成的损失超过企业总损失的70%。

  对于个人而言，善于与人合作至关重要，这首先源于你的个人能力有限；其次，也因为你的能力倾向与其他人不同。从事销售工作的人多数乐观、热情，从事财务工作的人则多理智、有条理、慎重。人的能力倾向总会有所侧重。有些人敢于冒险，追逐确定的目标，誓死完成自己既定的任务；有些人善于保存，把已经到手的成果收藏好、保管好。性格类型的差别是长期养成的，不能说哪一种类型就一定好，哪一种就一定不好。但是性格类型不同，所能从事的工作性质也不一样。要想有所作为，首先得明白自己的性格类型，然后选定一个适合自己的工作。在与人合作时，也应注意分析别人的性格特点，尽可能使彼此的合作更加密切而愉快。

  古今中外，精于沟通的人很多：晏子使楚，名扬千秋；苏秦善辩，穿梭六国；孔明机智，舌战群儒；解缙巧对，传为美谈；鲁迅诤言，以笔为刀。周恩来、陈毅等政治家也以善于沟通著称；外国众多成功的政治家和企业家都是沟通高手。有效沟通，成为人们事业成功的奠基石。

  3. 有效沟通是人生幸福的需要

  人们通常认为，在日常生活中，人的幸福是建立在金钱、成功、名誉和地位的基础之上的，实际上健康的沟通带来的幸福是金钱、成功等所不能取代的。

  心理学家通过研究发现了一个奇特的现象：自20世纪30年代以来，人们的金钱收入一直是呈上升趋势的，但是对生活感到幸福的人的比例并没有增加，而是停留在原来的水平。这说明金钱并不能决定人的幸福。

  美国心理学家做了一个广泛的调查，结果发现，良好的人际关系对于生活的幸福具有首要意义：当人们被问到"什么使你的生活富有意义"的时候，几乎所有的人都回答，亲密的人际关系是首要的；自己的生活是否幸福取决于自己与生活中其他人的关系是否良好；如果与配偶、恋人、孩子、父母、朋友及同事关系良好，有深刻的情感联系，就会感到生活幸福且富有意义，反之，则会因生活缺乏目标、没有动力而产生不幸感。在这些被调查者的回答中，人际关系的重要性远远超过金钱、名誉和地位，甚至超过宗教信仰。另一项调查表明，在我国，压抑、人际关系和谐度不高及人际关系压力，是导致自杀的三大因素。法国社会学家指出，社会关系的丧失是自杀的主要原因之一。

1.2 沟通的类型及组成要素

1.2.1 沟通的类型

1. 语言沟通和非语言沟通

根据沟通所借用的媒介的不同，可分为语言沟通和非语言沟通。

（1）语言沟通

语言沟通是指以词语符号为载体实现的沟通，主要包括口头沟通、书面沟通和电子沟通等。

（2）非语言沟通

非语言沟通是指通过身体动作、体态、语气语调、空间距离等方式交流信息、进行沟通的过程，主要包括标记语言、动作语言、物体语言等形式。

2. 直接沟通和间接沟通

按信息沟通的过程是否需要第三者加入，可分为直接沟通和间接沟通。

（1）直接沟通

直接沟通是指信息的发送者与接收者直接进行信息交流，无须第三者传递的沟通方式。例如，面对面的交谈、电话交谈等。直接沟通的优点是沟通迅速，双方可以充分交换意见、交流信息，迅速取得相互了解；其缺点是信息的有效传递需要时间和空间的一致性，有时直接沟通存在一定的困难。

（2）间接沟通

间接沟通是指信息的发送者必须经过第三者的中转才能把信息传递给接收者。间接沟通的优点是不受时间和空间条件的限制；其缺点是较耗费人力和时间，且在传递过程中可能使信息失真。

3. 正式沟通和非正式沟通

按沟通的组织结构特征，可分为正式沟通和非正式沟通。

（1）正式沟通

正式沟通是指按照组织明文规定的渠道进行信息的传递和交流，它是职场沟通的基本方式。例如，组织内部的文件传达、上下级之间例行的汇报、总结，工作任务分配，以及组织之间的信函往来等都属于正式沟通。正式沟通具有组织的严肃性、程序性、稳定性、可靠性及信息不易失真等特点。

（2）非正式沟通

非正式沟通是指正式沟通渠道以外自由进行的信息传递和交流，它是正式沟通的补充。例如，员工之间私下交换意见、交流思想感情或传播"小道消息"等，具有自发性、灵活性、不可靠性等特点。非正式沟通作为正式沟通的补充，也有其积极的作用：通过它，组织管理者可以掌握组织成员的心理状况，并在一定程度上为自身的职场行为提供依据。但由于在非正式沟通中信息失真比较严重，所以作为职场人员既不能完全依赖它获得必要的信息，也不能完全忽视它。

4. 上行沟通、下行沟通和平行沟通

按沟通的方向，可分为上行沟通、下行沟通和平行沟通。

（1）上行沟通

上行沟通是指组织或群体中从较低层次向较高层次传递信息的过程。它是下属向领导提供信息、发表意见和反映情况的沟通方式。上行沟通渠道畅通，可使下属积极主动地向领导反映自己的意见和愿望，获得某种心理上的满足，同时也可使管理者及时、准确地掌握下属情况，为做出符合实际的决策和改进管理创造条件。上行沟通是一个组织管理者了解和掌握组织全面情况，以做出正确决策的重要环节。因此，组织管理者应大力鼓励下属向领导反映情况，从而确保上行沟通渠道的畅通无阻，同时下属也要鼓足勇气、积极进行上行沟通。

（2）下行沟通

下行沟通是指组织或群体中从较高层次向较低层次传递信息的过程。它是组织管理者把组织的目标、规章制度、工作程序向下传达的沟通方式。下行沟通可以使下属明确工作任务、目标，增强责任感和组织归属感；可以协调组织各层级的活动，加强各级之间的有效协作。

（3）平行沟通

平行沟通是指组织或群体中各平行机构之间进行的信息传递和交流。平行沟通能够保证部门之间的相互协调、相互配合和支持，从而减少矛盾和冲突，有利于组织内各种关系的平衡和稳定。

5. 口头沟通和书面沟通

按信息沟通时所凭借的媒介，可分为口头沟通和书面沟通。

（1）口头沟通

口头沟通是指以口头语言为媒介的沟通，如演讲、口头汇报等。口头沟通是人际关系中最常用的一种形式。人们借助口头语言的表达方式彼此传递不同的信息、情感和思想。口头沟通的优点是信息发送和反馈快捷、及时；缺点是信息传递经过的中间环节越多，信息失真的可能性就越大。

（2）书面沟通

书面沟通与口头沟通都属于语言沟通的过程，但书面沟通更加规范、正式和完整。书面沟通是以书面文字为媒介的沟通，如通知、文件、备忘录等。在组织和群体之间正式的、规范的沟通中，通常采用书面沟通。书面沟通的优点是沟通的内容具体化、直观化，沟通信息能够被永久保存，便于查询；缺点是要花费大量的时间，缺乏及时的反馈，而且不能保证接收者完全正确地理解信息。

6. 单向沟通和双向沟通

按信息的发送者与接收者的位置是否变换，可分为单向沟通和双向沟通。

（1）单向沟通

单向沟通是指信息的发送者与接收者之间的角色不发生变化的沟通，即信息的交流是单向的流动，如演讲、做报告、广播消息等都属于单向沟通。单向沟通的优点是信息传递快；缺点是缺少信息反馈，沟通的信息准确性差，当接收者不愿接受意见或任务时，容易引起不满与抗拒。

（2）双向沟通

双向沟通是指信息的发送者与接收者之间的位置不断变化的沟通，即信息交流是双向的活动。例如，组织之间的协商、讨论或两个人之间的谈心等都属于双向沟通。双向沟通的优点是能及时获得反馈，沟通的信息准确性较高，有助于联络和巩固双方感情；缺点是信息完整传递的速度较慢，接收者可以反对信息发送者的意见，在一定条件下可能给发送者造成心理上的压力。

7. 工具式沟通和情感式沟通

按沟通的功能，可分为工具式沟通和情感式沟通。

① 工具式沟通，指发送者将信息、知识、想法、要求传达给接收者，目的是影响和改变接收者的行为。

② 情感式沟通，指沟通双方表达情感、获得对方精神上的同情和谅解，最终改善相互之间的关系。

8. 有意沟通和无意沟通

根据沟通者是否意识到沟通的发生，可分为有意沟通和无意沟通。

① 有意沟通是有目的的沟通，如谈话、上课等。

② 无意沟通是当事人没有意识到沟通的发生，这种沟通形式普遍存在但常被人所忽视，如护士看到病人睡觉会放轻脚步就属于无意沟通。

1.2.2　沟通的组成要素

一个完整的沟通过程一般由 6 个基本要素组成。

1. 发送者

发送者是指发出信息的人，也称信息的来源。发送者的主要任务是对信息的收集、加工、传递和对信息反馈的反应。

2. 接收者

接收者是指接收信息的人。在接收传递信息的同时，接收者也将新的信息注入其中，并且反馈给发送者。所以在沟通互动中，发送者和接收者在同一时间既发送信息又接收信息。接收者的主要任务是接收发送者的思想和情感，并及时把自己的思想和情感反馈给对方。

3. 信息

信息是指发送者希望传达的思想、感情、意见和观点等，包括语言和非语言行为，以及这些行为所传递的所有影响语言使用的音调、身体语言，如面部表情、手势、眼神等，都是发出信息的组成部分。

4. 渠道

渠道是指信息由一个人传递到另一个人所通过的途径，是指信息传递的手段，如视觉、听觉和触觉等。这些途径可同时使用，也可单独使用，但同时使用效果更好。例如，一部录音电话传递出的信息与幼儿园老师集动作、声音、表情、手势一起配合使用相比，显然后者的效果更好。

5. 反馈

反馈是指信息由接收者返回到信息发送者的过程，即信息接收者对信息发送者的反应，例如点头、摇头、表情、语言回应等。有效、及时的反馈是极为重要的，因此，在交流时，要把沟通对象的反馈加以归纳、整理，再进行及时反馈。

6. 环境

环境是指沟通互动发生的场所及其他条件，是每个互动过程的重要因素，包括物理的场所、环境，如在公共汽车上、开会的时候等；环境还包括沟通的时间和每个互动参与者的个人特征，如情绪、经历、知识水平等。

1.3 沟通的障碍

沟通障碍（Communication Barrier），是指信息在传递和交换过程中，由于信息意图受到干扰或误解，而导致沟通失真的现象。在人们沟通的过程中，常常会受到各种因素的影响和干扰，使沟通受到阻碍。

【常见的沟通障碍】

1. 自身障碍

（1）生理因素

① 暂时性的生理不适，如疼痛、饥饿、疲劳等，会使沟通者难以集中精力而影响沟通，但当这些生理不适消失后，沟通就能正常进行。

② 永久性的生理缺陷，如感官功能不健全（听力不足或视力障碍等）、智力发育不健全，则会长期影响沟通。与这些特殊对象进行沟通需要采取特殊方式，如提高音量和增加光线强度，借助手语、盲文等。

（2）情绪状态

沟通者处于特定情绪状态时，常常会对信息的理解"失真"。例如，当沟通者处于愤怒、激动的状态时，对某些信息的反应通常会过度（超过应有程度）。

（3）个人特征

在现实生活中，每个人都会因其生活环境和社会经历的差异而形成不同的心理和社会特征。许多特征都会不同程度地对人际沟通产生影响，包括以下一些方面。

① 性格特征的影响。例如，两位性格都很独立、主观性又很强的人进行沟通，往往不容易建立和谐的沟通关系，甚至会发生矛盾冲突。而独立型性格的人与顺从型性格的人进行沟通，则常常因为"性格互补"而建立起良好的沟通关系，有利于沟通的顺利展开。一般来说，与性格开朗、大方、爽快的人沟通比较容易，而与性格内向、孤僻、拘谨、狭隘的人沟通往往会遇到许多困难。

② 认识差异的影响。由于个人经历、教育程度和生活环境等的不同，每个人的认识范围，以及认知涉及的领域、专业等都有差异。一般来说，知识水平越接近，知识面重叠程度越大（如专业相同或相近等），沟通时越容易相互理解。知识面广、认知水平高的人，比较适合与不同认知范围和水平的人进行沟通。

③ 文化传统影响。文化发展具有历史的延续性，不同地域、不同民族的文化在长期的发展过程中会形成许多具有鲜明地域性和民族性的特征，从而形成特定的文化传统。这种文化传统的影响定势，总是左右着在这个地域生活的每个人的行为，形成他们既有共性又有个性的"文化"特征。一般来说，文化传统相同或相近的人在一起会感到亲切、自然，容易建立起相互信任的沟通关系。当沟通双方的文化传统有差异时，理解并尊重对方的文化传统将有利于沟通；反之，将对沟通产生不利影响。

（4）沟通技能

有的人口才很好而写作能力差，口头交流时讲得头头是道，但书面交流则困难重重；有的人则正好相反。另外，口齿不清、地方口音重、书面记录速度慢等，也属于沟通技能方面的问题，也会影响沟通。人际沟通的情境千差万别、千变万化，其影响因素也颇为复杂多样。了解一些常见的影响因素，有利于沟通者在实际沟通中扬长避短，根据情况随机应变。

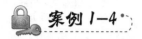

史宾塞打赢官司的秘诀

美国著名律师盖瑞·史宾塞（Gerry Spence），不但因为打赢了"凯伦·丝伍德（Karen Sewood）核电厂案"，并担任 NBC 电视台"O. J. 辛普森（O. J. Simpson）案"的法律特派员而闻名；更令人难以置信的是，他做律师几十年来，居然没有输过一场官司。

为什么他场场都能赢？难道就没有陪审团存心跟他过不去？

在其著作《怎样辩论每次都赢》里，史宾塞说出了他的秘诀。

有一次，他遇到了一个比较有个性的陪审团，就在陪审团做最后决定前，史宾塞给他们讲了个故事。

从前，有一老一少，老人很聪明，年轻人总想胜过他。有一天，年轻人想出个点子，他抓了一只小鸟，藏在两手之间，走到老人面前说："你猜，我手中的小鸟是活的，还是死的？"如果老人猜小鸟是死的，年轻人会让小鸟飞走，表明老人猜错了；如果老人猜小鸟是活的，年轻人就会把小鸟捏死，那么老人也猜错了。

老人是怎么说的呢？他笑了笑，说："朋友！现在可怜的小鸟在你手里，它是活是死，全由你决定了！"

故事说完，陪审团进去开会。结果出来时，史宾塞又赢了。

史宾塞用了什么技巧？整个辩护过程中，他没有表现出滔滔不绝的雄辩之词，而是在最后放低姿态，将陪审团高高举起，仿佛告诉大家："不错！我是个很有名的律师，但最后的决定，也就是这个被告的生与死，仍然掌握在各位的手里啊！"

（资料来源：李宁，郑海燕，2007. 如何管好电话销售团队 [M]. 北京：中国社会科学出版社．）

2. 环境干扰

① 嘈杂声干扰。例如，门窗开关的碰击声、临街的汽车声和叫卖声、邻居的音响声、各种机械噪声，以及与沟通无关的谈笑声。

② 环境氛围影响。例如，房间光线昏暗，沟通者看不清对方的表情；室温过高或过低，会使沟通者精神涣散；色彩鲜艳的环境布置和氛围，可使沟通者放松、愉快，有利于促膝长谈。

③ 隐私条件影响。当沟通涉及隐私时，若有其他无关人员在场，缺乏隐私条件，便会干扰沟通；回避无关人员的安静场所，则有利于消除当事者的顾虑，使其畅所欲言。

3. 文化背景

在跨文化的沟通中，很多职场人士会面临许多新问题，常由于种种原因而产生误解。例如，保加利亚和印度的某些民族对于点头和摇头的理解与大多数民族的习惯相反。又如，在英国，如果晚宴的时间是20时入席，那么大部分客人会在20时15分到场；而在德国则看重准时；在希腊，即使到了21时或21时30分到达也属正常；如果换成印度，那可能就更晚了。若是不了解这种差异，就会造成很多误会，造成人际交往中的障碍。

我国是一个幅员辽阔统一的多民族国家，来自不同地域的人们进行沟通时，可能会出现种种沟通障碍。不同行业、不同职业以及不同专业之间的人士进行交往时，也容易出现沟通障碍。

4. 语言障碍

由于人们语言习惯和修养上的差异，即使使用同一种语言，也会对其表达的内容产生不同的理解。因方言误解而出现沟通障碍的情况较多，媒体上也常报道此类纠纷。

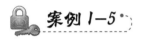

"You don't say"引起的误会

小邓是一个英语爱好者，经常找外国人练习口语，每次在练习之前，都会做精心的准备。一次，他又找到一名外国人练习英语口语，说到有趣之处，外国人说："You don't say！"小邓误以为是"你不要（乱）说"的意思，于是赶紧转换话题，用幽默的口吻说了另一个故事，外国人又说："You don't say！"小邓觉得很奇怪，难道他对于自己精心准备的话题都不感兴趣吗？后来才知道，那位外国人说的"You don't say"不是"你不要（乱）说"的意思，而是表示感兴趣或者惊讶，意为"真的吗""不会吧""什么"等。

（资料来源：作者根据相关网络资料整理。）

【思考与讨论】如何避免因语言的差异而产生误解？

5. 心理障碍

心理障碍的范围很广，如人们在需求、动机、爱好、态度、能力和人格等方面的差异，都可能会造成人际交往中的障碍。

6. 地位障碍

社会地位不同的人通常具有不同的意识、价值观念和道德标准，从而造成沟通的困难。不同阶层的成员，对同一信息会有不同的甚至截然相反的认识，政治差别、宗教差别、职业差别等也都可能成为沟通障碍。不同党派的成员对同一政治事件往往持有不同的看法；不同宗教的信徒，其信仰和观点迥异；职业的不同也常常造成沟通的鸿沟，即"隔行如隔山"；所谓"代沟"，就是指由于年龄造成的沟通障碍。

【沟通的组织结构障碍】

【高效沟通的基本步骤】

7. 组织结构障碍

如果组织结构过于庞大、臃肿，层次重叠，人浮于事，就会使信息经过层层传递而出现失真、损耗和歪曲，从而造成人际交往中的障碍。

1.4 高效沟通的基本步骤

高效沟通一般要经过6个步骤：事前准备、确认需求、阐述观点、处理异议、达成协议和共同实施。如按此步骤进行沟通，可以使工作效率大幅度提高。

1.4.1 事前准备

发送信息的时候要准备好发送方法、发送内容和发送地点。在工作中，为了提高沟通的效率，事前要做好以下准备。

（1）设立沟通目标

在与别人沟通之前，心里一定要有一个目标，明确自己想通过这次沟通达成何种效果。

（2）制订计划

有了目标就要有计划，怎样与别人沟通，先说什么，后说什么，最好把有关事项列出来。

（3）预测可能遇到的异议和争执

沟通难免遇到不同的观点，对于异议和争执要有充分的思想准备，还要根据具体情况尽可能详细地预测。

（4）对情况进行 SWOT 分析

明确双方的优劣势，设定一个更合理的、大家都能够接受的目标。SWOT 的 4 个字母分别代表：Strengths（优势）、Weaknesses（劣势）、Opportunities（机遇）、Threats（挑战）。

1.4.2 确认需求

确认双方的需求，明确双方的目的是否一致，主要分为 3 个步骤。

1. 用心倾听

要设身处地去听，要用心用脑去想，准确理解对方的意思和意图，倾听的最高境界是感同身受。听众与说话者站在同一个角度上考虑问题，与说话者形成感情上的联盟。不管说话者说什么，听众都能完全理解、完全接纳。积极聆听的过程中，还要注意分辨对方的言外之意，找到问题的本质所在。

例如，一个营销人员曾遇到很多新客户说："我没有钱。"这是不是意味着被拒绝了呢？这句话可能包含这几层含义：①他真的很穷；②他并不拒绝被推销的产品；③他需要一个事业上的机会帮他赚到钱。

2. 巧妙发问

在沟通过程中，很多时候自己的解释说明并不一定会记在对方心里，但如果以提问的形式提出，就会引发对方的思考。我们可以通过提问，来明确对方的目的和需求。提问一般分为4种类型：封闭式提问、半开放式提问、开放式提问和具有感染力的提问方式。

（1）封闭式提问

如果你希望从交谈对象那里得到一个简短明确的回答，就应该使用封闭式提问。封闭式提问常常使用"是不是""对不对""要不要""有没有"等词汇，以获得简单的是否式答案，用于资料收集的条理化，澄清事实，缩小讨论范围和在偏离话题时中止对方的叙述。例如，对于"你现在想要冰激凌吗？"这样的问题，任何人以任何方式给出的答案最有可能的都为"是"或者"不是"。

（2）半开放式提问

如果你希望从交谈的对象那里得到更加确切的回答，但同时又不想给对方造成太大的压力，可以选择半开放式提问（也称关联提问）。通过这种提问方式，你事先并不会给出或者暗示任何供选择的答案。在这样的情况下，对方的回答是比较自由的，他可以讲得多一些，也可以答得少一点儿；可以相对详细说明，也可以简单介绍。例如，"你为什么不喜欢这部电影？""你为什么非得现在开始休假？"等。

（3）开放式提问

如果你并不希望给予交谈对象任何的思路或者暗示，也不想太多地表露自己的意图，只希望给对方尽可能大的选择空间，那么可以使用开放式提问。开放式提问常常使用"什么""为什么""如何""能不能"等词语，让对方就相关的问题、思想、情感给予详细的说明。例如，"你最近过得怎么样？"等。

（4）具有感染力的提问方式

如果你希望通过自己的提问方式，让对方觉得你是在为他考虑，是在设身处地为他着想，那么可以使用具有感染力的提问方式。例如，"这两天我觉得你有一点儿无精打采，我想，可能是你的工作压力太大了，你觉得如果把我们的约会稍稍推迟一下，对你来说会不会好一些呢？"等。

通过这种提问方式，不仅给自己留下了回旋的余地，以便应对各种可能发生的变化，同时也给对方留下了一种印象：你能够体察到他面临的问题，你对他的状况很关心。

3. 及时确认

当你没有听清楚、没有理解对方的信息时，要及时提出，一定要充分理解对方所要表达的意思，做到有效沟通。

1.4.3　阐述观点

阐述观点就是怎样把自己的观点更好地表达给对方，这是非常重要的。在阐述观点的时候，有一个非常重要的原则，即 FAB 原则。FAB 是英语 Feature（属性）、Advantage（作用/优势）和 Benefit（利益）三者的缩写。在阐述观点的时候，按这样的顺序来说，对方就能够听懂、能够接受。

例如，销售沙发时，按 FAB 原则来阐述："你看我这沙发，是皮的（F），非常柔软（A），坐上去非常舒服（B）。"

采用 FAB 原则表达时，对方更容易听得懂，而且印象会非常深刻。

【课堂练习】用 FAB 原则向客户介绍某一产品。

1.4.4　处理异议

在沟通中，有可能会遇到对方的异议，即对方不同意你的观点。在工作中想说服别人非常困难，同样别人说服你也非常困难。所以在沟通中一旦遇到异议，就会产生沟通的破裂。

当在沟通中遇到异议时，可以采用类似于借力打力的一种方法，叫作"柔道法"。不是强行说服对方，而是用对方的观点来说服对方。在沟通中遇到异议之后，首先应了解对方的某些观点，然后当对方说出一个对你有利的观点时，再用这个观点去说服对方。

处理异议时，要表现出具有"同理心"。解决人际关系问题中最具威力的 3 个字是"我理解"。在沟通过程中，应塑造一个让对方可以畅所欲言、自由表达的环境，体现支持、理解、肯定的态度，尊重对方的情绪及意见，让他觉得与你交谈是一件轻松愉快、获益良多的事。

1.4.5　达成协议

沟通的理想结果就是最后达成协议。一定要注意：是否完成了沟通，取决于最后是否达成了协议。

在达成协议的时候，要做到以下几点。

① 感谢。善于发现别人的支持并表示感谢，愿意与合作伙伴、同事分享工作成果，积极转达内、外部的反馈意见，对合作者的积极努力给予回应。

② 赞美。称赞对方所表现出的理解和支持。

③ 庆祝。为能够达成协议感到高兴。

1.4.6　共同实施

在达成协议之后，要共同实施。达成协议是沟通的一个结果，但是在工作中，任何沟通的结果都意味着一项工作的开始，要共同按照协议去实施。如果达成了协议，却没有按照协议去实施,那么对方会觉得你不守信用,就失去了对你的信任。一定要注意,信任是沟通的基础,如果失去了对方的信任,那么下一次沟通就会变得非常困难,因此职场人士在沟通的过程中,对所有达成的协议一定要努力实施。

思 考 题

1. 职场沟通的重要性体现在什么地方?
2. 什么是沟通?沟通可以分为哪几种类型?
3. 沟通的主要障碍是什么?
4. 高效沟通的基本步骤是什么?
5. 党的二十大报告中强调了团队合作的重要性。在团队工作中,如何有效沟通才能更好地实现团队协作和共同目标?

实 训 项 目

一、有效地介绍自己

自我介绍是一项实用的技能,在不同场合,自我介绍的方法和内容既有共同之处,也存在明显的差异。为了给对方留下良好的第一印象,树立自己的个人品牌,对于自我介绍要精心地准备和设计,决不可掉以轻心。

1. 自我介绍注意事项

(1) 选择对方注意力集中的时候,确保介绍有效,从合适的称呼或招呼开始。

(2) 精心设计介绍的内容,确保给对方留下深刻的印象。

(3) 大方、自信、口齿流利,但不要背诵,语速适中,简洁明了,注意不同场合的时间控制。

(4) 不要畏畏缩缩,也不要轻浮夸张,注意站姿、坐姿、眼神、情绪、表情。

(5) 最好能事先了解一下对方,必要时可以赞美对方或找到共同话题。

2. 不同场合的自我介绍

(1) 应聘面试。

(2) 到新单位在正式场合面对众多同事。

(3) 在非正式场合与不认识的同事见面。

(4) 面对新客户。

【讨论】在上述不同的场合,介绍的内容有哪些相同之处?有哪些不同之处?

3. 设计不同场合的自我介绍,试着运用于实践,并根据效果进行修正。

【讨论】如何迅速让对方记住自己的名字？

二、案例分析

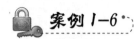

开放式提问和封闭式提问的交替运用

在某个真实的培训中，上海××灯饰的胡敏霞抽到的题目是：顾客想给儿子买一台护眼灯，要求保护眼睛的健康，并且价格便宜。当然，胡敏霞自己并不知道顾客有什么样的购买要求。

以下就是两人的精彩沟通过程。

胡敏霞：你好，欢迎光临××专卖店，请问您想选一款什么样的灯？

顾客：我想买一款护眼灯。

胡敏霞：是您自己用，还是给小孩用？

顾客：给小孩用。

胡敏霞：好的，您看我们这款魔鬼鱼护眼灯怎么样？

顾客：哇，你们这款魔鬼鱼价格也太贵了吧！

胡敏霞：这款产品的价格确实不便宜，但是，买护眼灯也不能光看价格，最重要的是要看它的质量，是否真的对眼睛有保护作用。您说对吗？

顾客：那倒是，可是你推荐的这款灯我不喜欢。

胡敏霞：为什么？是不喜欢它的造型，还是不喜欢它的颜色？

顾客：我不喜欢这个颜色。

胡敏霞：那您看看这款蓝色的怎么样，蓝色的不论男孩、女孩都比较合适。

顾客：我还是觉得价格有点贵。

胡敏霞：如果您对其他方面都满意的话，我们可以谈一下价格的问题。

最后，顾客接受了胡敏霞的报价，购买了这款魔鬼鱼护眼灯。

（资料来源：销售案例：胡敏霞卖灯．（2011-08-14）[2019-12-25]．
http://news.cntrades.com/show-92407.html．）

【思考与讨论】

1. 开放式提问和封闭式提问各有什么作用？胡敏霞是如何巧妙运用的？
2. 在向客户推荐商品之前，如何通过提问准确了解对方的需求？
3. 为何要把价格谈判（讨价还价）放到最后阶段？

三、沟通能力测试

具有良好的沟通能力可以使你很好地表达自己的思想和情感，获得别人的理解和支持，保持良好的人际关系。沟通技巧较差的人常常会被别人误解，给别人留下不好的印象，甚至无意中对别人造成伤害。

以下这些问题看似小事，却有可能决定别人对你的看法和态度。想测一下你的沟通能力吗？那就开始吧！

（1）你跟新同学"打成一片"一般需要多少天？（　　）

　　A. 一天

　　B. 一个星期

　　C. 十天甚至更久

（2）当你发言时有些人起哄或者干扰，你会怎么做？（　　）

　　A. 礼貌地要求他们不要这样做

　　B. 置之不理

　　C. 气愤地走下台

（3）上课时家里有人来找你，恰好你坐后排，你会怎么做？（　　）

　　A. 悄悄地暗示老师，得到允许后从后门出去

　　B. 假装不知道，但心里很焦急，老走神

　　C. 偷偷从后门溜出去

（4）放学了，你有急事要快点走，而值日的同学想让你帮忙打扫教室，你会怎么做？（　　）

　　A. 很抱歉地说："对不起，我有急事，下次一定帮你。"

　　B. 看也不看地说："不行，我有急事呢！"

　　C. 装作听不见，跑出教室

（5）开学不久你就被同学选为班长，你会怎么做？（　　）

　　A. 感谢同学们的信任和支持，并表示一定把工作做好

　　B. 觉得没什么大不了的，只是要求自己默默地把工作做好

　　C. 觉得别人选自己是别有用心，一个劲地推脱

（6）有同学跟你说："我告诉你一件事，你可不要跟别人说哦……"这时你会说什么？（　　）

　　A. "哦！谢谢你对我的信任。我是知道这件事的第二个人吗？"

　　B. "你都能告诉我了，我怎能不告诉别人呢？"

　　C. "那你就别说好了。"

（7）老师布置你和另一位同学一起完成一项任务，而这位同学恰恰对你不怎么友好，你会怎么做？（　　）

　　A. 大方地跟他（她）握手："今后我们可是同一条船上的人哦！"

　　B. 勉强接受，但工作中决不配合

　　C. 坚决向老师抗议，宁可不做

（8）你和别人争论一个问题，眼看就要闹僵了，这时你会怎么做？（　　）

　　A. 立即说："好了好了，我们大家都静一静，也许是你错了，当然，也有可能是我的错。"

B. 坚持下去，不赢不休

C. 愤然退场，不欢而散

计分方法：选 A 计 3 分，选 B 计 2 分，选 C 计 1 分。

解析：

8～12 分：你的沟通能力较低。由于你对沟通能力不够重视，且缺乏自信，导致你在成长的道路上，常常与一些机会擦肩而过。你应该以轻松、热情的面貌与同学进行交流，把自己看作集体中的一员。同时，对别的同学也不应该存在任何偏见。经常与人交流，可取长补短，改变自己拘谨封闭的状态。记住：沟通能力是成功的保证和进步的阶梯。

13～19 分：你的沟通能力较强，在大多数集体活动中表现出色，只是有时缺乏自信心。你还需加强学习与锻炼。

20～24 分：你的沟通技能很好。无论你是学生干部还是普通学生，都表现得非常好，在各种社交场合都表现得大方得体。你待人真诚友善，不狂妄。在原则问题上，你能坚持自己的主张，还可以争取和团结各种力量。你很自信，同学们都信任你。你可以使你所在的班级充满团结和谐的气氛。

项目 2 沟通筹划

 知识目标

1. 了解人的不同气质与性格；
2. 了解情绪的识别与控制方法；
3. 掌握克服沟通心理障碍的方法。

 能力目标

1. 具备自我认识、自我管理、自我激励的能力；
2. 具备认知沟通对象的能力。

2.1 因人而异的沟通策略

 案例 2-1

《论语》：闻斯行诸？

子路问："闻斯行诸？"子曰："有父兄在，如之何其闻斯行之？"冉有问："闻斯行诸？"子曰："闻斯行之。"公西华曰："由也问'闻斯行诸？'子曰'有父兄在'；求也问'闻斯行诸？'，子曰'闻斯行之'。赤也惑，敢问？"子曰："求也退，故进之；由也兼人，故退之。"

这段话的含义是：子路匆匆走进来，大声向老师孔子求教："先生，如果我听到一种正确的主张，可以立刻去行动吗？"孔子看了子路一眼，慢条斯理地说："总要问一下父亲和兄长吧，怎么能听到就行动呢？"子路出去之后，另一位学生冉有（冉求）悄悄走到孔子身边，恭敬地问："先生，我要是听到正确的主张，就应该立即去行动吗？"孔子马上回答："对的，听到了就应该立刻行动。"冉有走后，公西华奇怪地问："先生，仲由（子路）和冉有问同样的问题，您的回答完全相反。我被弄糊涂了，想问问为什么？"孔子笑了笑说："冉有性格谦恭，办事犹豫不决，所以我鼓励他临事果断；但是仲由逞强好胜，办事不周全，所以我就劝他遇事多听取别人意见，三思而行。"

（资料来源：作者根据相关网络资料整理。）

【思考与讨论】这个故事对你有哪些启示？

2.1.1 不同的气质

1. 气质的类型

每个人的气质和性格各具特点,从而造成了思考方式、行为方式和沟通习惯的差异,在沟通中体现出来的优点和缺点也不尽相同。案例 2-1 中,冉有做事犹豫,所以孔子鼓励他放开手脚;子路做事大胆,所以孔子对他多加约束。为了做好沟通的准备,每位沟通者均需要了解沟通对象的气质与性格,并在沟通中采取不同的对策。

气质(Temperament),主要是指那些与生俱来的心理和行为特征,也就是那些由遗传和生理决定的心理和行为特征。它是人格中最稳定的、受遗传和生理影响较大而受文化和教养影响较小的层面。人的基本气质特点是不会改变的。

气质通常被分为 4 种类型:多血质、黏液质、胆汁质、抑郁质。面对同样的事情,不同的人反应也不相同。例如,看到一栋楼房失火了,不同类型的人会有不同的反应。

多血质的人会对着楼上楼下大叫:"不得了了,失火啦!"

黏液质的人会思考:是什么原因导致起火了?是电线短路还是厨房着火?

胆汁质的人会行动:关掉电源开关,找灭火器,马上去救火!

抑郁质的人会旁观:反正会有人报警,消防队马上就到,不用太着急。

还有一个故事也可以说明不同类型气质的差异。从前有 4 个死刑犯,分别属于这 4 种类型。在临刑的当天,断头台突然坏了。第一个人说:"太好喽,不用死了,大家明天开个 Party 庆祝一下吧!"这个人是多血质。第二个人说:"我要研究一下这个断头台哪里坏了……"这个人是黏液质。第三个人说:"我早就跟你说过我没罪!"这个人是胆汁质。第四个人说:"大家都没事了……"这个人是抑郁质。

4 种气质特征分析见表 2-1。

表2-1 4种气质特征分析

分类	优点	缺点
多血质 活泼型	活泼好动,反应迅速,动作敏捷、灵活,善于交际,面对工作和学习富有精力且效率高,精神愉快,朝气蓬勃,容易适应新环境,有高度的可塑性,能较好地与人相处	情绪不够稳定,易于浮躁,对平淡和琐碎的事务缺乏耐心,考虑问题也显得不够细致
黏液质 完美型	性情沉静,动作缓慢,有良好的自制力,遇事能克制自己的情绪,不易激动,不易发脾气,也不易流露感情	过于拘谨,不善于随机应变,常常墨守成规,固步自封
胆汁质 力量型	精力充沛,反应迅速,态度直率,能以极大的热情投入工作,有较强的主动性	往往比较粗心,自制力较差,容易感情用事,一旦失去信心,情绪就会低落
抑郁质 和平型	敏感,富有想象力,具有高度的情绪易感性	易受到伤害,性情孤僻,动作呆板,多愁善感,抗挫力差,情感体验方式较少,在行动上迟疑、羞涩、怯懦

【练习】

① 对照表 2-1，看看自己可能属于哪一种气质（也有可能兼具两种气质）。

② 找一些关于气质的测试题，看看自己属于哪一种气质。

2．沟通策略

通过测试或者咨询专家，了解自己属于哪一种气质，从而可以采取不同的沟通策略，见表 2-2。

表 2-2　4 种气质的沟通策略

分类	行为特点分析	生气表现	沟通主体策略
多血质	擅长："说"； 优点：善于劝导，重视人际关系； 缺点：缺乏条理，粗心大意； 反感：循规蹈矩； 追求：广受欢迎与喝彩； 担心：失去声望； 动机：得到别人的认同	几天就好	统筹兼顾，关注他人的兴趣，记住别人的名字；学会聆听，少说多做；做好计划，并切实执行
黏液质	擅长："想"； 优点：做事讲求条理、善于分析； 缺点：完美主义、过于苛刻； 反感：盲目行事； 追求：精细准确、一丝不苟； 担心：批评与非议； 动机：进步	一个人伤心	寻找快乐，不要自找麻烦；关注积极面；不要花太多时间做计划；放宽对别人的要求
胆汁质	擅长："做"； 优点：善于管理、主动积极； 缺点：缺乏耐心、感觉迟钝； 反感：优柔寡断； 追求：工作效率及支配地位； 担心：被驱动、强迫； 动机：获胜、成功	会毁灭一切	要缓和情绪，学会放松自己的情绪；耐心低调，降低对别人的要求；请别人协助，而不是生硬地支配别人；停止争论，学会道歉
抑郁质	擅长："听"； 优点：恪尽职守、善于倾听； 缺点：过于敏感、缺乏主见； 反感：感觉迟钝； 追求：被人接受，生活稳定； 担心：突然的变革； 动机：寻找团结、归属感	别人不知道	敢于尝试新事物；尽量保持热情；学会说出自己的感受；要有主见，学会拒绝；开始行动

2.1.2　不同的性格

性格（Character），是一个人对现实的稳定的态度和习惯化的行为。性格是一个人在社会活动中与环境相互作用的产物。

1．性格的类型

一个人的性格按照不同的标准可以分为不同的类型。

（1）外倾型和内倾型性格

外倾型性格的人活泼开朗、善于交际，对新事物比较敏感；内倾型性格的人沉着冷静，对新事物反应迟缓。这两种性格表现了两个截然不同的方面，但有时在一个人身上可以表现出两种性格，即在某些场合中表现出外倾型性格，而在另一些场合中表现出内倾型性格。

（2）理智型、意志型和情绪型性格

理智型的人总是用理智来衡量事物和支配行为；意志型的人有着明确的目的性，在感情和行为上不易受人支配；情绪型的人总爱用感情来衡量事物和支配行为，情绪不稳定时容易冲动。

（3）顺从型和独立型性格

顺从型性格的人独立能力差，多无主见，容易接受暗示和受人指使，在紧急和困难的情况下，常表现得惊慌失措，生活上多无头绪；独立型性格的人，有主见，善于发现问题和解决问题，不易受环境和其他因素影响，不轻易听取别人的意见，善于解决困难和处理意外情况。

2. 塑造受人欢迎的性格

性格和气质不同，性格是可以后天塑造的。职场人士应该学习主动适应工作，塑造受人欢迎的性格。

一个人能够受人欢迎，关键要在做人方面下功夫。一般来说，受人们喜爱的性格包括：处事大方，不斤斤计较，付出而不求回报；性格开朗、直爽，富于幽默感，情绪稳定；能够协调各种关系，有独立性、主动性；富于想象力和创造力；要玩就玩得痛快，而工作、学习时兢兢业业；遇到困难就努力去面对、去克服；出了问题能自己主动承担责任，决不推给别人；做出再大的成绩或获得再高的荣誉，也不沾沾自喜、趾高气扬、目中无人；遇到再大的挫折，也不会垂头丧气。只有这样，才能被周围的人亲近和信赖。

2.1.3 不同的性别

一般来说，男性更注重视觉，女性更注重听觉，所以在面对不同性别的沟通对象时，我们也应采取不同的沟通策略。例如，做产品展示时，男性大多喜欢看产品的直接演示效果，而女性大多想通过你的详细解释弄清楚产品的原理、性能、特点和用途，再结合演示进行了解。又如，男性大多喜欢直接知道从事某项工作能带来什么好处，而女性则更多关注怎样带来好处，也就是说男性更多关注结果，而女性则更多关注过程。因此，我们在面对男性时，大多数时候应重点告诉对方做什么；而面对女性时，大多数时候应重点告诉对方如何做。

2.1.4 不同的年龄

大多数老年人，要么有退休金的保障，要么有子女的孝养，相对于对财富的渴望，也许他们更关注自己的健康问题。因此，面对这个年龄层次的沟通对象，我们应以健康作为话题导入沟通，而不是从事业角度导入。

中年人大多性格沉稳，阅历丰富，希望改变和提升生活质量，并仍有提升自己的热切期望，所以针对这个年龄层次的沟通对象，我们一般应以事业为主切入话题。

年轻人大多充满激情，行动力强，对未来和事业充满无限的憧憬，热切期望有好的平台展示自己，实现心中的梦想，由于事业、婚姻、前途等原因，他们充满了强烈的创业欲望，所以在与年轻人沟通时，应以事业、梦想、未来为主要沟通话题。

2.2 自我认知和认知他人

2.2.1 自我认知

1. 自我认知及其意义

自我认知就是人们对自身的辨认、了解、综合评价的过程，它主要包括3个方面。

① 物质自我，包括身体素质、仪态仪表、家庭结构和实物占有等。

② 精神自我，即自己的价值观、兴趣、性格、气质、智慧、才识、能力和道德等。

③ 社会自我，即自己的生活角色，在生活中的责任、义务、名誉，以及他人对自己的态度等。

自我认知非常重要，它是交际认知的基础。如果自视甚高，就会骄傲自大、一意孤行，其结果既挫伤别人的自尊心，又给自己带来不良后果；如果自视过低，就会自暴自弃、畏惧不前，也会埋没自己的才能，满足不了别人的期待，对团队的事业造成不良影响。只有正确评估自己，恰如其分地看待自己的地位和作用，才能从容地和别人交往，在各种活动中竭心尽力，做出应有的贡献。

2. 自我认知的方法：SWOT分析法

（1）简介

SWOT分析法是一种能够比较客观而准确地分析和研究一个组织或个人现实情况的方法。从整体上看，SWOT分析法可以分为两部分：第一部分为S和W，主要用来分析内部条件；第二部分为O和T，主要用来分析外部条件。利用这种方法可以从中找出对自己有利的、值得发扬的因素，以及对自己不利的、要回避的因素；发现存在的问题，找出解决办法，并明确以后的发展方向。通过这种方法，个体能够客观地进行自我认知，明确自己的发展方向，从而为自己的学习、工作和生活做出最佳的决策。

（2）SWOT分析法的步骤

① 找出自己的长处和短处。先列一个提纲，分别写出自己的性格特点、长处和短

处。然后通过分析自己的长处和短处,扬长避短,继续发扬自身的优势,并努力改正自己常犯的错误,提高自身的素质和能力。

② 找出面临的机会和威胁。对机会和威胁进行比较客观的分析,将有助于认清形势并果断地进行抉择,要对学习环境、专业前景和就业形势等外部因素进行正确的分析与判断。

③ 未来发展规划。计划是行动的向导,完成第①步、第②步的分析后,就可以有针对性地简单制订自己的发展规划。具体方法可以参考案例2-2。

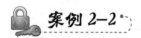

	自我认知的SWOT分析法	
	优势(Strengths)	劣势(Weaknesses)
内部环境分析	① 乐观开朗,志向高远,生活态度积极,善于发现事物积极的方面; ② 诚实稳重,为人正直,待人诚恳,喜欢与人交往; ③ 有强烈的责任心、较强的社会适应能力和一定的组织能力; ④ 心思细腻,思考问题细致、缜密; ⑤ 学习认真踏实,具备一定的文学素养; ⑥ 喜欢思考问题,有一定的分析能力,并有寻根究底的兴趣; ⑦ 富有逻辑性和条理性,有一定的书面表达能力; ⑧ 勇于创新,敢于尝试,喜欢接触新鲜事物	① 社会经验不足,知识面过窄,缺乏理性思维能力; ② 语言表达能力不强,不善于在公众场合发言,有时候口语表达过于烦琐; ③ 思维比较程式化,不够灵活; ④ 自视甚高,我行我素,有时候比较固执,不喜欢采纳别人的意见; ⑤ 性情柔弱,有时候想问题、做事情过于瞻前顾后、优柔寡断,以致坐失良机
	机遇(Opportunities)	威胁(Threats)
外部环境分析	① 当今社会对我们所学专业的人才需求量大,专业发展前景良好; ② 学校给我们提供了良好的学习环境和很好的软硬件设施,我们可以在导师的带领下有机会参与一些科研项目,学以致用,也可以积累更多的实践经验,同时有很多机会与行业高层人士学习和交流,提高自身素质,可以有考博士研究生或就业的双重选择; ③ 周围有很多优秀的同学,为自己的学习和课题研究提供了丰富的可利用资源,并且有构建良好的人际关系的条件; ④ 硕士研究生每年的毕业生数量远远少于本科生,比本科生具有更多的机会和更大的竞争优势	① 目前我国就业形势严峻,各用人单位对人才素质提出了更高的要求,越来越多的用人单位更加看重工作经验而非学历; ② 研究生数量剧增,优秀的人很多,机会却不均等,这时就不单单是知识的比拼,更是对个人发现机会、展示自己并把握机会能力的考验
未来选择	运用SWOT分析法进行个人分析以后,学生对自身有了比较清醒的认识,进一步明确了未来的发展方向。计划在研究生学习期间,利用较强的学习能力,认真学习传播学专业知识和广告学知识,不断提高英语水平和计算机能力,拓展知识面,培养创新能力,同时利用课余时间参加社会实践活动,积累工作经验。毕业后将从事与专业相关的职业,如传媒业、广告业等	

(资料来源:作者根据相关网络资料整理。)

2.2.2 自我激励

自我激励是指个体具有不需要外界奖励和惩罚作为激励手段，能为设定的目标自我努力工作的一种心理特征。心理学家证实：自我激励在人际沟通中起着引擎的作用。

一个能够做到自我激励的人，应具备以下两类品质：第一，不会随便选择放弃，这源于个体强大的自信；第二，有乐观的思想。

1. 自信是沟通者必备的心理素质

自信心表现为自我肯定、自我激励、自我强化，坚信自己一定能成功的情绪素养。自己要有信心，别人才能相信你，才有利于沟通的进行。

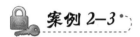

自信帮助推销员成功

一位商人看到一个衣衫褴褛的尺子推销员，顿生一股怜悯之情。他把1美元丢进卖尺子人的盒子里，准备走开，但他想了一下，又停下来，从盒子里取了一把尺子，并对卖尺子的人说："你跟我都是商人，只不过经营的商品不同，你卖的是尺子。"几个月后，在一个社交场合，一位穿着整齐的推销员迎上这位商人，并自我介绍："你可能已经不记得我了，但我永远忘不了你，是你重新给了我自尊和自信。我一直觉得自己和乞丐没什么两样，直到那天你买了我的尺子，并告诉我我是一个商人为止。"推销员一直把自己当作乞丐，不就是因为缺乏自信吗？但就是从商人的一句话中，推销员找到了自信，并开始了全新的生活。

（资料来源：王林，2008. 成功探索十二讲[M]. 北京：机械工业出版社.）

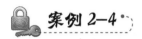

画家的试验

一位画家把自己的一幅佳作送到画廊里展出，他别出心裁地放了一支笔，并附言："观赏者如果认为这张画有欠佳之处，请在画上做上记号。"结果画面上标满了记号，几乎没有一处不被指责。过了几日，这位画家又画了一张同样的画拿去展出，不过这次附言与上次不同，他请观赏者将他们最为欣赏的妙笔都标上记号。当他再取回画时，看到画面又被标满了记号，原先被指责的地方，却都换上了赞美的标记。"一个有自信心的人，可以化渺小为伟大，化平庸为神奇。"

（资料来源：王林，2008. 成功探索十二讲[M]. 北京：机械工业出版社.）

2. 乐观成功理论

很多人都期望得到别人的鼓励，却不知道自我激励的重要性。自我激励实际上也很简单，那就是要有乐观的心态，要自信，要自立。很多研究表明，乐观能使人幸福，促进健康，并且能取得成功；相反，悲观的人容易放弃希望，因为他们经常会把失败归结于自己的能力差，而不去思考出错的原因。

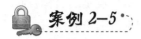 案例 2-5

乐 观 测 试

20世纪80年代中期，美国某保险公司雇用了5000名推销员并对他们进行了培训，每名推销员的培训费高达30 000美元。雇用后第一年有一半人辞职，4年后这批人只剩下1/5。原因是：在推销人寿保险的过程中，推销员需要一次又一次地面对被人拒之门外的窘境。

为了确定那些能够面对困难，并将每一次拒绝都当成是挑战而不是挫折的人是否可能成为成功的推销员，该公司向宾夕法尼亚大学的心理学家马丁·塞利格曼（Martin Selegman）讨教，并请他来检验"乐观成功理论"。这一理论认为，当乐观主义者失败时，他们会将失败归结于某些他们可改变的事情，而不是某些固定的、他们无法克服的弱点。因此，他们会努力克服困难，改变现状，争取成功。

塞利格曼对15 000名参加过两次测试的新员工进行了跟踪研究，其中一次是该公司常规的甄别测试，另一次是塞利格曼自己设计的用于测试被测者乐观程度的测试。这些人中有一组人没有通过甄别测试，但却在"乐观测试"中取得"超级乐观主义者"成绩。跟踪研究表明，这一组人在所有人中工作任务完成得最好。第一年，他们的推销额比"一般悲观主义者"高出21%，第二年高出57%。从此以后，通过"乐观测试"便成为该公司聘用推销员的一个条件。

（资料来源：塞利格曼，2010.活出最乐观的自己[M].洪兰，译.沈阳：万卷出版公司.）

乐观者和悲观者对待困难的态度是截然不同的。同样是半杯水，乐观者会说："我还有半杯水呢！"而悲观者则会说："我只剩下半杯水了！"因此，乐观者更多地看到事物的光明面，会不懈地去追求和奋斗，会坦诚地和他人沟通；而悲观者则更多地看到事物的阴暗面，似乎周围的所有人都跟自己过不去，因此就会闷闷不乐，逃避正常的沟通。

2.2.3 认知他人

1. 认知他人的内容

读懂一个人非常不容易，读懂一个人的心理状态就更加困难了。在认知他人的过程中，要学会从感情、情绪、能力、倾向及个性特征等方面着手。

（1）感情

对他人感情的认知大多是通过表情实现的，这需要在日常生活中积累经验。比如，一个人笑代表他开心，垂头丧气代表他遇到了不顺心的事情。但是中国人的表情有时候并不能准确代表心中的真实感情，这就需要在生活中积累经验。

（2）情绪

情绪的认知包括对心境、激情和应激三种心理行为的认知。心境和激情比较容易理解，而应激则是指人们遇到外界刺激时生理系统的反应，这种反应有时也体现在情绪中。人类的情绪有很多种表现方式，要学会通过对方的反应看到其背后的真正情绪。

（3）能力

每个人的能力是不一样的。要学会对每个人的能力状态有一个基本的判定。

（4）倾向

对他人倾向的认知主要是指对价值取向的认知，这与一个人的需要、动机、兴趣、理想和信念紧密相关。行为倾向可能是高尚的，也可能是大众化的；可能是理想的，也可能是现实的。要分析对方是乐观主义者还是悲观主义者，这样才能有效地了解其心态。

（5）个性特征

个性特征是指每个人表现出来的性格特征，性格没有好坏之分，但是每一种性格都有正、负两个方面，既有长处也有短处。

2. 认知他人的方法

在《庄子·杂篇·列御寇》中，孔子曰："故君子远使之而观其忠，近使之而观其敬，烦使之而观其能，猝然问焉而观其知……"

认知他人的"八观"是指："通则观其所礼，贵则观其所进，富则观其所养，听则观其所行，止则观其所好，习则观其所言，穷则观其所不受，贱则观其所不为。"因此，管理者需要把一件事情放到特定的情境中去，不要只关注表面现象，这是最有效的认知他人的方法。

2.2.4 理解他人的情绪和情感

1. 理解他人的情绪

在心理学上，要排除障碍，走入对方内心深处，理解其情绪，需要经历4个步骤，即接纳、分享、区分和回应。

（1）接纳

接纳是指愿意和对方共同处理事情，表达的是一种开放的状态。接纳最重要的是让对方感觉有人愿意帮助他，而不是被拒绝，因为被拒绝是人们最害怕的状态。

（2）分享

第一步是"共情"。就是和对方产生同样的情绪，这是走入对方情绪很重要的一步。有些人急于表达这种分享，往往会毫无底线地给对方回馈，这种做法并不能有效帮助对方。比如，一个人突然问你她是不是很丑，你如果说出这个人外貌的优点，并夸她很漂亮，虽然安抚了其情绪，却阻碍了她的进一步表达。正确的方法是反问她为什么会这么想，这样既否定了她认为自己很丑的想法，又可以成功地引起她进一步阐述的欲望。

第二步是"接纳并分享"。接纳对方的情绪，然后分享对方的内心感受。分享是指能够对情绪进行共同探讨和分析，而不是某个人的主观判定。

第三步是"重复和总结"。重复和总结是分享中的一个很实用的技巧。重复就是指重复对方的感受，可以使用"看得出来"这句口头语；总结则是当一个人倾诉的烦恼非常复杂时，要提炼出核心情绪。通过重复和总结，得到对方的确认，这时对方就已经开始分享情绪了。当总结做得不到位时，对方可能会追加一部分表述，此时需要做的就是静静聆听，表现出足够的耐心，尽量不要打断对方。

（3）区分

区分是指帮助对方区分哪些责任是他应该承担的、哪些责任不需要他承担的，让对方把精力放到他需要注意的事情上，不要把情绪和情感浪费在无谓的事情上。例如，一个同事因为工作失误被领导处罚，心情沮丧，这时领导可以帮助其进行区分："首先，我知道你心里不好受，家里小孩正在生病，又有同事请假，部门人手紧张，工作任务还特别紧张。"这些理由都属于客观属性，"不过，这一次的疏忽对于一个有着多年经验的老员工而言，确实是个可以避免的。"这是在说明个人责任，将他的主要精力引导到这一方面。

（4）回应

回应是指最后回归现实事件中，让对方制订出有效的行动计划，以达成预定的目标。回应是心理疏导中最简单的工作，因为此时对方已经敞开了心扉，并且进行了有效的分享和区分，回应是水到渠成的事情。

2. 理解他人的情感

人类有多种情感需求，如尊重、关怀及同情等。

（1）他人需要尊重

例如，某企业的一些老员工情绪不好，因为他们的待遇竟比不上刚来的大学生，于是这些老员工开始散布消极言论，甚至鼓动新员工做违章违纪的事情，让管理者十分头疼。当企业出现这种情况时，管理者应该从情感需求方面解决。老员工之所以产生这种行为，一是宣泄自己的不满，二是表达自己的真实情感需求。此时，管理者需要注意的是，老员工害怕被孤立、被边缘化，希望身边有一批和自己相似的人，由此可以分析出，老员工需要的是尊重，管理者就要提醒新员工在工作中时刻表现出对老员工的尊重。例如在聚餐时，把一些重要的位置留给老员工，或者在会议上征求老员工的意见，在讲话中专门表扬老员工对企业的贡献等。虽然只是小小的行为，却满足了老员工对尊重的需求。

（2）他人需要关怀

需要关怀主要体现在新进的、能力相对薄弱的员工身上，他们更希望得到关心和理解。职场新人进入一个陌生的环境中，会表现出自我保护的情绪，管理者此时应该给予更多的理解和关怀，而不是批评和指责。

（3）他人需要同情

只有当他人传达出明确的情感需求和暗示时，才能给予同情，否则会让人产生误解。

3．看到对方的积极面

每种性格都有好、坏两方面。人们在沟通中常会产生"晕轮效应"（Halo Effect），也就是凭第一印象判断对方的人品好坏。如果对方一开始就被认为是"好"的，他就会被"好"的光圈笼罩着，并被赋予一切好的品质；反之，如果对方一开始就被认为是"坏"的，他就会被"坏"的光圈笼罩着，他所有的品质都会被认为是坏的。

在初次交往时，如果只盯着对方的缺点，则不同性格的人之间可能会产生一些误解。例如，完美型的人认为活泼型的人说话不算话；活泼型的人认为完美型的人过于较真；力量型的人认为和平型的人做事拖沓；和平型的人认为力量型的人过于暴躁。

但是，经过一段时间的沟通交流，不同性格的人也会发现对方的一些优点。例如，活泼型的人欣赏和平型的人做人厚道；和平型的人欣赏活泼型的人纯真浪漫；力量型的人欣赏完美型的人做事认真；完美型的人欣赏力量型的人敢作敢当。

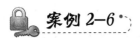

孙权错失庞统

庞统，字士元，襄阳人，与诸葛亮齐名，号称"凤雏"，为人恃才傲物，狂放不羁。他曾被推荐给孙权。孙权刚见到庞统时，就因为他"浓眉掀鼻，黑面短髯，形容古怪"而产生了不好的印象。加上庞统性格豪放，出言不慎，说自己的才学"不必拘执，随机应变"。于是，孙权觉得庞统太过轻狂，"与公瑾（周瑜）大不相同"，于是弃之不用。后来，庞统投靠刘备，为其出谋划策夺取荆州和西蜀，成为东吴的强大对手，孙权也为自己的误判付出了沉重代价。

孙权是完美型人格，比较重视礼仪和规矩，对人求全责备，不喜欢轻浮狂放的人；而庞统是力量型人格，注重实效，有强烈的成功欲望，言行锋芒毕露，不拘泥于形式。这两种性格类型的人相遇，刚开始彼此难免会产生摩擦，但是相处时间长了，他们的性格可能会优势互补，组成良好的工作团队。因此，在初次见面时，应尽量发现对方性格的积极面，宽容对待其性格方面的缺点，这样才能真正达到沟通的目的。

（资料来源：崔佳颖，2010. 360度高效沟通技巧[M]. 北京：机械工业出版社.）

2.3 情绪的识别与克制

2.3.1 人的4种情绪

人有4种基本的情绪：快乐、愤怒、恐惧和悲哀。

① 快乐是一种追求并达到目的时所产生的满足体验。它是具有正性享乐色调的情

绪，具有较高的享乐维和确信维，使人产生超越感、自由感和接纳感。

② 愤怒是由于受到干扰而使人不能达到目标时所产生的体验。当人们意识到某些不合理的或充满恶意的因素存在时，愤怒会骤然发生。

③ 恐惧是企图摆脱、逃避某种危险情境时所产生的体验。引起恐惧的重要原因是缺乏面对可怕情境的能力与手段。

④ 悲哀是在失去心爱的对象或愿望破灭、理想不能实现时所产生的体验。悲哀情绪体验的程度取决于对象、愿望、理想的重要性与价值。

在以上 4 种基本情绪的基础之上，可以派生出许多复杂的情绪，如厌恶、羞耻、悔恨、嫉妒、喜欢、同情等。

2.3.2 不良情绪的恶果

【踢猫效应】

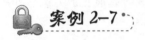

> **踢 猫 效 应**
>
> 某公司老总为规范本公司的管理，制定了极为严格的考勤制度。公司上下所有员工，包括老总自己，1 个月之内如果迟到一次，便扣掉当月奖金。令出即行，就在新制度实施的第一天，由于路上堵车，老总自己就迟到了。这位老总着实有些不痛快。恰好有位业务主管要汇报工作，老总极不耐烦地说："这点事都解决不了，我要你们干吗？"这位主管碰了一鼻子灰，悻悻地回到了办公室。这时主管手下的一位办公室主任有事要请示他，主管极不耐烦地说："没看见我正烦着吗？待会儿再说！"这位办公室主任碰了钉子感觉很沮丧。下班回到家刚坐下，儿子想问他数学题，他气呼呼地说："一边去，让我清静会儿！"儿子灰溜溜地走开了。这时儿子看到了宠爱的小猫，小猫一直在"喵喵"叫。儿子冲着小猫一瞪眼："你这小猫咪，没见我心烦吗？叫什么叫，一边去！"儿子一脚把小猫踢到了一边。

生活中类似"踢猫效应"的事很多。当今社会，生活节奏加快，人们所面临的各种压力越来越大，竞争也越来越激烈。很多时候，工作中会有许多外在因素影响到人们的情绪，很多人不能及时调整这种消极因素带给自己的负面影响，自然会产生诸如"踢猫效应"的反应。

生活中有许多事情我们是无力改变的，唯一能改变的是我们自己的心情。当遇到不如意的事情时，积极调整自己的心态，不要让自己的不良情绪影响到身边的人。对待事情冷静一点，对待自己周围的人宽容一点、和气一点。让自己的心情处于一个平和的状态，烦恼便不再整天跟着自己，你就会发现生活中到处充满阳光。

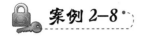

生气的试验

美国学者爱尔马（Elmer）曾在研究心理状态对健康的影响过程中做过一个实验。他在一个杯子中放入冰和水，形成了0℃的"冰水"。当人们心态平和时，将呼出的气体融入杯中，"冰水"则清澈透明、没有沉淀；当人们处于悲痛之中时，将呼出的气体融入"冰水"，"冰水"浑浊且有白色沉淀；当人们生气之时，将呼出的气体融入"冰水"，水中则有紫色沉淀。将这种水注入小白鼠肌体内，只需几分钟，它就死亡了。可见，人们在生气之时，体内产生的毒素危害特别大。

（资料来源：范文琼，丰晓流，2009. 人际沟通技巧 [M]. 武汉：华中科技大学出版社.）

人们如果长期处于生气状态，就很有可能导致生理疾患。例如，胃肠系统溃疡，心脑血管系统的血压高、心动过速、偏头疼等，呼吸系统的哮喘病、慢性咽炎，皮肤系统的荨麻疹、斑秃等，都与生气有着十分密切的关系。当人们生气时，有的表现为愤怒和攻击；有的表现为抑郁、冷漠，硬是把"气"吞进自己的肚子里——憋气，结果产生的毒素郁结在身体某个部位，就会使这个部位患上某种疾病。

人们常说：播下一个行为，收获一种习惯；播下一个习惯，收获一种性格；播下一种性格，收获一种命运。

2.3.3 控制自己的情绪

1. 学会宣泄

遇到委屈或不愉快的事情，不要埋在心里，要学会倾诉、大哭、发泄。

与朋友倾诉、交流对一个人的身心健康是非常重要的。当遇到不顺心的事情时，不要独自承受，应当多和信得过的知心朋友（父母、兄弟姐妹、老师、亲朋好友）交流谈心。我们可以在朋友面前倾诉痛苦和委屈，也可以表达愤恨之情，以宣泄心中积压的不良情绪。

哭是人类宣泄不良情绪的一种本能行为。有研究表明，女性之所以比男性长寿，除了女性身材相对矮小，代谢消耗低和生活、工作环境相对安全以外，另一个主要原因是女性喜欢倾诉和哭泣。还有研究表明，哭得多的人要比哭得少的人健康。因此，当我们心中积存了不愉快的情绪时，不要强忍着故作"坚强"，想哭时就要尽情地哭出来。

心理上的压力大多伴有未表现出来的"攻击性能量"。未表现出来的"攻击性能量"对人的身心健康影响最大。如何安全地释放"攻击性能量"呢？我们可以在宣泄室内猛烈地打骂、涂污橡皮人，也可以在森林、空旷的无人之处、海边等场所尽情地喊叫和谩骂。在这样的场所中宣泄，既能起到宣泄情绪的作用，又比较安全，不会引起麻烦。

2. 学会放松

当感到紧张、烦恼、恐惧的时候，可以找一个安静的场所，坐下或躺下，全身放松、面带微笑、轻轻地闭上眼睛，然后自上而下地放松身体。或者自我暗示，如反复默念"我现在放松了"。待全身放松后，再轻松自然地回想一下自己心中烦闷的原因，以及问题出现后的思想变化、态度和周围的人际关系等；也可以想象一下事情如果向好的方向发展会是什么样子；还可以回忆自己的成功经历。通过转换思维方式和放松，也许你会在瞬间豁然开朗，使积存已久的不良情绪倏然而逝。

3. 学会转移

火气上涌的时候，可以有意识地转移话题或做其他事情。

参加娱乐活动就是转移不良情绪的好办法。外出旅游、看电影、下棋、参加文艺活动、运动等，都可以使我们的不良情绪得到宣泄。尤其是运动，对排除心理紧张和消极情绪十分有效。

阅读文艺书籍、挥毫泼墨、去河边垂钓、观赏花鸟鱼虫等怡情养性的活动，可以间接地舒缓人们压抑的情绪，疏解人们心中的郁闷之气，从而减轻人们心灵深处的负担。

4. 学会幽默和自嘲

幽默可以淡化人的消极情绪，消除沮丧与痛苦。具有幽默感的人，生活充满情趣，许多令人烦恼的事，他们都能应付得轻松自如。用幽默来化解烦恼与矛盾，会使人感到和谐愉快，融洽友好。遇到不愉快事情的时候，"阿Q"一点，也是一种有效缓解情绪的方法。

5. 找心理辅导老师

要想彻底解决问题，有时候还要找心理辅导老师，请他帮忙疏解。心理辅导老师的分析，往往能帮助我们找到不良情绪的根源，从而化解情绪。

2.3.4 识别和安抚他人情绪

1. 识别

善于了解他人，知道他人的所思、所想、所感是一个人拥有高情商的表现。高情商者在社交生活中不盲目、不糊涂，他们能够根据对方的行为举止、语言谈吐、心理活动等，识别他们的情绪，并采取相应的对策，因而能获得良好的人际关系，取得较大的成功。

识别病人的情绪

一位事业有成的男人到医生那里进行治疗,医生说:"你能告诉我你有什么问题吗?"

该男子提到了他在生活和工作中负担过重的问题。他向医生详细地解释:他要做的事是如何多,每天他要完成多少工作,要处理多少大大小小的问题等。因此,他根本没有留给自己的时间。

医生耐心地倾听着,当这个男人终于说完之后,他问这个男人:"你对我说,每天你都要忍受很重的负担,可是为什么你还这么自豪地对我讲述这一切?为什么你在讲述这一切的时候,脸上始终洋溢着快乐的表情?"

通过提问和观察,医生很快就意识到,在生活中追赶该男子的并不是这些工作,虽然他的工作的确很多;而真正的问题在于,根据他的自我价值观念,他需要这么多的工作来维持这种大人物的感觉——他很自豪,他是如此重要,有那么多的事情要他去做,有那么多的人需要他的帮助。

(资料来源:韦尔丁,2009.情商 [M]. 尧俊芳,译. 天津:天津教育出版社.)

不只是医生,对每一个希望了解别人的人来说,有一个根本原则是:你只要提出你看到的和感觉到的信息,而不要根据你自己的所见所闻,总结出解决别人问题的办法。

2. 安抚

当人们的情绪处于不正常的状态时,是无法进行有效沟通的,所以安抚对方的情绪是成功进行沟通的关键性一步。

安抚他人情绪的方法很多,心理学研究表明,人的情绪高低与身体重心高度成正比,身体重心越高,越容易情绪高涨。因此站着沟通往往比坐着沟通更容易产生冲突,而坐得越低,发脾气的可能性越小。例如,在夫妻争吵中,夫妻站着沟通就不如坐在沙发上沟通,坐在沙发上沟通就不如坐在地板上沟通,而坐在地板上沟通就不如躺着沟通。身体重心越低,情绪就越不容易高涨。

例如,在处理客户投诉时,若对方带有较高情绪,则摆事实、讲道理都是没用的,因为对方是听不进去的。第一件事应该让对方坐下,等对方情绪平静后再进行沟通。甚至可以在接待客户投诉的地方专门安放几组特别矮的沙发,而且这种沙发只要一坐就会陷下去,起来时觉得费力,客户身体一收缩自然就不太容易发火了。

【处理客户投诉】

【思考与讨论】安抚客户的情绪,除了采用降低重心的方法外,还有哪些有效的方法呢?

2.4 克服沟通心理障碍

很多人常常困惑:"我怎样才能使别人喜欢我?""怎样才能消除自卑感?""怎样才能正确认识自己和他人?"还有人会问:"我为什么体会不到人际交往的快乐?"

那些在人际交往中颇受好评，很得"人缘"的人一般具有以下特点：乐观、聪明、有个性、独立性强、坦诚、有幽默感、能为他人着想、充满活力等。当然，并不是说这些特点都具备才能有好的人际关系。

而那些在人际交往中不太受人欢迎的人一般具有以下几个特点：自私、心眼儿小、斤斤计较、孤傲、依赖性强、自我中心、虚伪自卑、没有个性等。有了以上的参照标准，大家就可对照自己的优、缺点，扬长避短。当然，在人际交往中，最主要的是坦诚。每个人都是独立的个体，不能丧失自我；阿谀奉承、随声附和并不能换来好的人际关系。

2.4.1 人际交往的心理障碍

1. 自负

自负者只关心个人的需要，强调自己的感受，在人际交往中常表现为目中无人。与同伴相聚，不高兴时会不分场合地乱发脾气，高兴时则海阔天空、手舞足蹈地讲个痛快，全然不考虑别人的情绪和态度。另外，在对待自己与别人的关系上，过高地估计了彼此的亲密度，讲一些不该讲的话。这种过于亲昵的行为，反而会使人出于防范心理而与之疏远。

2. 嫉妒

嫉妒者总是用望远镜观察一切，在望远镜中，小物体变大，矮个子变成巨人，疑点变成事实。嫉妒是对与自己有联系的、强过自己的人的一种不服、不悦、失落、仇视，甚至带有某种破坏性的危险情感，是通过把自己与他人进行对比而产生的一种消极心态。当看到与自己有某种联系的人取得了比自己优越的地位或成绩，便产生一种嫉恨心理；当对方面临或陷入危机时，就隔岸观火、幸灾乐祸；甚至借助造谣、中伤、刁难等手段贬低他人，安慰自己。

3. 多疑

这是人际交往中的一种不好的心理品质，可以说是友谊之树的蛀虫。这种心情会使人的心智迷乱。它能使你陷入迷惘，混淆敌友，从而破坏他人的事业。具有多疑心理的人，往往先在主观上设定他人对自己不满，然后在生活中寻找证据。带着以邻为壑的心理，必然把无中生有的事实强加于人，甚至把别人的善意曲解为恶意。这是一种狭隘的、片面的、缺乏根据的盲目想象。

4. 自卑

美国心理学家的研究表明，儿童时期如果各项活动取得了成绩而得到老师、家长及同伴的认可、支持和赞许，便会增强他们的自信心、求知欲，内心会获得快乐和满足，从而养成一种勤奋好学的良好习惯。如若相反，他们则会产生受挫感和自卑感。个体自卑感的形成主要是社会环境长期影响的结果。

自卑的浅层感受是别人看不起自己，而深层的理解是自己看不起自己，即缺乏自信。

5. 干涉

心理学研究发现，每个人都需要一个不受侵犯的生活空间；同样，每个人都需要有一个自我的心理空间。即使再亲密的朋友，也都有一个不愿向他人袒露的内心世界。有的人在相处中，偏偏喜欢询问、打听、传播他人的私事，这种热衷于探听别人隐私的人，并不一定有什么实际目的，大多数仅仅是以这种行为获得一种心理满足而已。

6. 羞怯

羞怯心理是绝大多数人都会有的一种心理。具有这种心理的人，往往在交际场所或大庭广众之下，羞于启齿或害怕见人。由于过分的焦虑和不必要的担心，使得他们在言语上支支吾吾，行动上手足无措。长此以往，会不利于其同他人的正常交往。

7. 敌视

这是交际中比较严重的一种心理障碍。这种人总是以仇视的目光对待别人，这种心理或许来自童年时期在家庭中受到的伤害，从而使他产生"别人仇视我，我仇视一切人"的心理。对不如自己的人以不宽容的态度表示敌视；对比自己厉害的人用敢怒不敢言的方式表示敌视；对处境与自己类似的人则用攻击、中伤的方式表示敌视，使周围的人随时有遭受其伤害的危险，而不愿与之往来。

2.4.2 克服人际交往的心理障碍——扬长避短

克服人际交往的心理障碍的最有效方法是"扬长避短"。"扬长避短"是自然法则，是顺应自然。某些生物仅依靠某一种"长处"能在亿万年的自然残酷竞争中得以生存，就在于它不断进化和完善自己的"长处"。例如，蚯蚓被割断身体、海参被抛弃内脏都能够再生，这就是它们赖以生存的"长处"。如果它们在进化中不充分利用自己的"长处"，自然的力量早就将它们淘汰了。人类的"长处"是大脑和思维，凭借发达的大脑成为万物之王。

急切想克服人际交往恐惧的人，往往只看到别人的长处和自己的短处。他们羡慕那些口齿伶俐、在社交场合妙语连珠的人，并把注意力集中在自己"笨手、笨脚、笨嘴"的毛病上，而往往忽视了自己的书面表达能力和逻辑思维能力。

每个人都有自己的优点，只有发现和利用这些优点去与别人竞争，才能取得事半功倍的实效。如果只是致力于弥补弱势而不注意发挥优势，不仅毫无胜算，最后连长处也可能因得不到充分的发挥而变成短处。一个有社交恐惧心理的人，往往有性格内向和自卑的内在心理因素，或有容貌和语言表达能力方面的外在缺陷。要想克服由此而形成的心理障碍，切莫忘记"扬长避短"的方法。

思 考 题

1. 人类有哪些个性？不同的个性应分别采取哪些策略？
2. 如何识别不同的情绪？应如何克服不良情绪？
3. 沟通的心理障碍主要有哪些？应采取什么方法予以克服？
4. 党的二十大报告强调了加强组织建设的重要性。如何通过有效的沟通筹划来实现团队内部的协调和合作，以推动事业的发展？

实 训 项 目

一、对自己进行 SWOT 分析

根据自己的实际情况，对自己进行 SWOT 分析，客观地进行自我认知，明确自己的发展方向，为自己的学习、工作和生活做出相应的决策，并将结果绘制成 SWOT 分析表。

二、掌握健康的沟通心理素质

1. 肯定自我并喜欢自我

尽可能多地找出自己的优点和缺点，并努力把消极面转换为积极面。任何一个人都有优点和缺点，既不要因缺点而讨厌自己，也不要因优点而过度自恋。努力从另一个角度看自己的缺点，同时也要尽量改变某些缺点，增强自信心。

2. 关爱他人并融入环境

主动关心别人，发现其优点，向其表达善意：微笑示意、真诚地打招呼、使用赞美、感谢的语言等。

要学会恰当地融入环境，接纳他人，用心沟通。融入环境不是无条件地取悦他人，而是真正发现他人的优点，并欣赏、赞美他人。

三、情绪测试

测试说明：这一测试包括 15 道选择题，每题有 A、B、C 三个备选项目。请理解题意后，选择最符合或接近自己实际情况的项目，填在问题后的括号内。请注意，这里要求填写自己的真实想法和做法，而不是问哪个答案最正确，备选项目也没有好坏之分。不要猜测哪个答案是"正确"的或哪个答案是"错误"的，以免测试结果失真。

（1）你烦躁不安时，知道是什么事情引起的吗？（　　）
　　A. 很少知道　　　　B. 基本知道　　　　C. 有时知道

（2）当有人突然出现在你的身后时，你的反应是：（　　）
　　A. 感受到强烈的惊吓　　　　　　B. 很少感受到惊吓
　　C. 有时感受到惊吓

（3）当你完成一项工作或学习任务时，你感觉到轻松吗？（　　）
　　A. 没有什么特别的感觉　　　　　B. 经常有这种体验
　　C. 有时有这种体验

（4）当与他人发生口角或关系紧张时，你是否感到不愉快呢？（　　）
　　A. 能够　　　　B. 不能够　　　　C. 说不清楚

（5）当你专心地从事某项活动时，你知道这是你的兴趣所致吗？（　　）
　　A. 知道　　　　B. 不知道　　　　C. 很少知道

（6）在生活中，你遇到过令你非常讨厌的人吗？（　　）
　　A. 遇到过　　　　B. 没遇到过　　　　C. 说不清楚

（7）当与家人或亲朋好友在一起的时候，你感到幸福和快乐吗？（　　）
　　A. 感觉不到　　　　B. 说不清楚　　　　C. 是的

（8）如果别人有意为难你，你感觉如何？（　　）
　　A. 没有什么感觉　　B. 觉得不舒服　　C. 感到气愤

（9）假如你排队买东西等了很长时间，有人插队到你前面，你感觉如何？（　　）
　　A. 没有什么感觉　　B. 觉得不舒服　　C. 感到气愤

（10）假如有人用刀威胁你，让你把所有的钱都交出来，你会感到害怕吗？（　　）
　　A. 不害怕　　　　B. 害怕　　　　C. 也许害怕

（11）当别人赞扬你的时候，你会感到愉快吗？（　　）
　　A. 说不清楚　　　　B. 愉快　　　　C. 不愉快

（12）你遇到令你特别佩服和尊敬的人了吗？（　　）
　　A. 遇到过　　　　B. 说不清楚　　　　C. 没有遇到过

（13）假如你错怪了他人，事后会感到内疚吗？（　　）
　　A. 不知道　　　　B. 内疚　　　　C. 不内疚

（14）假如你认识的一个人低级庸俗，但却好为人师，你是否会瞧不起他？（　　）
　　A. 不知道　　　　B. 是的　　　　C. 不会

（15）假如你不得不与深爱的朋友分手，你会感到痛苦吗？（　　）
　　A. 说不清楚　　　　B. 肯定会　　　　C. 不会

评分标准：请根据自己的选择，填写下面的计分表，算出自己的得分。

题号	(1)	(2)	(3)	(4)	(5)	(6)	(7)	(8)	(9)	(10)	(11)	(12)	(13)	(14)	(15)
A	1	3	1	3	3	3	3	3	1	2	3	2	2	2	2
B	3	1	3	1	1	2	2	1	3	3	2	3	3	3	3
C	2	2	2	2	2	1	1	2	2	1	1	1	1	1	1

诊断结果分析：你可以根据自己的分数高低，识别自己属于哪种类型。

（1）敏感型（36～45分）：这一水平的特征是能够准确、细致地识别自己的情绪，并能认识到情绪发生的原因，但可能会出现下面几种情况。

① 悲观绝望型：虽然能清晰地认识到自我情绪状态，但通常采取被动地接受各种消极情绪的态度。

② 乐天知命型：整天总是乐呵呵地对各种情绪采取轻描淡写的态度。

③ 沉溺型：被卷入自己情绪的狂潮中，无力自拔。

（2）适中型（26～35分）：这一水平的特征是能够识别自己情绪的冲动，能够区分各种基本情绪，但不能区分一些性质相似的情绪。例如，不能区分愤怒、悲哀、嫉妒等不同的情绪，只是体验为"难受"。导致情绪区分模糊的原因有以下几种。

① 体验情绪强度不够。

② 不能准确地识别引发情绪产生的原因。

③ 掌握情绪词汇的数量太少（测验结果表明大约有60%的人处于这一水平）。

（3）麻木型（15～25分）：这一水平的特征是很少受到情绪影响，对喜、怒、哀、乐等基本的情绪缺乏明确的区分。这种类型的人通常表现为冷漠无情，不能与他人进行正常的情感交流，是一种病态症状。

如果你在这一测验中得分低于25分，建议去咨询心理医生。

项目 3 职场交往礼仪

知识目标

1. 掌握职场常见的礼仪种类；
2. 掌握职场常见礼仪的运用。

1. 能够认识到自身在礼仪方面的优、缺点；
2. 能正确运用职场上的各种礼仪；
3. 能够改正自身在职场上的错误礼仪。

 案例 3-1

一小团废纸让数百万元订单"泡汤"

小张是某公司的员工，有一天去财务部窗口领工资。在等候的时候，他随手把手中捏着的一张无法报销的票据揉成团扔在了地上。

他的举动正好被其他部门的同事看见了，心里想："那个部门的人素质真差！"

恰巧此时有一位顾客来财务部交订金，他看到小张把纸团扔在地上，心里想："这个公司的员工如此做事，他们生产的产品质量会好吗？售后服务会有保障吗？还是先别交订金了吧，回去再斟酌一下！"

生产部经理陪着几位外商参观公司，正好路过这里，地上的纸团没有逃过大家的眼睛，结果外商指着那个纸团问老板："这样的员工，能生产出符合质量要求的产品吗？"

本来不费吹灰之力便能扔到垃圾桶里的一团废纸，却导致公司失去了数百万元的订单。

（资料来源：金正昆，2009. 金正昆教你学礼仪全集 [M]. 西安：陕西师范大学出版社.）

职场礼仪，是指人们在职业场所中应当遵循的一系列礼仪规范。了解、掌握并恰当地应用职场礼仪，会让你的事业蒸蒸日上。

人的形象主要由仪表、内涵、礼仪、人格魅力等方面构成。仪表是天生的，我们无法改变，但可以通过服装、化妆进行修饰。仪表美是不能长久的，长时间的人际交往中，仪表美总会被淡化，只有内涵美才会更加长久。礼仪可以帮助我们提升自身的形象，更好地进行人际交往，使人格魅力散发出更耀眼的光芒。

3.1 基本要求

礼仪、礼节、礼貌的内容丰富多样，但不外乎遵循以下原则：一是敬人的原则；二是自律的原则，即在交往过程中要克己、慎重、积极主动、自觉自愿、礼貌待人、表里如一、自我对照、自我反省、自我要求、自我检点、自我约束，不能妄自尊大、口是心非；三是适度的原则，即适度得体，掌握分寸；四是真诚的原则，即诚心诚意、以诚待人，不逢场作戏、言行不一。

3.1.1 仪表

仪表是指人的容貌，是一个人精神面貌的外在体现。仪表的基本要求是精神饱满、和谐自然和讲究个人卫生。

1. 卫生

整洁卫生是仪表美的关键，是礼仪的基本要求。每个人都应该养成良好的卫生习惯，做到入睡前和起床后洗脸，早、晚和饭后勤刷牙，经常洗头、洗澡，讲究勤梳洗、勤更衣。但是，不要在人前"打扫个人卫生"，否则既不雅观，也不尊重他人。与人谈话时应保持一定距离，声音不要太大，切忌口沫四溅。

（1）头发

头发要保持干净、整齐，要保持一定的发型，不可凌乱，可使用少量的定型、美发、护发用品。

男士的头发宜短不宜长，后面不宜长及领口，两侧不宜掩耳，前面不宜盖过额头。相对来说，短发给人的感觉是朝气蓬勃、精明强干。当然，也不是说越短越好，不必走极端剃光头。

女士发型总体上可分为直发、卷发、束发3种。女士的头发最好不要长过肩部，或挡住眼睛。女士留有长发，但在正式场合，应将长发梳成发髻，否则长发遮住脸部是有损形象的。有的女性喜欢梳马尾辫，但应注意长度，以不超过肩部为宜。

（2）面部

男士要勤刮胡须，勤剪鼻毛，要注意面部卫生，及时擦去眼屎和嘴角的唾液。女性可适当化淡妆，也可以不化妆。

（3）手部

一双保养得好且干净的手，会给人以美感；而一双脏乎乎的手会使人顿生厌恶之情。因此，我们的双手应保持干净、卫生，要勤洗手、勤剪指甲、勤护理。

2. 服饰

服饰可以反映一个人文化素质之高低，审美情趣之雅俗。具体来说，它既要自然得体，协调大方，又要遵守某种约定俗成的规范或原则。服饰不但要与自己的具体条件相适应，还必须时刻注意客观环境、场合对人的着装要求。服饰的基本要求是彰显个性、扬长避短、简洁大方。

（1）TOP 原则和 PAS 原则

着装打扮首先必须符合公司文化的内在要求。同时遵循 TOP 原则和 PAS 原则。TOP 即时间（Time）、场合（Occasion）和地点（Place），指着装应该与当时的季节、所处的场合和地点相协调。PAS 即职业（Profession）、年龄（Age）和地位（Status），指一个人的穿着打扮、言行举止要与他的职业、年龄、地位相吻合。

（2）男装

西装是世界公认的男士正规服装。西装有单件上装和套装之分，西装套装又有两件套和三件套之分。在比较正式的场合，男士应穿正式套装。西装颜色越深越正式，黑色最正式，其次为深蓝色、深灰色。

套装有单排扣和双排扣之分。单排扣一般以双粒扣、三粒扣较为常见。在正式场合，应把双粒扣的第一粒扣上，三粒扣的第一、二粒扣上，以表郑重，也可以只扣中间一粒。四粒扣的西装应当扣第一、二、三粒扣。也就是说，最下面的那粒扣是样扣，可以不扣。双排扣有四粒扣和六粒扣之分，上面的两粒都是样扣，不必扣上。双排扣有几个扣眼就要扣几粒扣，否则会使人觉得轻浮。

穿西装时应注意以下问题。

① 三色原则。全身穿着颜色不要超过 3 种，包括衬衫、领带、皮鞋、袜子在内。

② 三一定律。重要场合穿西装套装，皮鞋、腰带、公文包最好是同一种颜色，首选黑色。

③ 西装的长度。西装讲究合身，衣长应超过臀部，标准尺寸是从脖子到地面的 1/2；袖子长度以袖子下端距拇指下端 11 厘米最合适。裤长以不露出袜子为宜，以到鞋跟处为准，裤边不能卷边。

④ 西装的衬衫。衬衫领应高于西装领 1～2 厘米，衬衫袖口要长出西装袖口 1～2 厘米。衬衫袖口的纽扣一定要扣上，不能将衬衫袖口卷起；衬衫下摆一定要放在西装裤子里。

⑤ 不能犯的 3 个错误：一是保留袖子上的商标；二是在正式场合没穿西装套装却打了领带；三是穿深色西装时穿了白色的袜子。

（3）女装

职业女性在衣着打扮上既不能过于时髦，也不能过于简单，因为个人的形象与单位的形象有着密切的关系。

【温莎结的打法】

职业女装包括西服套裙、夹克衫或不成型的上衣，以及连衣裙或套裙。每一类型职业女装都要考虑其颜色和面料。而西服套裙是女性的标准职业着装，可塑造出强有力的形象。单排扣上衣可以不系扣，双排扣的则应一直系着（包括内侧的纽扣）。穿单色的套裙能使身材显得修长。套裙分两种：配套的，其上衣和裙子同色同料；不配套的，其上衣与裙子存在差异。

西服套裙的最佳颜色是黑色、藏青色、灰褐色、灰色和暗红色。精致的方格、印花和条纹也可以接受。红色、黄色或淡紫色的西服套裙要慎重考虑，因为它们的颜色过于抢眼。

西服套裙有两件套和三件套之分。西服套裙的上装以西服式样居多，也有圆领、V领等式样。上衣长度既可以短到腰际，也可长至臀部以下，下装是长短不同的各式裙子。夏季，女性在正式场合，不宜穿露、透、短、紧的服装。穿长裙最长不超过小腿的中部，穿短裙最短不要短于膝盖以上15厘米，一般到膝盖的长度比较合适。

3.1.2 仪态举止

1. 谈话姿势

谈话的姿势往往反映出一个人的性格、修养和素质。因此，交谈时，双方要互相正视、互相倾听，不能东张西望、看书看报、面带倦容、哈欠连天等；否则，会给人心不在焉、傲慢无礼等不礼貌的印象。

2. 站姿

站立是人最基本的姿势，是一种静态的美。站立时，身体应与地面垂直，重心放在前脚掌，挺胸、收腹、收颌、抬头、双肩放松、双臂自然下垂或在体前交叉，眼睛平视，面带微笑。站立时不要歪脖、斜腰、屈腿等。在一些正式场合，不宜将手插在裤袋里或交叉在胸前，更不要下意识地做些小动作，那样不但显得拘谨，给人缺乏自信之感，而且也有失仪态的端庄。

3. 坐姿

坐，也是一种静态的美。端庄优美的坐，会给人以文雅、稳重、自然大方的美感。正确的坐姿：腰背挺直，肩放松。女性应两膝并拢；男性膝部可分开一些，但不要过大，一般不超过肩宽。双手自然放在膝盖上或椅子扶手上。在正式场合，入座要轻柔和缓，起座要端庄稳重，不可猛起猛坐，弄得桌椅乱响，造成尴尬气氛。不论何种坐姿，上身都要保持端正，如古人所言的"坐如钟"。若坚持这一点，那么不管怎样变换身体的姿态，都会显得优美、自然。

4. 行姿

行走是人生活中的主要动作，行姿是一种动态的美。正确的行姿：轻而稳，胸要挺，头要抬，肩放松，两眼平视，面带微笑，自然摆臂。

3.2 致意礼仪

1. 握手礼

握手是一种常用的礼节，一般用于见面、离别、祝贺、慰问等情况。纯礼节意义上的握手姿势：伸出右手，手指稍用力握住对方的手持续1~3秒。

【握手礼】

与他人握手时，上身略微前倾，头微低。目光注视对方，微笑致意，不可心不在焉、左顾右盼，不可戴帽子或手套与人握手。在正常情况下，握手的时间不宜超过3秒，且必须站立握手，以示对他人的尊重、礼貌。

握手也讲究一定的顺序：一般讲究"尊者决定"，即待女士、长辈、已婚者、职位高者伸出手来之后，男士、晚辈、未婚者、职位低者方可伸出手去呼应。若一个人要与许多人握手，那么礼貌的顺序是：先长辈后晚辈，先主人后客人，先领导后下属，先女士后男士。

2. 拱手礼

拱手礼（作揖）是我国的传统礼节之一，是相见或感谢时常用的一种礼节。行礼时，双手互握合于胸前。当代一般右手握拳在内，左手在外；若为丧事行拱手礼，则正好相反。古人以左为敬，且人在攻击别人时，通常用右手，所以拱手时，左手在外，以左示人，表示真诚与尊敬。女子行拱手礼时则正好反过来，这是因为男子以左为尊，女子以右为尊。

拱手礼在行礼时，不分尊卑。目前，该礼节主要用于佳节团拜活动，或者元旦、春节等节日的相互祝贺。有时也用在开订货会、产品鉴定会等业务会议时，厂长、经理拱手致意。

3. 鞠躬礼

鞠躬，即躬身行礼，是一些东方国家表示对他人尊敬的一种郑重礼节。在我国，鞠躬常用于下属对领导、学生对老师、晚辈对长辈致敬，也常用于服务人员向宾客致意，演员向观众的掌声致谢等。鞠躬礼的要领如下。

① 脖子不可伸得太长，不可挺出下颌。

② 保持正确的站立姿势，两腿并拢，避开对方视线，随着身体向下弯曲，双手逐渐向下，朝膝盖方向下垂。

4. 拥抱礼

拥抱礼是流行于欧美的一种礼节，拥抱礼的正确动作要领是：两人在相距约20厘米处相对而立，各自都按自己的方位，两人头部及上身都向左相互拥抱，礼节性的拥抱可到此完毕。拥抱时身体不要贴得太紧，拥抱时间也很短。

5. 合十礼

合十礼又称合掌礼，原是古代印度的文化礼仪之一，后被各国佛教徒沿用为日常普通礼节。其行礼方法：双手手掌在胸前对合，掌尖和鼻尖基本相对，手掌向外倾斜，头略低，面带微笑。

【交换名片】

6. 名片礼

名片是一个人身份的象征，当前已成为人们社交活动的重要工具。因此，名片的递送、接受、存放也要讲究社交礼仪。

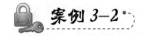

> **交 换 名 片**
>
> 某日我跟一位女士交换名片，我说："认识你很高兴，我们交换一下名片吧？"她把包拿过来了，一个高档的皮包，首先从里面拿出一包瓜子，我假装没看见，其实早看见了，然后翻出一包话梅，接着掉出一只袜子，最后告诉我名片忘带了。该带的没带，不该带的带了。
>
> （资料来源：金正昆，2009.金正昆教你学礼仪全集[M].西安：陕西师范大学出版社.）

（1）名片的递送

名片是自我介绍的简便方式。交换名片的顺序一般是：先客后主，先低后高。当与多人交换名片时，应依照职位高低的顺序，或是由近及远依次进行，切勿跳跃式地进行，以免对方误认为有厚此薄彼之感。递送时应将名片的正面面向对方，双手奉上。眼睛应注视对方，面带微笑，并大方地说："这是我的名片，请多多关照。"名片的递送应在自我介绍之后，在尚未弄清对方身份时不应急于递送名片，更不要把名片视同传单随便分发。

（2）名片的接受

接受对方名片时应起身，面带微笑注视对方。接过名片时应说："谢谢。"阅读名片时可将对方的姓名、职衔念出声来，并抬头看看对方的脸，使对方产生一种受重视的满足感。然后，回敬一张本人的名片，如身上未带名片，应向对方表示歉意。在对方离去之前，或话题尚未结束，不必急于将对方的名片收起来。

（3）名片的存放

接过别人的名片切不可随意摆弄或扔在桌子上，也不要随便塞在口袋里或丢在包里，应放在西服左胸的内袋或名片夹里，以示尊重。

3.3 称呼、微笑、问候和寒暄的礼仪

3.3.1 称呼的礼仪

1. 职场上的称呼

在工作中，彼此之间的称呼有其特殊性。总的要求是：庄重、正式、规范，或者从众（大家习惯如何称呼，就跟着称呼，但是对于新人或陌生人，应尽量选择尊敬的称呼）。

（1）职务性/职称性/学衔性称呼

① 仅称呼职务、职称或学衔，如"部长""经理""主任""教授""律师""工程师""博士"等。

② 在职务、职称或学衔之前加上姓氏，如"周总理""隋处长""马委员""钱编审""孙研究员""杨博士"等。

③ 在职务、职称或学衔之前加上姓名，仅适用于极其正式的场合，如"赵大伟董事长""杜锦华主任医师""劳静博士"等。也有将学衔具体化的情况，说明其所属学科，并在其后加上姓名，如"史学博士周燕"等，这种称呼最为正式。

（2）行业性称呼

① 称呼职业。例如，将教员称为"老师"，将教练员称为"教练"，将专业辩护人员称为"律师"，将警察称为"警官"，将会计师称为"会计"等。在一般情况下，在此类称呼前，均可加上姓氏或姓名。

② 称呼"小姐""女士""先生"。对商界、服务业从业人员，一般约定俗成地按性别的不同分别称呼为"小姐""女士"或"先生"。其中，未婚者称"小姐"，已婚者或不明确其婚否者则称"女士"。在宾馆、商场、餐馆、歌厅、酒吧等场合，这种称呼极为普遍。在此类称呼前，可加姓氏或姓名。

（3）姓名性称呼

在工作岗位上称呼姓名，一般限于同事、熟人之间。其具体方法有3种：①直呼姓名；②只呼其姓，不称其名，但要在它前面加

【称呼的礼仪】

上"老""大""小";③只称其名,不呼其姓,通常是领导称呼下属、长辈称呼晚辈。在亲友、同学、邻里之间,也可使用这种称呼。

2. 称呼的禁忌

(1)不要使用错误的称呼

例如,不要念错被称呼者的姓名。"郁""查""盖"这些姓氏就极易弄错。为避免犯此错误,就要做好先期准备,必要时,虚心请教。

要避免对被称呼者的年纪、辈分、婚否,以及与其他人的关系做出错误判断。例如,将未婚妇女称为"夫人",就属于误会。

(2)不要使用不恰当的称呼

例如,把"范局长"称为"范局",把"沙司长"称为"沙司"等。

(3)不要使用不通行的称呼

有些称呼,具有一定的地域性,如山东人习惯称他人为"伙计",但是,在南方人听来,"伙计"肯定是"打工仔";而外国人则将"爱人"理解为"情人",将"小鬼"理解为"鬼怪""精灵",误会太大了。学生喜欢互称为"同学",军人经常互称"战友",工人可以称为"师傅",这无可厚非。但以此去称呼"界外"人士,并不能表示亲近,反而可能会让对方不但不领情,还产生被贬低的感觉。

不要使用庸俗低级的称呼,也不要使用绰号。在人际交往中,有些称呼在正式场合切勿使用。例如,"兄弟""朋友""哥们儿""姐们儿""死党""铁哥们儿"等一类的称呼,显得不够庄重。还有逢人便称"老板",也显得不伦不类。

3.3.2 微笑的礼仪

古语有云:"朱唇未启笑先闻。"微笑是一种令人感觉愉快的面部表情,它可以缩短人与人之间的心理距离,为深入沟通与交往创造温馨和谐的氛围。在职场上,大家虽然职务不同、年龄有别、性格各异,但是大家都可以拥有一项共同的"职场技能"——微笑。

微笑的力量是惊人的,笑容是一个人善意的信使。在工作和生活中,要学会常把微笑挂在脸上。微笑是一种简单、高效、极具感染力的交际语言,能很快缩短人与人之间的距离,而且还能传情达意。当然,微笑看似简单,但也需要讲究一定的技巧。

1. 要笑得自然

微笑是美好心灵的外观。微笑需要发自内心才能笑得自然,笑得亲切,笑得美好、得体。切记不能为笑而笑,不笑装笑。

2. 要笑得真诚

人对笑容的辨别力非常强，一个笑容代表什么意思，是否真诚，人的直觉都能敏锐地判断出来。所以，当你微笑时，一定要真诚。真诚的微笑能让对方内心感到温暖，引起共鸣，使之陶醉在欢乐之中，加深双方的友情。

3. 微笑要有不同的含义

对不同的交往沟通对象，应使用不同含义的微笑，传达不同的感情。尊重、真诚的微笑应该是给长者的，关切的微笑应该是给孩子的，甜蜜的微笑应该是给自己心爱的人等。

4. 微笑的程度要合适

微笑是向对方表示尊重的一种礼节，我们倡导多微笑，但不建议时刻微笑。微笑要恰到好处，如当对方看向你的时候，你可以直视他点头微笑。对方发表意见时，你可以一边听一边微笑。如果不注意微笑程度，笑得放肆、过分、没有节制，就会有失身份，引起对方的反感。

5. 微笑要看不同的人际关系与沟通场合

微笑会使人觉得自己受到欢迎、心情舒畅，但对人微笑也要看场合，否则就会适得其反。当你出席一个庄严的聚会，或者去参加一个追悼会，或者是讨论重大的政治问题时，微笑是很不合时宜，甚至招人厌恶的。因此，微笑时，一定要分清场合。

3.3.3 问候和寒暄的礼仪

问候是人们相逢之际打招呼，寒暄是应酬之语。两者都是作为交谈的"开场白"来使用的。

1. 问候

问候，多见于熟人之间打招呼。西方人爱说"嗨！"，中国人则爱问"去哪儿？""忙什么？""身体怎么样？""家人都好吧？"之类。在商务活动中，也有人为了节省时间，而将寒暄与问候合二为一，以一句"您好"代替。

问候语具有非常鲜明的民俗性、地域性特征。例如，老北京人爱问别人"吃了吗？"其实质就是"您好！"若用来问候南方人或外国人，常会被理解为"要请我吃饭""讽刺我不具有自食其力的能力""多管闲事""没话找话"等，从而引起误会。

为了避免误解，做到统一而规范，商界人士应以"您好！""忙吗？"为问候语。

涉及个人隐私、个人禁忌等方面的话语，最好别拿出来"献丑"。例如，一见面就问候人家"跟朋友吹了没有？"或是"现在还吃不吃中药？"都会令对方反感。

2. 寒暄

寒暄的主要用途，是在人际交往中打破僵局，拉近人与人之间的距离，向对方表示自己的敬意，或是借以向对方表示乐于与其多交流之意。因此，若能选用适当的寒暄语，往往会为双方进一步的交谈做好铺垫。反之，在本该与对方寒暄的时刻，反而一言不发，则是极其不礼貌的。

在被介绍给他人之后，应当跟对方寒暄；若只向他点点头，或是只握一下手，通常会被理解为不想与之深谈，不愿与之结交。碰上熟人，也应当跟他寒暄一两句；如果视而不见，难免显得自己妄自尊大。

在不同场合所使用的寒暄语各有特点。

跟初次见面的人寒暄，最标准的说法是"你好""很高兴能认识您""见到您非常荣幸"等。

比较文雅一些的话，可以说"久仰"或者"幸会"。

要想随便一些，也可以说"早听说过您的大名""某人经常跟我谈起您"，或是"我早就拜读过您的大作""我听过您做的报告"等。

跟熟人寒暄，用语则不妨显得亲切、具体一些，可以说"好久没见了""又见面了"，也可以讲"你气色不错""您的发型真棒""您的小孙女好可爱呀""今天的风真大""上班去吗"等。

寒暄语不一定具有实质性内容，可长可短，需要因人、因时、因地而异，但必须具备简洁、友好与尊重的特征。寒暄语应当删繁就简，不要过于程式化，像写八股文。例如，两人初次见面，一个说："久闻大名，如雷贯耳，今日得见，三生有幸。"另一个则道："岂敢，岂敢！"犹如舞台演戏，就大可不必了。

寒暄语应带有友好之意、敬重之心。既不要敷衍了事一般"打哈哈"，也不可戏弄对方。

3.4 引导、接待、迎送和介绍的礼仪

3.4.1 引导的礼仪

客人来到公司，已确认由公司内部（有关领导）接见，相关人员应如何引导客人到会客室或办公室呢？正确的做法是跟客人说："让我带您到会客室（××办公室）好吗？"然后在前面领路。此外，在公司内不同场所领路时，应该注意以下几点。

（1）走廊

工作人员应走在客人左前方两三步的地方。让客人走在走廊中间，转弯时先提醒客人"请往这边走"。

（2）楼梯

工作人员先说要去哪一层楼，上楼时让客人走在前面，一方面是确认客人的安全，另一方面是表示谦卑，不要站得比客人高。

（3）电梯

工作人员必须主导客人上、下电梯。首先必须先按电梯按钮，如果只有一位客人，可以用手压住打开的门，让客人先进，如果人数很多，则应该先进电梯，按住"开门"，先招呼客人，再让公司的人上电梯。出电梯时刚好相反，按住"开门"让客人先出电梯，自己再走出电梯。如果领导在电梯内，则应让领导先出，自己最后出电梯。

（4）办公室

到办公室来的客人与领导见面，通常由办公室的工作人员引见、介绍。在引导客人去领导办公室的路途中，工作人员要走在客人左前方数步远的位置，忌把背影留给客人。在陪同客人去见领导的这段时间内，不要只顾低头走路，可以随机讲一些得体的话或介绍一下本公司的大概情况。

在进领导办公室之前，要先轻轻叩门，得到允许后方可进入，切不可贸然闯入；叩门时应用手指关节轻叩，不可用力拍打。进入房间后，应先向领导点头致意，再把客人介绍给领导，介绍时要注意措辞，并用手示意，但不可用手指指着对方。介绍的顺序一般是把身份低、年纪轻的人介绍给身份高、年纪大的人；把男同志介绍给女同志；如果有几位客人同时来访，就要按照职务高低的顺序介绍。工作人员介绍完毕走出房间时应自然、大方，保持较好的行姿，出门后应回身轻轻把门带上。

3.4.2 接待的礼仪

1. 领导来访

领导来访，接待要周到。对领导交代的工作要认真听、记；了解情况时，要如实回答；如领导来慰问，要表示诚挚的谢意；领导告辞时，要起身相送，互道"再见"。

2. 下属来访

下属来访，接待要亲切热情。除遵照一般来客礼节接待外，对反映的问题要认真听取，若一时解答不了，要客气地回复；来访结束时，要起身相送。

3. 客户或客人来访

接待客人的原则是"别让客人久等"，要做正确且有效率的传达。如果前来的客人人数很多，首先应保持冷静，其次应注意维持现场轮流次序，也就是秉持"先到先受理"的原则。对已经轮到的客人应有礼貌地招待。如果你能有秩序地应对，客人也就不会做无理的举动。由于客人久候多时，在轮到他时应很抱歉地对他说："让您久等了！"

【接待礼仪】

当以内线电话做联络时，可以先请客人坐在沙发上等候；如果他想拜访的人不在，要先向客人致歉，即使他没有事先预约，也不可以怠慢，并问他是否可以由代理人出来见面，或者请他留下联络方式。

如果被指定的人不方便见客，可以用参加会议或正在会客为由，询问对方是否可以由他人代理。如果顾客并未指定要见人选，应先倾听来意，然后联络相关部门处理。

3.4.3 迎送的礼仪

1. 迎客礼仪

（1）态度端正，热情待客

无论是远道而来还是经常交往的客人，都要热情接待。

（2）提前沟通，事先准备

事先应与来客联系，询问来访的时间、地点。若是远道而来的客人，还应问清楚火车、轮船或飞机到达的具体时间、班次，主动到车站、码头或机场接站。同时应事先准备接站牌，写清楚被接人的姓名和接站单位的名称。

（3）尽早赴站，主动接客

迎客前应事先安排好交通工具，提前到达约定的地点，待客人到达，便主动上前打招呼问候，同时向客人进行自我介绍。如果客人携带了行李，应主动帮助客人拿行李。在回程途中，可向客人介绍此次活动的安排情况，了解客人的活动意向，以便做好后续的接待工作。

（4）安顿客人，礼貌告别

应事先安排好客人的食宿，以便接站后将客人送往住宿处休息，以解除旅途的疲劳。初次待客不宜逗留过久，应让客人尽早休息。离开前，应告诉客人自己的联系方式，并约定好下次见面的时间和地点。

2. 陪车礼仪

（1）陪车的礼仪

陪车时应遵循"客人为尊、长者为尊"的原则。

（2）上车的礼仪

工作人员应让车子开到客人面前，帮助客人打开车门，然后站在客人身后，请客人上车。若客人中有长辈，还应搀扶其先上车，自己再上车。

（3）入座的礼仪

车内后排的座位应让尊长坐（后排若为二人座，右边为尊；三人座，则中间为尊，右边次之，左边再次），晚辈或地位较低者，应坐在副驾驶的座位；如果乘坐的是私家车，又是主人亲自开车，则应把副驾驶的座位让给尊长，其余的人坐在后排。

（4）下车的礼仪

工作人员应先下车，然后帮助客人打开车门，等候其下车。

3. 送客礼仪

（1）送近客的礼仪

当客人起身想要离开时，应立即起身亲自送其到门外，不可只是点头示意，但也不能先于客人起身；送客时，应请客人先出门，再小送一程，切不可客人刚一出门便关上门。

（2）送远客的礼仪

对远道而来的客人，应安排交通工具，并随同客人一起前往车站、码头或机场；若客人携带了行李，应帮助客人拿行李，特别是应帮助其拿较大件的行李。送客时，应与客人握手道别，用热情的语言为客人送行；分别时，可以挥手告别，且应待火车、轮船或飞机启动后，直至看不见客人时再离去。

3.4.4 介绍的礼仪

1. 正式场合的介绍

尊长一方有优先了解对方的权利，介绍的顺序要符合这个要求。把男士先介绍给女士；把职位低的人先介绍给职位高的人；把未婚者先介绍给已婚者；把主人先介绍给客人；把非官方人士先介绍给官方人士等。

【介绍礼仪】

如果无较大年龄差距及职位差距，可以按照顺时针的方向依次进行自我介绍。在介绍过程中先提某人的名字是对此人的一种敬意。例如，要将一位姓张的先生介绍给一位姓王的女士，就可以进行如下介绍："王××，让我把张××介绍给你好吗？"然后给双方进行介绍："这位是王××，这位是张××。"假如女方是你妻子，那就先介绍对方，后介绍自己的妻子，这样才能不失礼节。如把一位年轻的女同志介绍给一位德高望重的长辈，则不论性别，均应先提这位长辈。在介绍时，最好是姓名并提，还可附加简短的说明，如职务、爱好和特长等。

2. 非正式场合的介绍

如果是在一般的、非正式的场合，则不必过于拘泥礼节；如果大家又都是年轻人，就更应以自然、轻松、愉快为宗旨。介绍人以一句"我来介绍一下"开头，然后即作简单的介绍，也不必讲究先介绍谁，后介绍谁的规则。最简单的方式莫过于直接报出被介绍者各自的姓名："王芳——张力。"也不妨加上"这位是""这就是"之类的话以加强语气，使被介绍人感到亲切和自然。

3. 自我介绍

如果你基于某种理由要知道某人的名字,最好先找第三人问一问:"那位穿西装裙的女士是谁?"其后在你和这位穿西装裙的刘某见面时就可以说:"你好,刘×。"无论如何不要莽撞问人家:"你叫什么名字?"这会显得很唐突。如果万不得已也应该说得婉转一点儿:"对不起,不知该怎么称呼您。"这是建立新的人际关系的良好开端。

4. 集体介绍

(1)集体对集体

一般要把地位低的一方先介绍给地位高的一方。

(2)集体对个人

一般要先介绍个人,后介绍集体。

3.5 宴会礼仪

【宴会礼仪】

3.5.1 宴会的种类

宴会是职场沟通交往中通行的、较高层次的一种礼仪形式。一般将政府机关、社会团体举办的有一定规模的酒宴称为宴会;私人举办的规模较小的酒宴称为宴席。

宴会的场面一般比较庞大、隆重,能使人得到一种礼遇上的满足。宴会可以表达祝贺、感谢、欢迎、欢送等友好情感。通过宴会,可以协调关系、联络感情、消除隔阂、增进友谊、加强团结、获得支持、有利于合作等。

宴会种类复杂,名目繁多,常见的分类方式为:①按规格分,有国宴、正式宴、便宴、家宴;②按餐型分,有中餐宴会、西餐宴会、中西合餐宴会;③按用途分,有欢迎宴会、答谢宴会、国庆宴会、告别宴会、招待宴会;④按时间分,有早宴、午宴和晚宴。其他如鸡尾酒会、冷餐会、茶会都可列为宴会。

3.5.2 宴会准备的礼仪

宴会具有很重要的礼仪作用,有严格的礼仪要求。宴请宾客是一种较高规格的礼遇,所以主办单位或主人一定要认真周到地做好各项准备工作。

1. 明确对象、目的、范围、形式

(1)对象

首先要明确宴请的对象,主宾的身份、国籍、种族、爱好等,以便确定宴会的规格、主陪人等。

(2)目的

宴请的目的是多种多样的,可以为了表示欢迎、欢送、答谢,也可以为了表示庆

贺、纪念，还可以为了某一事件、某一个人等。明确目的，更便于安排宴会的范围和形式。

（3）范围

宴请人数应当事先明确。主客双方的身份要对等，主宾如偕夫人，主人一般也应以夫妇名义邀请。作陪者也应认真考虑。对出席宴会人员还应列出名单，写明职务、称呼等。

（4）形式

宴会形式要根据对象、目的、范围确定，可确定为正式宴会、冷餐会、酒会、茶会等形式。目前世界各国的礼宾工作都在改革，逐步走向简化。

2. 选择时间、地点

主人确定宴会时间，应从主客双方都能接受的时间来考虑，一般不在重大节日、假日举行，也不在双方禁忌日举行。选择宴会日期，要与主宾进行商定，再发邀请。

地点的选择，也要根据规格来考虑，规格高的安排在高级饭店。一般规格的则根据情况安排在适当的饭店进行。

3. 邀请

宴会一般都要用请柬正式发出邀请。这样做一方面出于礼节，另一方面是请客人备忘。

请柬内容应包括活动的主题、形式、时间、地点、主人姓名。请柬的书写要清晰、美观，打印要精美。请柬一般应提前两周发出。

4. 安排席位

宴会一般都要事先安排好桌次和座次，以便参加宴会的人都能各就各位，入席时井然有序。席位的安排也应体现对客人的尊重。

桌次地位的高低，以距离主桌位置的远近而定。以主人桌为基准，右高左低，近高远低。

座次的高低，应考虑以下几点。

① 以男主人座位为中心，如果女主人参加，则以男主人和女主人为基准，近高远低，右高左低，依次排列。

② 把主宾安排在最尊贵的位置，即男主人的右手位置，主宾夫人安排在女主人的右手位置。

③ 主人方面的陪客，尽可能与客人相互交叉，便于交谈，要避免自己人坐在一起，冷落客人。

④ 翻译人员安排在主宾右侧。

⑤ 席次确定后，将座位卡和桌次卡放在桌前方及桌中间。

5. 拟定菜单和用酒

拟定菜单和用酒要考虑以下几点。
① 宾客的规格身份、宴会范围。
② 菜肴精致可口、赏心悦目、特色突出。
③ 尊重宾客的饮食习惯、禁忌。
④ 注意冷热、甜咸、色香味搭配。

3.5.3 宴会中主人的礼仪

1. 迎宾

宴会开始前，主人应站在大厅门口迎接客人。对规格高的贵宾，还应组织相关负责人到门口列队欢迎，通称迎宾线。客人到达后，主人应主动上前握手问好。

2. 引导入席

主人请客人走在自己右侧位置，向休息厅或直接向宴会厅走去。休息厅内服务人员帮助客人脱下外套、接过帽子，客人坐下后，服务人员送上饮料。
主人陪主宾进入宴会厅主桌，接待人员引导其他客人入席后，宴会即可开始。

3. 致辞、祝酒

正式宴会一般都有致辞和祝酒，但时间不尽相同。我国习惯是宴会开始前讲话、祝酒、客人致辞。在致辞时，全场人员要停止一切活动，聆听讲话，并响应致辞人的祝酒，在同桌中间互相碰杯。这时宴会正式开始。
西方国家致辞、祝酒习惯安排在热菜之后，甜食之前，至于冷餐会和酒会的致辞则更灵活些。

4. 服务顺序

服务人员侍应，要从女主宾开始，没有女主宾的，从男主宾开始，接着是女主人或男主人，由此向顺时针方向进行。规格高的宴会，由两名服务员侍应。

5. 斟酒

斟酒在客人右侧，上菜在客人左侧。斟酒只需斟至酒杯的 2/3 处即可。

6. 用餐时的交流

用餐时，主人应努力使宴会气氛融洽，活泼有趣，既要不时找话题进行交谈，还要注意主宾用餐时的喜好，掌握用餐的速度。

7. 结束时的礼仪

用餐完毕并吃完水果后,在客人告辞时,主人应热情送别,感谢他的光临。

3.5.4 赴宴的礼仪

主人是宴会的主导。主人要按照客人的需要、习惯、兴趣进行安排。而应邀赴宴的客人的密切配合也是不可忽视的。

1. 应邀

接到邀请后,不论能否赴约,客人都应尽早做出答复。若不能应邀,要婉言谢绝。若接受邀请,不要随意变动,按时出席。若确实有意外,不能前去,要提前解释,并深致歉意。作为主宾不能赴约的,更应郑重其事,甚至登门解释、致歉。

2. 掌握到达时间

赴宴不得迟到。迟到是非常失礼的表现,但也不可去得过早。去早了主人未准备好,难免造成尴尬,也不得体。

3. 抵达

主人迎上来握手,应及时上前响应,并致意、问好。

4. 送花

按当地习惯,赴宴时可送主人鲜花或花篮。

5. 入席

在服务人员的引导下入座。注意在自己座位卡的位置入座,不要坐错位置。

6. 姿态

坐姿自然端正,不要太僵硬,也不要往后倒靠在椅背上;胳膊肘不要放在餐桌上;手不要托腮;眼光随势而动,不要紧盯菜盘。

7. 餐巾

当主人拿起餐巾时,自己也可以拿起餐巾。打开放在腿上。千万不要别在领口或挂在胸前。餐巾是用来防止菜汤滴在身上和用来擦拭嘴角的,不可用来擦餐具,更不要用来擦脖子和脸。

8. 进餐

进餐时要文明、从容,闭着嘴细嚼慢咽,不要发出声音。喝汤要轻啜,对热菜、热汤不要用嘴去吹。骨头、鱼刺吐到筷子上、叉子上,再放入骨盘。嘴里有食物时不要说话。剔牙时，用手遮住。就餐时，不得解开纽扣或松开领带。

9. 交谈

边吃边谈是宴会的重要形式，应当主动与同桌人交谈，特别应注意同主人方的人交谈，不要总是和自己熟悉的人谈话。

话题要轻松、高雅、有趣，不要涉及敏感、令对方不愉快的话题，不要对宴会和饭菜妄加评论。可以聊天气、爱好、新闻、故乡、家庭成员、居住地、喜欢的酒、喜欢的食物、汽车、休闲旅行等。

10. 退席

用餐完毕，应起立向主人道谢告辞。

11. 忌讳

中餐一般都使用圆桌，中间有圆形转盘放置菜肴，进餐时将喜欢的菜夹到自己面前的小碟子里享用。中餐的餐桌礼仪基本上很简单、自在，最不受拘束，主要留意以下要点即可。

① 主宾优先。主宾还未动筷之前，不可以先吃；每道菜都等主宾先夹菜，其他人才能依序动手。

② 有人夹菜时，不可以转动桌上的转盘；有人转动转盘时，要留意是否碰到桌上的餐具或菜肴。

③ 不可一人独占喜好的食物。

④ 避免使用太多餐具。中餐讲究边吃边聊，众人同乐，只要遵守基本的礼仪，可以尽情地聊天。

思 考 题

1. 简述职场上对于仪表、言谈举止的要求。
2. 简述见面时致意、寒暄和问候的礼仪。
3. 称呼应注意什么问题？
4. 引导、接待、迎送和介绍时分别应注意什么问题？
5. 简述赴宴时的注意事项。
6. 如何通过贯彻落实党的二十大报告的精神，提高自己在职场上的言谈举止水平，以成为一名优秀的职业人士？

实 训 项 目

一、模拟演示

反复模拟演示各种礼仪,并不断找出不足之处,予以纠正。

二、角色扮演

选两位同学分别扮演以下角色进行沟通,注意相关的礼仪。
1. 公司的职员与客户,见面时候的问候和寒暄。
2. 不同部门的两位同事(或与客户)之间的电话交流。
3. 职员去机场迎接远方来的客户。
4. 客户应邀参加公司的周年纪念宴会,职员负责通知和接待。

三、收集资料

除了本项目中介绍的基本礼仪外,职场上还有一些重要的礼仪。请在课后收集相关礼仪的资料。

项目 4　观察和倾听

知识目标

1. 理解观察的作用和技巧；
2. 理解倾听的正确含义；
3. 理解倾听的意义。

能力目标

1. 能够运用观察技巧；
2. 能够运用各种倾听技巧；
3. 能够消除倾听的障碍；
4. 能够分辨倾听和听的区别。

案例 4-1

因缺乏观察力而成为"路障"

在车站、机场、商场等地的自动扶梯上，我们经常可以看到，不着急的人都排在扶梯的右边站立，而着急的人则从左边留出的空隙匆匆赶路。总有一些人因有急事而争分夺秒，久而久之，人们形成一种"默契"：站立不动乘扶梯的人在右边，而左边留给那些赶时间的人。

这仅仅是一种默契，不是人为规定，也不会强制执行。但是只要存在一个不善于观察的人，这种默契就会被打破：大家都站在右边，唯独某个人站在左边，岿然不动，成为后面着急赶时间的人的"路障"。而这个"路障"居然没有意识到这一点。后面的人为了让他有所察觉，特意尽量靠近他，或故意干咳一声，可"路障"依然毫无反应。这就是缺乏观察力的具体表现。

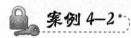

倾听的艺术

因为一个店员不懂得倾听，芝加哥的一个大型百货商店险些失去一位在该店年消费额几千美元的老顾客。道格拉斯太太曾参加过我们在芝加哥的培训课程。她买过一件打折的大衣，把大衣拿回家之后她才发现里衬有些磨损。第二天她把这件大衣拿回商店，希望店员能给她换一件。但店员不肯听她解释，说道："你这件衣服是打折商品。"她指着墙上的标志说："看见那个没，上面写着'打折商品谢绝退换'。一旦买了，就没办法换了。自己回去缝缝吧。"

"但这属于损毁商品啊。"道格拉斯太太抱怨道。

"没什么区别，"店员打断了道格拉斯太太的话，"不能换就是不能换。"

道格拉斯太太十分生气，打算离开这家店，发誓以后再也不来了。就在这个时候，商场经理进来和她打招呼，因为道格拉斯太太是这家店的老主顾，两人彼此认识。道格拉斯太太向她讲述了刚刚发生的事情。

经理认真地听了事情的始末之后检查了这件大衣，然后说："特价商品不能退换，所以我们才能在季末的时候清空库存。但这个'谢绝退换'原则并不适用于损毁商品，我们当然会修复或是换掉这件衣服的里衬；或者如果您愿意，我们也可以给您退款。"

店员和经理的态度有天壤之别！如果那位经理没有碰巧过来倾听这位太太的抱怨，这家商店就会失去一个老客户。

（资料来源：卡耐基，2012. 做一个会说话会办事的聪明人 [M]. 唐汶，译. 北京：化学工业出版社．）

4.1 观察的作用、方法和技巧

4.1.1 观察的作用

"观察"的意思是仔细地查看。如果一个人不善于观察，就会像案例 4-1 中的"路障"一样，不会观察周围状况，也不会察言观色，那自然不会发现问题、解决问题，在职场上就不受欢迎。

《福尔摩斯探案全集》中有这样一个故事：在福尔摩斯第一次与华生见面时，就立刻辨别出华生是一名去过阿富汗的军医。福尔摩斯为什么能够那么快就发现面前的这个人是一名军医呢？

答案是"观察"。敏锐的观察力使得福尔摩斯能够迅速地辨别出一个人的职业、经历。从这个案例可以看出：福尔摩斯之所以能够侦破那么多案件，敏锐的观察力是其中的决定性因素之一。

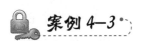

不善于观察是以自我为中心的一种表现

领导从外面回到公司，刚刚坐下，还没等喘口气，就有人进来汇报工作。领导刚回到公司，需要确认一下外出期间有没有电话或留言之类；或者需要上趟厕所；或者需要一点时间换换脑子，准备准备。但是，这个要汇报工作的人对此根本视而不见，在领导回来之前，就一直在想："领导一回来，我就向他汇报。"光惦记着自己要早点汇报，只看到自己的事情，而完全忽视了领导的情况。

这类人完全无暇考虑"除了我，还有人要汇报工作吗？"或"领导回到公司要做什么呢？"之类问题，这就是错误的开始。

观察力指的是了解状况、发现问题的能力。观察是获得信息的重要方式，但观察并不是走马观花。所谓"眼见为实"，并不是像照镜子一样不经过大脑地看。因此，在很多情况下，我们误以为眼睛看到的就是真实的。其实，在我们观察一件事的时候，会被大脑过滤掉许多东西。

4.1.2 观察一个人的方法

要观察一个人，就要把握这样一个顺序：从下至上。从他的鞋子开始观察。为什么不先从他的脸开始观察呢？如果一开始就观察了一个人的脸，我们就会很容易主观地对这个人进行评价，因而影响或忽略了很多关于此人的重要信息。而从脚开始观察可以很好地避免这种情况。

首先观察他的鞋子，如果鞋子很脏，而近两天并没下雨，说明这个人对于生活卫生方面并不怎么在意，同时也可以推测这个人在生活方面并不严谨，甚至还可以进行这样一种假设：可能他的性格就是这样。如果衣裤上还有些褶皱或是污迹，就可以印证上面的部分论断是正确的。

接下来可以观察这个人的体格，如手臂肌肉的粗壮程度、身高、体型等。其身上佩戴的饰物也是关键信息，如耳环、项链、手表等，可作为辨析一个人的重要依据。

同时要观察对方的年龄、言行举止等，观察时要表情轻松，不要扭扭捏捏或紧张不安。观察时不要表现得太过分，像是在监视他或对他本人感兴趣一样。

在种种信息搜寻齐全之后，你就可以对这个人进行一个大体的综合评价了，推断其职业，琢磨其性格，分析其心理。

4.1.3 提高观察力的技巧

1. 从周围的环境着手

要锻炼观察力，应从身边的事物、所处的环境、人的特点着手。例如，你家里的桌子位置有些许变化、你的一个新朋友的眼皮是内双的、今天路上的车辆比以往少了一点（你可以据此去推断为什么少，发生了什么）、餐厅看见的某个陌生人是个左撇子、你周围的人的表情和穿着等。

2. 用"心"去观察

观察是一种用心的行为，而非随随便便地"看"。观察一个楼梯，你可以计算它的级数、高低；只是看，你可能只记得它是一个楼梯。

锻炼观察力，应养成有意识地观察的习惯。针对一个平凡的事物，你应有意且细微地观察它所具有的特征，注意常人难以发现的地方。再有，对比也是训练观察力的好方法。例如，今天和昨天的窗户上的灰尘有什么变化等。观察，不仅要着重于发现事物外在的变化，也要观察其内在本质。

总之，持有一颗观察的心并付诸实践，长此以往，便可以训练出潜意识的观察能力，即对于任何事物，都会习惯性地去观察，这是一种好习惯。

3. 抬起头来，环顾四周，扩展视野

如果一个人在职场上只沉浸在自己的世界里，"两耳不闻窗外事"，不关注其他同事在做什么，不和同事交流，这是不合格的。

同事们在做什么？你只要花一点点时间就能注意到：有的似乎很忙，有的似乎很悠闲，有的外出了，有的在喝茶。稍稍留心，就会出现截然不同的结果。

自己外出回来也是一样。坐在座位上，不要马上开始工作，而是先环顾一下周围情况，再开始工作，这仅仅需要几秒钟的时间，但"这几秒的时间"相当重要。

4. 适当改变一下行动方式，记录喜欢的信息

例如，选择不同的交通工具上班，选择不同的线路，看看有何不同，或者通过观察发现了什么新的信息。留意新开业的餐馆、商店的信息，观察它们有什么显著的特征。

5. 主动学习和提问，而不是被动接受

一个大家公认会办事的人，就算别人不教他，他也是"会"的。这个"会"与"不会"的差别究竟来自哪里？差别就在于主动学习还是被动接受。

有的人身上常见到这种"被动"现象：如果你不主动提问，他不会提出任何问题，这就是彻头彻尾的被动。

这类人一来到公司上班，总是径直走到自己的办公桌前坐下开始埋头干活，自始至终都很少抬头。这类人的行为不仅是被动的表现，而且也是不善于观察的体现。

在社会上，会工作的人是善于察觉的人，也就是自己主动去学习、去察觉的人。因为善于察觉，所以也就善于提出问题。善于察觉，也就善于从别人的行为中获取经验；善于察觉，也就善于通过书籍和网络学到知识。

6. 发现问题，先于指令而行

职场上，常有人发出这样的疑问："领导交代的事情，我都照办了，为什么我还得不到表扬呢？""为什么我没有得到好评呢？"

答案就在指令当中。接到指令，你去执行，但几乎不用开动脑筋，按指令行事，就

相当于别人告诉你考试的正确答案，你仅仅是把答案写在解答栏里而已。

在接到指令以前，就先发现答案，在别人告诉你以前就完成工作，这样才值得表扬。例如，当你身体不舒服时，虽然什么也没说，但你的恋人察觉到你身体不舒服，给你做些好吃的，帮你买药，你就会感激他（她）的体贴，你们的关系肯定会比以前更加亲密。相反，如果在你提醒之前，他（她）一点儿都没有察觉到你身体不舒服，直到你说"帮我去买些药回来""拿些喝的来"以后，才按照你说的去做，这样你就不会有感激之心，甚至可能还会发牢骚，觉得他（她）不关心你。

与男女恋人的关系一样，在公司的人际关系中，站在领导的角度看，无论多么细小的事情，只有你先去察觉然后付诸行动，这才是让人高兴和感激的事。因为在那个行动中，融入了你的积极和要求上进的良苦用心。但是如果按照指令去做，即使做同样的事情，对方也并不会心存感激，更不用说表扬了。做同一件事，是在领导发出指令前去做，还是在发出指令后去做，给对方的印象和获得的评价是截然不同的。

4.2 倾听的概念、作用和层次

4.2.1 倾听的概念

国际倾听协会认为："倾听是接收口头和非语言信息，确定其含义和对此做出反应的过程。"

倾听与听是两个互相联系而又有区别的概念。听是人体听觉器官对声音的接收和捕捉，是人对声音的生理反应，是人的本能，带有被动的特征。只要你的听觉器官是完好的，你就能听，有时候你还不得不听，比如噪声干扰。

倾听以听为基础，是一种特殊形态的听。第一，它是人主动参与的听：人必须对声音有所反应，或者具体地说，在这过程中人必须思考、接收、理解，并做出必要的反馈。第二，它必须是有视觉器官参与的听。没有视觉的参与，闭上眼睛、只用耳朵的听不能称为倾听。在倾听的过程中，必须理解别人在语言之外的手势、面部表情，特别是眼神和感情表达方式。

因此，我们可以把倾听定义为：在对方讲话的过程中，听者通过视觉和听觉的同时作用，接收和理解对方思想、信息及情感的过程。

4.2.2 倾听的作用

古今中外，人们都很重视倾听。古希腊哲学家第欧根尼说过："上帝给我们两只耳朵，一个舌头，为的是让我们多听少说。"西方的谚语说："用十秒钟讲，用十分钟听。"中国的俗话也说："说三分，听七分。"在现代社会，每个人感受到的来自各方面的压力都很大,如果你有幸成为他人倾诉的对象,让其在你面前滔滔不绝,那你一定会成为他的知心朋友。不会倾听,就无从理解他人,更无法进一步深入沟通。

倾听的作用体现在以下4个方面。

1. 获得信息

倾听有利于了解和掌握更多的信息。在对方说话的过程中,你不时地点点头,表示你非常注意他的讲话内容,使他受到鼓舞,觉得自己的话有价值,也就会更加充分、完整地表达他的想法,这正是沟通所需要的。

2. 发现问题

对于下属、同事、领导或客户,通过倾听对方的讲话,能推断对方的性格、工作经验、工作态度,借此在以后的工作中有针对性地进行沟通。

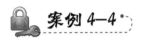

善于倾听才能发现问题

销售部的小郭近来工作业绩不理想,常常迟到、请假,销售部的肖经理找小郭谈话:"小郭,最近工作情况怎么样?"小郭避开经理的眼睛,低下头说:"还可以。""真的吗?"肖经理继续问,"怎么近来总迟到?上个月的销售额也完成得不好啊。"小郭看了一眼经理:"哎,我这个月努力吧。""有没有什么问题?"肖经理想知道究竟,"没什么……"小郭欲言又止。肖经理鼓励道:"有什么困难就讲出来,千万别放在心里面。"小郭看了一眼经理,就说了起来,"上个月……",小郭谈了十几分钟,肖经理就明白了问题所在。

(资料来源:刘玉良,阮小芳,2001.哈佛模式·职业经理人[M].北京:人民日报出版社/线装书局.)

多听对方的意见有助于发现其不愿意表露的或者没有意识到的关键问题,从中发现对方的出发点和弱点,找出关键点,这样就为说服对方提供了契机。

3. 建立信任

人们喜欢善听者甚于善说者。

实际上,人们都非常喜欢发表自己的意见。因此,如果你愿意给他们一个机会,让他们尽情地说出自己想说的话,他们会立刻觉得你和蔼可亲、值得信赖。许多人不能给别人留下良好的印象,不是因为他们表达得不够,而是因为他们不注意听别人讲话。别人讲话的时候,他们可能四处环顾、心不在焉,或是急于表达自己的见解,这样的人是不受欢迎的。

4. 防止主观误差

平时对别人的看法往往来自我们的主观判断，通过某一件事情，就断定这个人怎么样，或者这个人的说法是什么意思，实际上是带有很多主观色彩的。而注意倾听别人说话，则可以获得更多客观的信息，使判断更加准确。

4.2.3 倾听的层次

倾听并不是一件简单的事。在职场上，倾听是彼此沟通的基础，但在现实中，很多人并没有真正掌握"听"的艺术。"倾听"一般可以分为以下 5 个层次。

① "听而不闻"（Ignoring）：如同耳边风，有听但完全没有听进去。

② "敷衍了事的倾听"（Pretended Listening）：一边听，一边想其他事情，嘴里说"嗯""哦""好好""哎"之类，略有反应但其实心不在焉。

③ "选择性的倾听"（Selective Listening）：只听符合自己意思或自己感兴趣的内容，其他的一概自动过滤掉。

④ "专注的倾听"（Attentive Listening）：某些沟通技巧的训练会强调"主动式""回应式"的聆听，以复述对方的话表示确实听到，即使每句话都进入大脑了，但是否都能听出说者的本意、真意，仍然值得怀疑。

⑤ "同理心倾听"（Empathic Listening）：倾听的最高层次，也是真正的有效倾听。倾听的目的是要知道对方讲话的动机是什么？他说了什么？他用什么方式说？他有什么感受？倾听要做到耐心、虚心、会心。只有做到有效倾听，才能真正了解、设身处地地站在当事人的角度看问题，才能减少沟通障碍或无障碍。一般人聆听的目的是做出最贴切的反应，根本不是想了解对方。所以同理心倾听的出发点是"了解"而不是"反应"，也就是透过交流去了解别人的观念、感受。

同理心是指在人际交往过程中，能够体会他人的情绪和想法、理解他人的立场和感受，并站在他人的角度思考和处理问题的能力。若两个人争论，谁也不能说服谁，是因为他们根本就没有听进去对方在讲什么，更谈不上站在对方的角度去思考，正如两条平行线，永远不能相交。在职场上，如果每个人都能用同理心去倾听他人的问题，就能很好地进行沟通，并解决问题。要做到同理心倾听，就要站在对方的角度，专心听对方说话，让对方觉得被尊重。人都有渴望被尊重的需要。有了尊重，沟通就有了基础；同时，要正确辨识对方的情绪，正确解读对方话语的含义。

【倾听的技巧】

4.3 消除倾听的障碍

在沟通中存在许多障碍，如视角差异、期望差异、情感状态差异、背景差异、倾听不足等。

有效倾听就是认真倾听当事人表达的内容；观察当事人非口头语言的行为，如眼神、表情、身体动作、声调或语气等，并注意其隐含的意义是否与口头语言内容相符；适时给予适当而简短的回应，让当事人知道我们听懂了他所说的话。有效倾听是高效沟通的基础，能帮助我们更加接近当事人的感觉与经验，从而降低误解的产生；帮助当事人发现自己真正的感觉是什么，帮助我们察觉当事人在沟通中真正需要的是什么。只有做到有效倾听，才能保证沟通的顺利进行。

4.3.1 主观障碍

在沟通过程中，造成沟通效率低下的最大原因在于倾听者本身。研究表明，信息的失真主要是在理解和传播阶段，归根结底在于倾听者的以下几点主观因素。

1. 观点不同

观点不同是倾听的第一个障碍。每个人心里都有自己的观点，很难接受别人的观点。当别人在诉说时，你可能这样想："你的观点没有什么新意，你不用说，我都知道是怎么回事。"带着这样的想法，你自然难以认真听对方讲话。例如，你的下属跟你建议，零售可能比批发的利润更大，你却想你两年前经营的就是零售，效益不佳，这种做法根本不行。在这种心理作用下，你连下属陈述的零售优点都不愿意倾听。

由于坚持自己的观点，对于对方的解释和结论，如果是"英雄所见略同"，你肯定是心满意足；但如果分歧很大，就可能会产生抵触情绪——反感、不信任，并产生不正确的假设，在这种排斥异议的情况下，你又如何能够静下心来认真地倾听呢？

2. 先入为主

先入为主具有巨大的影响力。如果你臆断某人愚蠢或无能，你就不会对他说的话给予关注。假设你对某个人产生了某种不好的看法，如"这个人没什么能耐"，他和你说话时，你也不可能注意倾听。又假设你和某个人之间由于某种原因产生了隔阂，如果他有什么异议，你就可能认为他所做的一切都是冲着你来的，无论他做出什么解释，你都认为是借口。

3. 急于表达

人们都有喜欢自己发言的倾向，许多人认为只有说话才是表现自己、说服对方的唯一有效方式，若要掌握主动，便只有说。比如，在与客户的谈判中，很多人将主动发言视为主动的行为，可以帮助自己树立强有力的形象，而认为倾听是被动的。在这种思维习惯下，人们容易在他人还未说完的时候，就迫不及待地打断对方，或者心里早已不耐烦了，往往不可能把对方的意思听懂、听全。

4. 心不在焉

如果注意力不集中，那么你只会把一部分注意力放在倾听上。

5. 转移话题

如果你觉得对方的话题无聊或让你感到不自在，可能会改变话题或者讲笑话，终止对方谈话的思路。

如果你在沟通中出现以下一种或一种以上情况，你就应该注意改善自己的倾听技能了。

① 打断对方讲话，以便讲自己的故事或者提出意见。
② 没有和对方进行眼神接触。
③ 任意终止对方的思路，或者问了太多的细节问题。
④ 催促对方，同时接打电话、写字或发电子邮件等。

4.3.2 客观障碍

1. 时间不足

时间不足是职场沟通中最主要的客观障碍之一，主要表现为以下两种情况。

① 安排的时间过短，对方不能在很短的时间内把事情说清楚。他可能言简意赅，忽略了许多细节，需要你仔细去把握。对于倾听者的你来说，这么短的时间内既要听清楚对方所要表达的内容，还要明白并做出回应，非常匆忙，容易产生误解。

② 在工作过程中的倾听。你根本就没有时间认真倾听对方所要表达的内容，如下属临时有重要的事情找到你寻求帮助，事先并没有约定好时间，你正忙着处理其他事务，只是草草地听着对方的简单叙述。

2. 环境干扰

沟通随时随地都可能发生，而且有时候是急事。如果环境比较嘈杂，噪声很大，则会让人烦躁不安，无法集中注意力，严重影响倾听的效果。根据不同的环境特征，我们可以把倾听的客观障碍分为几种类型，见表4-1。

表4-1　不同的环境特征及倾听的客观障碍类型

环境类型	封闭性	氛围	对应关系	主要障碍
办公室	封闭	严肃、认真	一对一、一对多	不平等造成的心理负担；紧张；他人或电话打扰
会议室	一般	严肃、认真	一对多	对在场他人的顾忌；时间障碍
现场	开放	可松可紧、认真	一对多	外界干扰；事前准备不足
谈判会	封闭	紧张、投入	多对多	对抗心理；说服对方的愿望太强烈
讨论会	封闭	轻松、友好、积极	多对多、一对多	缺乏从大量散乱信息中发现闪光点的洞察力
非正式场合	开放	轻松、舒适、散漫	一对一、一对多	外界干扰；易偏离主题

4.4 有效倾听

【有效倾听】

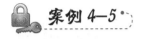

小男孩的眼泪

有一天，美国知名主持人林克莱特访问一名小男孩，他说："你长大后想要当什么？"

小男孩天真地回答："嗯……我要当飞机驾驶员！"

林克莱特接着问："如果有一天，你的飞机飞到太平洋上空时所有引擎都熄火了，你会怎么办？"

小男孩想了想："我会先告诉坐在飞机上的人绑好安全带，然后我挂上我的降落伞跳出去。"

当现场的观众笑得前仰后合时，林克莱特继续注视着这个孩子，想看他是不是在自作聪明。没想到，孩子的两行热泪夺眶而出，这使得林克莱特突然意识到这个孩子的悲悯之情远非笔墨所能形容。于是，林克莱特问他说："为什么要这么做？"小男孩的答案透露出一个孩子真挚的想法："我要去拿燃料，我还要回来！！"

如果林克莱特在没有问完之前就按自己设想的那样来判断，那么，他可能也会认为这个孩子自以为是、没有责任感。但孩子的眼泪使他继续问了下去，也才使人们看到了这是一个勇敢的、有责任心的、有悲悯之情的小男孩。

（资料来源：小男孩的眼泪 - 哲理故事 - 故事365．（2008-11-26）[2019-12-25]．http://www.gushi365.com/info/579.html．）

由案例4-5可见，在电视节目中都这么容易发生误解，可见在一个复杂的组织体系中，要避免误解的发生是一件多么不容易的事情。

你在听他人说话时，真的听懂他说的意思了吗？你是不是也习惯性地打断他人讲话？职场上，有的人经常犯这样的错误，在对方还没有来得及讲完自己的事情前，就按照自己的经验做出判断而打断对方，一方面容易做出片面的决定，另一方面使对方有不被尊重的感觉。时间久了，对方将没有兴趣向你反馈真实的信息。因此，听人讲话不要只听一半，也不要把自己的意思投射到别人所说的话上。

1. 克服倾听中的障碍

认识到倾听过程中的主客观障碍后，要主动采取措施予以克服。下面是一些在倾听中要特别注意的细节。

① 创造有利的倾听环境。尽量选择安静、平和的环境，使传递者处于身心放松的状态。

② 摆出有兴趣的样子。注视对方的脸、嘴和眼睛，尤其要注视眼睛。这样能帮助你倾听，同时，这是让对方相信你在倾听的最好方式。

③ 保持平和的心态。倾听是针对信息而不是传递信息的人，诚实面对、承认自己的偏见，并能够容忍对方的偏见。

④ 有足够的耐心，避免争论。不要打断对方讲话，抑制争论的念头。注意你们只是在交流信息，而非辩论赛，争论对沟通没有好处，只会引起不必要的冲突。学习控制自己，抑制自己争论的冲动，放松心情。

⑤ 不要过早做出结论或判断。当你心中对某件事已做出判断时，就不会再倾听他人的意见，沟通也就被迫停止了。

⑥ 不要以自我为中心。在沟通中，只有把注意力集中在对方身上时，才能够进行倾听。但很多人习惯把注意力集中在自己身上，不太注意别人，这容易造成倾听过程的混乱和矛盾。

⑦ 随时做笔记。做笔记不但有助于聆听，而且能避免偏离话题，并使对方觉得受到重视。

2. 倾听中的"望""闻""问""切"

（1）望

望，即用眼睛看。在倾听中，它不仅指要观察对方的兴趣所在，情绪如何，也包含通过目光向对方传递你的关注，表示你有兴趣听他说话，你正在认真了解他谈话的内容。

（2）闻

闻就是用耳朵听对方说话。不仅仅要去听对方说话的内容，更要去听对方在语音、语调上表达出来的真正用意。

闻在方法上也是有讲究的，要和蔼、亲切、面带微笑，时不时地给予鼓励和赞许，表明自己在全身心地倾听。

（3）问

倾听中要适时择机提出让对方感兴趣的问题，而不是挑剔对方没说清楚什么。

如果提问的时机不当，很可能会使沟通中断，或者达不到预期的沟通效果，同时还可能会引起对方的反感，所以提问时一定要谨慎小心。

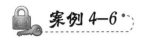 案例 4-6

> **冲在最前面的记者**
>
> 美国好莱坞影片《乱世佳人》让女主角费雯·丽（Vivien Leigh）一举成名，这部电影获得了十项奥斯卡奖项提名。有一次在欧洲巡演时，费雯·丽的班机降落在伦敦机场的停机坪上，成千上万的记者在下面围着。有一个没有头脑的记者很激动地冲到最前面采访刚刚走下旋梯的费雯·丽，他说："请问，您在这部电影里面扮演了什么角色？"
>
> 听了这句话，费雯·丽转身就进了机舱，再也不肯下来了。费雯·丽之所以会生气地转身返回机舱，就是因为一举成名后的她，满心欢喜地认为，那些蜂拥而至的记者们，都是她的影迷，是因为喜欢她的表演才来机场迎接的。可她怎么也没想到，这个冲在最前面的人，连她扮演了什么角色都不知道，这实在是太打击费雯·丽的自尊心了。
>
> 从中我们也能看出，一个愚蠢的问题会带来多么大的恶果。那位记者等待已久的一个采访机会，就这样被一个愚蠢的问题葬送了。同时，也让被采访者受到了伤害，以至于她不愿意再面对其他记者。
>
> （资料来源：崔佳颖，2010. 360度高效沟通技巧 [M]. 北京：机械工业出版社 .）

（4）切

切是对望、闻、问之后的整体把握，指的是综合全部信息，找准问题根源。只有切准要害，才能找到正确的解决方法。因此，切讲究准，要细心地分析，透过现象看本质。

综合来说，在倾听过程中，望用的是眼睛，闻用的是耳朵，问用的是嘴，而切则是用心。所以，倾听是全身心参与的过程。

【倾听中的"望闻问切"】

3. 反馈

反馈不是关于他人之言行的正面或负面意见，也不是关于他人之言行的解释及对将来的建议或指示。

给予反馈的正确方法：明确、具体地提供实例；平衡积极的、正面的和建设性的意见；在正确的时间给予反馈；集中于可以改变的行为；不具有判断性；考虑接受者的需求。

接受反馈的正确方法：聆听，不打断；提出问题，澄清事实，询问实例；总结接收到的反馈信息，以确认对其的理解；表明你将采取什么行动。

思 考 题

1. 观察的作用是什么？怎样才能提高观察技巧？
2. 倾听和听有何不同？
3. 倾听的作用是什么？
4. 倾听练习：认真聆听《党的二十大报告》，并简要概括其精神要义。

实 训 项 目

一、观察力训练

1. 回忆校园中所有雕塑的位置、形态、颜色、材质等，越详细越好，必要时画出来，然后到实地对照，看看有什么差异。
2. 回忆学校附近一条马路的特征，想得越多越好，然后去对照，看看有什么差异。

二、案例分析

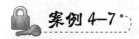

迟到的倾听

在一家大型食品公司，许玲所负责的部门支持销售部的工作，包括客户的信用评估、账款的收回、销售费用的审核支付、促销活动的控制等。虽无具体销售指标的压力，但工作难度很大。第一，既要做到严格控制，还要提供大力支持。当两者发生矛盾时，很难掌握一个合适的度。第二，当销量不好时，销售部会找出种种借口来指责他们支持不力，以推卸责任。比如，信用评估太程序化，致使一些大订单流失；销售费用审核及支付的流程太烦琐，导致费用支付不及时，影响了与客户的关系；促销活动的控制缺乏灵活性，增加了促销活动的难度。第三，初始投诉发生时，领导还会为许玲的下属解释，但多次被投诉后，领导只能把许玲管理的部门当替罪羊，解雇当事的员工，以示公平、公正，表明他改变部门工作状况的决心。

许玲的部门新来了一位应届大学毕业生张林，他给许玲留下了聪明、诚实、积极进取的良好印象。许玲对他寄予厚望：希望他能缓和与销售部之间的紧张关系，能给她所管理的部门带来新的活力，增强团队的凝聚力。

许玲改变了对新成员培训的方法。以往，团队有新员工加入时，许玲会给两周的适应期。在此期间，给他看一些与工作相关的资料，并且花一定的时间与他交流，让他在正式工作前对工作环境、工作内容、工作职责、工作流程有一个大概的了解，以便尽快熟悉业务。但这种培训方式并不理想。因为两周纸上谈兵式的学习并不能使新员工完全适应复杂的工作状况，导致与其合作的同事会认为他不善于学习或者适应能力差而放弃合作，大量新员工不能通过试用期，部门只好重新招人，开始新一轮的培训。

鉴于这个原因，以及工作上急需人手，许玲这次只给张林半天的时间让他了解公司的有关制度、工作职责、工作流程后，就安排他上岗。此外嘱咐张林：工作上遇到任何问题都可以随时来找她，她一定会给予必要的帮助。许玲认为这种新的培训方式可以让张林更容易发现问题，提高适应能力，可以降低同事对张林的要求，更乐于帮助他。

但许玲忽视了这种放任培训方法可能会带来的不良后果，许玲没有想到张林产生了不被关心、不受重视、被遗弃的感觉；他不愿意把这种感受告诉仅比他大一岁的许玲；出于自尊，他宁愿自己去想办法、找答案，也不愿向许玲求助。许玲只看到张林出色的学习能力和适应能力，以及同事们的一致认可。许玲没有看到这平静表面下的危机，更没有产生要去倾听张林想法的念头。

在张林熟悉了工作之后，许玲又给他安排了一个新的学习机会：把其他人的一些业务转交给他，以表示对他能力的认可和信任。她想不到，这让张林产生了许玲偏袒其他同事并和其他同事欺骗他的感觉。她只以为张林会更开心、更努力地工作，而没有意识到自己应该与张林进行沟通，她又犯了一次错误。

此后，在非正式场合，许玲和张林之间也有过一些交流。例如，下班了，同事都收拾好东西走了，他还在加班。许玲去问原因，他开玩笑地说："因为你偏心，把工作都交给我做，我只好加班了。"许玲也开玩笑地回答："那是因为你还没上手，效率太低。"又如，午间休息时，他抱怨工作太多，其他同事都太舒服了。许玲只是开玩笑地说："你是男生，不要老是抱怨。团队里都是女孩，你要多担待一些。"其他人也都帮着进行这样不合理的解释。张林也就不辩解了。由于是非正式场合，而且人在工作不顺利时也常常会抱怨。因此，许玲并没有认真对待这些抱怨，也忽视了这些抱怨后面的潜台词，没有与张林进行更深入的沟通，这让他很失望。不善于倾听，使许玲又犯了一次错误。

张林顺利通过了试用期的考核，成了一名正式的员工，他认为许玲应该对他前一段的工作做一个评价，提出对他今后的期望，了解他对自己职业的规划，帮助他规划在公司里的发展前景，他们应做一次深入的沟通。可是许玲再次忽略了他，再次失去了沟通的良机。

就在许玲对团队的工作效率和人员稳定感到高兴时，张林提出了离职。许玲感到惊讶万分。他们终于进行了一次深入的沟通，许玲做了一次真正的倾听，才了解到他以上的那些想法。许玲为自己的过失向他进行了深刻的检讨。可是为时已晚，张林已决心去另一家公司工作。许玲为自己团队失去了一位优秀的成员而感到遗憾，并对自己的所作所为感到懊悔。

（资料来源：胡蓥，2005.管理沟通——案例101[M].济南：山东人民出版社.）

【思考与讨论】

1.许玲错过了几次与张林沟通的机会？每次不能去倾听或未能形成有效倾听的原因是什么？

2.一些人认为自己很开明，与下属的关系也相当融洽，非正式沟通非常流畅，因此认为下属有问题会主动来与自己沟通，自己无须与下属主动沟通。你认为这种想法对吗？为什么？

3.一种观点认为：应当重视非正式沟通中的信息——在非正式场合，下属能抛开心理压力，畅所欲言，不怕说错，相信容易得到谅解。因此，非正式沟通中传递的信息有时会更真实地表达他们的想法。另一种观点认为：不应当重视非正式沟通中的信息——它产生于非正式场合和随意的表达方式中。你认为哪种观点是对的，为什么？

4.为什么说平静的环境对管理者提出了更高的要求？（提示：平静掩盖问题；冲突中的人敏锐，平静中的人迟钝）在平静的环境中，管理人员应该怎么做？（提示：保持沟通，发现问题）

三、自我测试

请填写下表。

倾听主观障碍	具 体 表 现	是/否
懒惰	你是否回避听一些复杂、困难的主题？ 你是否不愿听一些费时的内容？	
封闭思维	你拒绝维持一种轻松、赞许的谈话气氛吗？ 你拒绝与他人观点发生关联或从中受益吗？	
固执己见	你是否在表面上或者内心与发言者产生分歧？ 当发言者的观点与你有分歧时，你是否表现得情绪化？	
缺乏诚意	在听讲时，你是否避免与老师有眼神接触？ 你是否更多地关注说话人的内容而不是他的感情？	
厌烦情绪	你是否对说话主题毫无兴趣？ 你是否对说话者不耐烦？ 在听别人说话时，你是否做着"白日梦"，或者想着别的事情？	
用心不专	你是否关注说话人的腔调或习惯性动作，而不是信息本身？ 你是否被机器、电话、别人的谈话等噪声分心？	
思维狭窄	你是否专注于某些细节或事实？ 你是否拼命想理出个思维框架来？	

项目 5　语言沟通与非语言沟通

1. 掌握语言沟通的含义；
2. 了解语言沟通中的误区及克服的方法；
3. 掌握非语言沟通的含义及作用。

1. 掌握语言沟通的技巧；
2. 掌握非语言沟通的技巧。

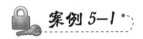

语言沟通和非语言沟通的实验

有这样一个实验：让一位觉得自己表达技巧不错的刘先生作为指示者，其他人听他的号令。先让刘先生想办法把一张A4纸上的信息全部传递给他身边的其他人。其他人手上也有一张和刘先生一样的A4纸，只不过是空白的。这是一个复印机的概念，题目是什么样子，传递出去还是什么样子。其他人觉得刘先生有讲得不清楚的地方，只要能帮助信息继续传递就可以提问。但刘先生有两件事不能做。

（1）他不能直接把A4纸拿给其他人看。
（2）他不能用笔或者其他任何工具写或画。

除此之外他可以用其他任何办法，时间是5分钟。其他人要想办法按照刘先生的指示，在自己的A4纸上把得到的信息画出来，最后看画得一模一样的有几位。

刘先生开始讲："最上面的'图形B'是3个汉字，这3个汉字下面有5个长方形。我把这5个长方形由下往上叙述一下。'图形B'3个字是在最上面。长方形长约6厘米，宽约5.8厘米，在A4纸中间，距离A4纸底部约5.8厘米。往上的第二个长方形，倾斜角度为45°左右，往大家的左手边倾斜。再往上是第三个长方形，和第一个长方形平行，它的支点在第二个长方形的2/3处。再往上是第四个长方形，也在左手边，倾斜45°左右的角。再往上是第五个长方形，仍然和第一个平行。第二个在第一个上面，第三个在第二个上面，第四个在第三个上面，第五个在第四个上面，它们的支点是一条线。"

接着刘先生又说了一遍，大家开始正式画。"这幅图的名称为'图形B'，'图形B'是3个汉字，上面大概有5.8厘米的空白，'图形B'下面也是空白的。这幅图是从下面往上摆5个长方形。第一个长方形在这张白纸的正中间，长6厘米，宽5.8厘米。然后往上摆第二个，往大家左手边倾斜45°角。我们的方向是相反的，你们应该往右手边倾斜45°角。接下来摆第三个，支点和第二个支点是一条线，平行摆。接下来摆第四个，支点和前面两个支点一样，同时往大家的右手边倾斜45°。这几个支点在一条线上，是图形的中间轴。"

接着，刘先生用一张纸比划了一下。"这是第一个长方形，上面有点空间，这是第二个长方形，两张纸是这样摆的。我的小拇指指的这个点作为它的支点，在正中间的位置。它们的支点是固定的，在一条线上。"时间到，刘先生讲得、比划得满头大汗，非常渴望大家能画对。但最后把大家画的图集中起来一看，真是大小各异，还有画反的。为什么会出现这种情况？关键在于如何正确运用语言沟通和非语言沟通，来提高沟通的有效性。

（资料来源：经理人培训项目编写组，2010.培训游戏全案·沟通 [M]. 北京：机械工业出版社．）

【思考与讨论】 正确的语言沟通和非语言沟通对企业管理将起到什么作用？

5.1 语言沟通能力的培养

5.1.1 语言沟通的分类

语言沟通是以词语符号为载体实现的沟通，主要包括口头沟通、书面沟通和电子沟通等。

1. 口头沟通

口头沟通指借助语言进行的信息传递与交流。口头沟通的形式有很多，如会谈、电话、会议、广播、对话等。

2. 书面沟通

书面沟通指借助文字进行的信息传递与交流。书面沟通的形式也很多，如通知、文件、信件、报纸、期刊、备忘录、书面总结、汇报等。

3. 电子沟通

电子沟通是以计算机技术与电子通信技术结合而产生的信息交流技术为基础的沟通。它是随着信息技术的兴起而新发展起来的一种沟通形式，包括即时通信、传真、闭路电视、计算机网络、电子邮件等。

本项目重点介绍口头沟通（谈话）能力的培养。

5.1.2 语言沟通能力的培养

俗话说："良言一句三冬暖，恶语伤人六月寒。"巧妙而得体的语言可以助人排忧解

项目5 语言沟通与非语言沟通

难，使人获得莫大的快乐；反之，恶言污语会把好的事情变糟，甚至出现激烈的情绪，造成不良后果。

每个人从小就开始学习语言，但是要学好语言，特别是巧妙地运用好语言，却不是那么容易，因为它是人生哲学的重要组成部分，还伴随着观念的转变。

语言沟通能力可以通过以下方法进行培养。

1. 分析自己的谈话能力

绝大多数人，既不能说没有语言沟通能力，也不能说语言沟通能力非常强。如果决心提高自己的语言沟通能力，必须对自己的能力有科学的了解，我们可以通过测试来进行分析。具体的题目可以参考本项目结尾"实训项目"中的测试题。

对于测试中的题目，一般人几乎不可能完全做到，但必须先弄清楚自己究竟在哪一方面存在不足。

2. 善于运用谈话资料

对于谈话的题材和资料，一方面要懂得搜集，另一方面还要懂得运用。懂得如何运用后，即使一句平常的话语，也往往会收到惊人的效果。

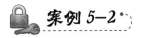

十叩柴扉九不开

有一位教育家，为了实现自己的教育理念想办一所学校，他发动自己的朋友去募捐。开始的时候，募捐是很困难的。他有一个朋友打算放弃这项工作，并且引用一句古诗"十叩柴扉九不开"来形容募捐的困难。

虽然"十叩柴扉九不开"把募捐的困难形容得恰如其分，但让人听了多么心灰意冷啊！这位教育家把这一句话从另外的角度去运用，取得了完全相反的效果。

他说："不错，我们现在的情形是'十叩柴扉九不开'，可是这也就是说十叩柴扉有一扇是开的。那么，我们要敲开十扇门，只要努力一点，多敲几十个门就是了。"

于是他把"十叩柴扉九不开"这句话，改成"百叩柴扉十扇开"，不但激励了他的朋友们，而且实现了募捐建校的愿望。

（资料来源：李屹之，2007. 实用口才全书[M]. 北京：新世界出版社．）

3. 培养敏锐的观察力

家庭主妇谈论的话题通常是物价如何、孩子如何，以及家庭琐事等，而商人则会谈论经济问题或是交际应酬时的趣事。可见，不同的人，感兴趣的话题也不同。因此，如果你跟必须为三餐终日奔波的人大谈国外风光、旅游趣事，很有可能会遭对方白眼，毕竟他们连基本的温饱都成问题，哪还有心情和你讨论各地的风光？但是如果你和他谈"致富之道"，他一定会很有兴趣，甚至还会成为你的好听众！

我们在与他人谈话之前,应该先了解对方可能感兴趣的话题是什么,即使每个人感兴趣的话题不同,但都离不开日常生活。这也就是说,只要我们在平常的生活中保持敏锐的观察力,就可以搜集到丰富的谈话题材,进而能够与不同阶层的人交谈。

4. 克服恐惧的心理

很多人都害怕与人交谈或者在公开场合发言。其实,很多著名的公众人物也不是天生就胆大善言,而是经过后天的训练和锻炼。消除紧张、恐惧心理的方法通常有以下几种。

① 不要掩饰,不妨直说:"我好紧张。"这样可以释放一些压力。

② 自我安慰。

③ 正确看待说话的对象。美国心灵导师和成功学大师戴尔·卡耐基(Dale Carnegie)最基本的经验就是:你要假设听众都欠你的钱,正要求你多宽限几天,你是神气的债主,根本不用怕他们。

④ 避免与别人比较。

⑤ 不要怕犯错误。

克服了恐惧,对我们做其他事也有潜移默化的影响。那些接受挑战的人,会发现口才一天天好起来,战胜了当众说话的恐惧让自己感觉像脱胎换骨一般,人生因此变得更丰富、更圆满。

5. 好口才要多练习

只有刻苦勤奋、坚持不懈地努力练习,才会获得令人惊喜和瞩目的成功。因此,我们不应该放过任何一次当众讲话的机会。

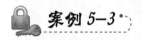

"妙语之王"普京

2008年2月14日,俄罗斯总统普京在克里姆林宫举行大型记者招待会。面对来自全球的1 000多位知名记者,普京不失时机地再一次展示了他非凡的口才。他时而玩笑调侃,时而严肃质询,纵横捭阖,妙语连珠,令众多大牌记者赞叹不已。普京不愧为俄罗斯政坛的"妙语之王"。

然而,小时候的普京沉默寡言,口才并不佳。他出身于普通的工人家庭,少年时期生活在大杂院附近,无所顾忌地乱说话往往会招来别人的一顿狂揍。所以那时的普京一度信奉:不以奉承讨好人,不讲大话贬低人,不开玩笑激怒人。总之,他很少开口说话。

后来,当他立志做一名政治家时,他才意识到口才对成功的重要意义。于是,他开始锻炼口才。他的方法不是对着镜子疯狂地呼喊乱叫,也不是南辕北辙地闲扯,更不是大话连篇浪费时间,而是废寝忘食地泡在图书馆里博览群书,广泛阅读。他深知肚子里面没学问是讲不出优雅美丽、睿智机敏的话语来的,伟大演说家的必备前提就是要有丰富的学识和缜密的思维。

> 普京读书的原则是不动笔不读书，不思考不读书，不开口不读书。只要翻开书，他总要把那些发人深省的至理名言或经典段落认真地抄到笔记本上，并用不同颜色的笔写上自己的评语或感受，这样既加强了记忆，又拓宽了思维，是事半功倍的好方法。有时，遇到一本好书，他会整本书全抄下来。普京博览群书，但他并非随手翻来即读，而是有选择性地读。渐渐地，他变得口齿伶俐起来，往往能随机应变，侃侃而谈。
>
> 经过大量的阅读，普京的演讲与说话水平有了质的飞跃。他不开口则已，开口便语惊四座。每次讲话，他不是长篇大论，而是一语中的。他的恩师索布恰克曾夸赞他说："普京讲话字字千金，针针见血。"
>
> 不显山不露水的普京常令别人大跌眼镜，在校时他还获得了全校的最佳辩手称号，他的口才让同学们佩服不已。后来，当有人问他练就卓越口才的秘诀时，普京毫不掩饰地回答说："我的口才是'读'出来的！"
>
> （资料来源：魏洪刚，2008.魅力普京："读"出来的金口才 [J].学习博览：11.）

6. 说对方感兴趣的事

比如，美国一名记者访问肯尼迪时，见面就说："我看您还真像个人文主义者。"一下子便引起了肯尼迪莫大的兴趣，破例与这名记者长谈了将近两个小时。

又如，眼前有个陌生人手里拿着一份报纸，你如果想结识他，便可以以报纸为话题，对他说："先生，对不起，打扰一下。请问您手里拿的是什么报纸？有什么重要新闻吗？"如此一来，就开启了双方的对话。

7. 赞美要发自心底

初次的会谈往往因为不恰当的谈话主题而结束，或是因为话不投机而使谈话突然中断，这时你可以把身边的事物当作话题。其实话题是很容易发掘的，"你家小狗好聪明哦！""这地方的装饰真别致！"只要你多用心去观察，身边的一草一木都可以成为话题素材。这些话题不但轻松自然，还可以拉近你与对方的距离，增进亲切感。

8. 内容应适应文化背景

一般而言，我们的社会环境、历史背景、文化特征，往往会赋予语言本身之外的附加意义和功用，从而对人际交往产生影响。所以，当使用具有"附加意义"的语词时，必须特别小心谨慎，如果随意乱用，势必弄巧成拙。不同的民族有不同的文化背景，而不同的民族语言也反映了其不同的文化特征，因此，在语言的运用上必须注意文化差异。

5.2 说话技巧

善于说话的人，可以流利、准确地表达自己的意图，不仅能讲清道理，而且说得动听，使别人愿意接受。在职场上，说什么、怎么说、何时说，都有讲究。很多时候，有些人吃亏就是因为其语言沟通能力不强，缺乏技巧。在职场上说话，应从以下两个方面考虑。

① 从企业角度考虑，企业希望员工之间自发地建立彼此的合作关系，以高效地完成各项任务。所以，企业的人际关系，就是赢得合作的关系。

② 从个人角度考虑，善于处理职场棘手问题、维护良好的人际关系是职场人士的必备素质。首要原则是自我管理（包括善尽职责、控制情绪）和双赢原则（包括将心比心、协调合作）。

5.2.1 展开话题技巧

1. 展开话题前应注意的事项

展开话题前应注意一下对方的行为态度，这通常会给我们一些提示。正面的提示包括对方有眼神接触、有微笑、面部表情自然等；负面的提示则包括对方正在忙于某些事情、正与别人详谈中、正赶往别处等。

当然我们自己也同样应该发出正面的提示。如果主动跟别人打招呼，再加上微笑以示友好，则很容易获得别人的好感并留下好印象，从而展开话题。

2. 展开话题形式

① 邀请式。例如，你今天看起来容光焕发哦！
② 问题式。例如，你最近忙吗？

3. 展开话题可以从以下几方面出发

① 自己：可简单透露自己的感受或近况。例如，我近来学习比较忙，常常要复习到深夜。

② 对方：从对方身上发掘话题，衣着、外表、首饰等都是题材。例如，你这件外套真好看，是在哪里买的呢？

③ 当时环境或流行话题。例如，呀！最近天气凉了许多，需要添衣服了……

④ 有时简单、适当的话题便可把大家的关系拉近，如简单问候对方。例如，你最近怎样呀？或赞美对方，例如，孩子长得多可爱！

⑤ 如果我们不想多做交谈，也可以在谈话时做出负面提示，如起身离开、眼向下望或四处张望、不会主动提问或不再提出任何新话题等。

不同的人可能会有不同的提示方式，以上建议未必绝对正确，唯有通过不断尝试才能加强甄别提示的能力。若发现真的不投缘或交谈乏味，或者对方对你没兴趣，则不宜勉强维持下去，但仍要礼貌地离开。

5.2.2 维持话题技巧

话匣子打开了以后,可以运用漫谈资料法、自我揭示法并找出共同兴趣及话题,也可以适当地转换话题,以平衡彼此谈话的内容。

1. 漫谈资料法

所谓漫谈资料法,是指在回答问题时多透露一点漫谈资料,使对方能发掘更多话题,否则谈话会变得枯燥无味。例如,"我不是常在那里买东西的,只不过是有一次无意中看到才买的。"另外,我们也要小心留意对方透露的漫谈资料,以便发掘更多话题。例如,"哦,原来你在西湖大道上班,你是做什么工作的呀?"

2. 自我揭示法

自我揭示法即透露自己的资料,这种做法可以帮助对方更了解自己,并为对方提供谈话题材,起到平衡彼此谈话内容的作用。但要注意自我揭示需与对话内容有关,不宜太多或太长,视对方反应而定。

内容可分以下三个层次。

① 与谈论话题有关的经验。
② 自己对讨论的事项的意见。
③ 自己对分享的事件的感受。

例如,

明:"东,你放假去哪里玩了?"

东:"去了北京,玩了14天,很好玩呀。"(个人感受)

明:"我上次放假也去了北京,也觉得很好玩!你认为哪里最好玩?"(个人经验及感受)

东:"我觉得长城最好玩,不过处处都要收钱,真扫兴。"(个人感受)

明:"是啊!我也有同感,我觉得现在北京变得很商业化,不像以前了。"(个人意见)

3. 找出共同兴趣及话题

与人交谈时,可于漫谈之中,找出共同的兴趣及话题,有助于维持话题。

例如,红:"我昨天去打羽毛球了,十分好玩。"利:"我也喜欢打羽毛球,你通常在哪里打呢?"

4. 转换话题

细心聆听,注意反应,留意自己及对方是否对所谈论的话题已没有兴趣,自己是否正在很努力地继续这个话题。如有需要,可利用漫谈资料法来转换话题。

例如，"我听你刚才讲……看来你很喜欢运动……"多注意对方谈话中的重要字眼，并将有关资料记下，适当时候有助于转换话题，也可运用打开话匣子的技巧重新展开话题。

5. 平衡彼此谈话的内容

无论以漫谈资料法还是自我揭示法增加谈话的机会，都应避免一方讲得太多或太少的情况。一般情况下，较平均的参与会使双方的交谈更融洽，除非即使对方倾谈，你也乐于聆听。

5.2.3 倾听和回应

在维持谈话时，如果能表示明白对方感受和话语背后的含意，对方会更喜欢和你倾谈，并能够促进彼此了解，所以倾听及回应技巧十分重要。

1. 倾听的技巧

（1）集中注意力

不要心不在焉，要保持谈话的专注和聆听；不要努力寻找话题，担心下一步要说些什么。我们只管细心倾听，听清对方的谈话内容、事件、意见等，因为当我们在努力寻找话题时便不能细心倾听，也就错过了一些重要的信息。

（2）留意隐藏的话语

人与人之间的话语有时不很直接，有些资料是隐藏的。在漫谈资料中，留意对方说话时的内容及语气，可能会帮助我们体会对方的感受或了解对方的言外之意。

"我今天忙得要命，跑了大半天。"这可能代表对方想坐下来和你谈话，也可能表示对方很累，不想和你交谈。这时便要留心他（她）的身体语言，必要时可直接提问。

（3）重点记忆

在我们静心倾听之时，也可以把对方的一些重要字眼和资料记下来，以便之后可做回应。

2. 回应的技巧

回应的方式有：简单总结对方的内容；讲出对方观点及感受。

5.2.4 结束话题技巧

1. 预备离开的信息

当谈话停顿得太久或双方都想结束话题时，就应该适时结束谈话。首先要发出预备离开的信息，例如："阿美，我该走啦，我还要去买些东西。"

项目5 语言沟通与非语言沟通

2. 提出再联络的表示

当你发出预备离开的信息后,通常可提出再联络的表示,例如:"我再打电话给你,下次去购物呀!"也可以直接表示:"与你谈话很开心,下星期有时间再约呀!"

如有需要,可简单总结谈话内容。但在一般的社交闲谈中,这不大重要,刻意为之反而不美,一两句话就足够。例如:"现在才知道大家都是话剧迷,改日一定找你再畅谈一番。"

5.3 职场说话禁忌

5.3.1 爱揭短

君子成人之美,不成人之恶。凡是成人之美的话,诸如激励人心、善意的忠告等都是受人欢迎和尊重的。反之,在与人谈话中,不但不成人之美,反而拆别人的台、揭别人的"短儿",使对方扫兴,这样的人往往不受人欢迎,人际关系比较紧张。

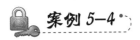

> **说话"刺"人的张挺**
>
> 张挺在机关做文员,性格内向,不太爱说话,但她说出来的话总是很"刺"人,而且她的话总是在揭别人的"短儿"。
>
> 有一回,一个同事穿了件新衣服,别人都称赞"漂亮""合适",可当人家问张挺感觉如何时,张挺直接回答说:"你身材太胖,不适合。"甚至还说:"你穿这颜色的衣服有点太鲜艳,根本不合适。"
>
> 这话一出口,便搞得当事人很生气,而且周围大赞衣服如何如何好的人也很尴尬。因为,张挺说的话有一部分是事实,比如说该同事身材就是比较臃肿。虽然有时张挺会为自己说出的话不招人喜欢而后悔,可很多时候,她还是说让人十分接受不了的话。久而久之,同事们把她排除在集体之外,很少就某件事去征求她的意见。
>
> 尽管这样,如果偶尔有人需要听她的意见,她还是管不住自己,又把别人最不爱听的话给说出来。现在公司里几乎没有人主动搭理她。张挺自己也明白大家不搭理她的原因。
>
> (资料来源:李波,2006.职场十诫[M].北京:中国纺织出版社.)

5.3.2 爱抱怨

由于职场上工作紧张,竞争激烈,抱怨是职场常态。但抱怨除了发泄情绪之外,效果并不佳,换一种表达方式则会更有效。做一个开口笑的人,比做一个爱抱怨的人更受欢迎。

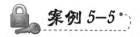

抱怨不是一种高效的沟通方式

13年前，大学毕业的陈阳丽进了一家民营企业。当时的民营企业远不像现在这么正规，她每天忧心忡忡地抱怨："为什么公司连养老保险都没有？"后来，她跳槽到一家国有企业，该有的保险都有了，她却有了新的牢骚："工资怎么这么低？"再后来，她去了一家外企，成了当时别人羡慕的"白领"，但发现自己依然心存不满："每天忙不完的工作，还让不让我结婚生孩子了？"

后来陈阳丽注意到她两位新同事的情况：他们同时入职公司，一个整天抱怨这个抱怨那个，3年后，工资没涨，岗位没动，还是那个牢骚满腹的"万人嫌"；而另一个男孩子，将牢骚烂在肚子里，认真干好每一件事，很快得到领导的关注，一年后便被升职提薪。

陈阳丽13年的职场生活，有10年是在牢骚中度过的。第10年，她终于意识到背地里的牢骚是没有用的，而当时她又非常想生孩子，于是她收起了抱怨，径直敲开了老板办公室的门。鉴于她平日的工作业绩，老板告诉她，只要她怀孕，可以随时准假。

（资料来源：李波，2006. 职场十诫[M]. 北京：中国纺织出版社.）

事实证明，积极有效的沟通永远比发牢骚要高明得多。即使要抱怨，也要注意方式、方法和场合。

5.3.3 说闲话、传流言

多数人都有爱说别人闲话的习惯，只要几人聚在一起，肯定就会东家长西家短地说个没完。说闲话不用负责任，所以越说就越没边际。要是看到听自己说话的人多起来，那就更会得意非凡，捕风捉影地把很小的事说得活灵活现的。但是如果说闲话不当，容易使同事之间的关系紧张，也不利于自己的形象。

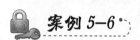

邓小姐的故事

邓小姐是一个性格十分开朗的女生，来到新单位没多久，就成了办公室里的"开心果"。一天她和同事下班回家，看见领导的车里坐了一个年轻漂亮的女孩。第二天邓小姐就在办公室大声宣布了她的新发现。两天以后，领导把她叫到办公室，告诫她以后在上班时间少说与工作没有关系的事。邓小姐闷闷不乐地回到自己的工位，让她伤心的是，这时没有一个人过来安慰她。

（资料来源：李波，2006. 职场十诫[M]. 北京：中国纺织出版社.）

由于邓小姐传播的事情对于公司不利，对于同事之间的关系也不利，所以她受到了冷遇。有一些人天生就爱说闲话，以谈论别人隐私为生活乐趣。听风就是雨，捕风捉影，无中生有，没有根据地乱说，唯恐天下不乱。这类人也不一定就是居心叵测，但结果往往害人害己。在职场上，万不可"交浅言深"，以防他人散布传言，更不要"造谣生事"。

5.3.4 直言直语

直言直语既是人性中一个可贵的特质，也是一种致命的弱点，因为喜欢直言直语的人常常只看到现象或表面，也只考虑到自己的"不吐不快"，而没有考虑他人的立场、观点、性格和感受。所以，直言直语不论是对人或对事，都会让人感到不舒服，于是人际关系就出现了阻碍，同事们都"敬而远之"，生怕一不小心被其言语灼伤。

因此，有些话能不说就不说，要说就婉转地说、巧妙地说。

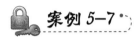

> **张咏巧妙劝寇准**
>
> 宋朝宰相寇准虽然有治国之才，但不愿多读书。
>
> 张咏与寇准是相交很深的朋友，他一直想找个机会劝寇准多读书。因为身为宰相，关系到天下的兴衰，理应学识广博。
>
> 时隔不久，恰巧寇准因事来到陕西，刚刚卸任的张咏也从成都来到这里。老友相会，格外高兴。临分手时，寇准问张咏："何以教准？"
>
> 张咏对此早有所考虑，正想趁机劝寇准多读书。可是又一琢磨，寇准已是堂堂的宰相，居一人之下，万人之上，怎么好直截了当地说他没学问呢？张咏略微沉吟了一下，慢条斯理地说了一句："《汉书·霍光传》不可不读。"
>
> 当时，寇准弄不明白张咏说这话是什么意思，可是老友不愿就此多说一句，说完后就走了。
>
> 回到相府，寇准赶紧找出《汉书·霍光传》，他从头仔细阅读，当他读到"然光不学无（亡）术，暗于大理"时，恍然大悟，自言自语地说："这大概就是张咏要对我说的话啊！"

5.3.5 把话说死、说绝

明智的人在与同事的交往过程中，从不会把话说死、说绝，让自己没有回旋的余地。每个人都有自尊心和荣辱感，如果口不择言，当面撕破脸，容易因小失大。

5.3.6 有口无心

在职场上说话，尤其是涉及对某些人、某些事的评价时，需要慎重，不要下意识地脱口而出。有时候，说者无意，听者有心，即使没有恶意，也会造成误解。

案例 5-8

有口无心得罪同事

戚戚是高才生，本科毕业直升硕士。毕业后找到了一份不错的工作，薪水高，入职就是部门主管，典型的青年才俊。总部对戚戚十分满意，半年下来，戚戚交到总部的工作计划和总结报告条理清楚、思路新颖，让总部领导赞赏有加。可是，戚戚本部门的同事和领导却对他颇有微词，说他太自负。

例如，有一次午餐时，戚戚和小张一起去吃饭，席间说到上海的交通问题，在上海土生土长的戚戚顺口发表评论："上海这几年交通恶化就是因为外地来的大学生太多，我认为应该严格户口制度，差不多的二三流大学的家伙就不要给他们机会了。"小张自己就是从浙江到上海来发展的，心里自然不爽，到公司里一说，一帮外地同事立刻觉得戚戚太过狂妄，遇上工作上的事情戚戚严格一点，就成了一种他要整治外地人的信号。其实戚戚也是有口无心，他自己的女友还是从西安来的呢。

戚戚说话大概是无心的，可是别人却不一定爱听，也许戚戚没有恶意，但他却忽视了别人的感受。

（资料来源：李波，2006. 职场十诫[M]. 北京：中国纺织出版社．）

5.3.7 职业"哑巴人"

讲究语言艺术、不乱说话，不等于不说话，也不等于战战兢兢地说话。关键是要看场合，要有分寸。但是因为怕说错而做职业"哑巴人"，则会和同事疏远，不利于沟通情感、开展工作。

5.3.8 演说家

企业一般不需要演说家，即使你要展示你的口才，也要注意：演说就像电视广告，越短越受欢迎。

有些职场新人急于表现自己，常常滔滔不绝，口若悬河。演讲有时会让演讲者兴奋，陶醉在某个情境中忘了自己在说些什么。心理学研究表明，这样的行为背后恰恰是为了掩饰他内心的不自信或者自负。企业需要实干，需要通过工作业绩来证明自己的实力。

5.3.9 凡事喜欢争个明白

凡事都要争个明白的做法并不可取，有时还会带来麻烦或危害。例如，当你被别人误会或受到别人指责时，这时如果你偏要反复解释或还击，结果就有可能越描越黑，事情越闹越大，即使赢了，别人也会对你另眼相看。最好的解决方法是，不妨把心胸放宽一些，不去理会。

项目5 语言沟通与非语言沟通

老虎与谎言：有些事情不用去证明

托比（Toby）去叙拉古（Syracuse）游学，当他经过卡塔尼山时，遇到一只老虎。进城后，他说山上有一只老虎，可是没人相信他。最后，托比只好说："你们不信，那我带你们去找。"

于是，柏拉图（Plato）的几个学生跟他上了山，历尽千辛万苦却连一根老虎毛都没有发现。托比对天发誓，想证明自己说的是真话。同去的人说："你还是不要再说见到老虎了，否则人们会认为你是一个撒谎的人。"

在接下来的日子里，托比为了证明自己，逢人便说他没有撒谎，他确实见到了老虎。最后，人们对他敬而远之，说他是个疯子。

托比来游学，本想成为一位有学问的人，现在却被认为是个疯子和撒谎者。忍无可忍之下，托比买了一支猎枪来到卡塔尼山，要找到并打死那只老虎，让全城的人知道他并没有说谎。可他一去不返。三天后，人们在山中发现一堆破碎的衣服和托比的一只脚。他是被一只老虎吃掉的。托比在这座山上见到的就是这只老虎，他真的没有撒谎。

这个故事给人一个启示：世界上有许多不幸，都是在急于向别人证明自己正确的过程中发生的。那种急于去证明的人，其实是在寻找一只能把自己吃掉的老虎。

（资料来源：老虎与谎言：有些事情是不用去证明的 [EB/OL].（2002-3）[2019-12-25]. http://www.wise99.com/shtml/1/2010/201001/12698.shtml.）

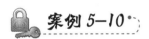

张丹峰的生产报表

张丹峰是一位刚刚从某名校毕业的管理学硕士，出任某大型企业的制造部经理。张丹峰一上任，就对制造部门进行改革。张丹峰发现生产现场的数据很难及时反馈上来，于是决定从生产报表开始改革。借鉴跨国公司的生产报表，张丹峰设计了一份非常完美的生产报表，从报表中就可以看出生产中的任何一个细节。

每天早上，所有的生产数据都会及时放在张丹峰的桌子上，张丹峰很高兴，认为他拿到了生产的第一手数据。没过几天，出现了一次大的品质事故，但报表上根本没有反映出来，张丹峰这才知道，报表上的数据都是随意写上去的。

为了这件事情，张丹峰多次开会强调认真填写报表的重要性，每次开会结束后的几天可以起到一定的效果，但没过多久又恢复到原来的状态。张丹峰怎么也想不通。

后来，张丹峰将生产报表与业绩奖金挂钩，并要求主管人员经常检查，工人才开始认真填写报表。在沟通中，不要简单地认为所有人都和自己的认识、看法是一致的。对待不同的人，要采取不同的沟通方式。

（资料来源：张丹峰的苦恼. 飞马网.（2013-01-31）[2019-12-25]. https://www.fmi.com.cn/index.php?m=content&c=index&a=show&catid=9&id=501487.）

5.4 非语言沟通的技巧

5.4.1 非语言沟通的概念及分类

1. 非语言沟通的概念

非语言沟通是相对于语言沟通而言的，是指通过身体动作、体态、语气语调、空间距离等方式交流信息和进行沟通的过程。在沟通中，信息的内容部分往往通过语言来表达，而非语言部分则作为提供解释内容的框架，来表达信息的相关部分。因此，非语言沟通常被错误地认为是辅助性或支持性角色。

【非语言沟通】

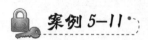

听声查案

传说春秋时期郑国的著名大夫子产曾经破过这样一个疑案：有一天清晨，他坐马车去上朝，经过一个村庄，听见远远传来一个妇女的哭丧声，他按住赶车人的手要他把车停下，仔细听了一会儿，就通知官府把那个哭丧的妇女抓来审问。那妇女很快就承认了亲手绞死丈夫的罪行。过了几天，那个赶车人问子产怎么会知道那个妇女是罪犯的？子产回答说："人们对于他们所爱的亲人，亲人开始有病的时候就会感到忧愁，知道亲人临死的时候就会感到恐惧，亲人去世了就会感到哀伤。那个妇女在哭她已经死去的丈夫，可是她的哭声却让人感到不是哀伤而是恐惧，因此肯定是内心有鬼。"

（资料来源：作者根据相关网络资料整理。）

当人们面对面沟通时，信息通过3种方式传递：语言（文字）传递占7%，声音传递占38%，表情及肢体动作传递占55%。所以，人们不只是听你说的内容，更重要的是会感受你的表情和声音。

2. 非语言沟通的分类

非语言沟通主要包括标记语言、动作语言、物体语言等形式。

① 标记语言：聋哑人的手语、旗语；交警的指挥手势，裁判的手势，以及人们惯用的一些表意手势，如"OK"和表示胜利的"V"等。

② 动作语言：餐桌上的举止能反映一个人的修养；一位顾客在排队，他不停地把口袋里的硬币弄得叮当响，这表明他心里很着急；在柜台前，顾客将商品拿起又放下，这表明他拿不定主意。

③ 物体语言：总把办公用品摆放得很整齐的人，办事干净利落、讲效率；穿衣追求质地，不盲目追求时尚，这样的人通常很注重生活品位。

非语言沟通还包括目光接触、面部表情、体态和肢体语言、身体接触、空间距离等。这些都是非语言沟通的重要形式。

5.4.2 非语言沟通的功能

1. 可以重复或加强有声语言信息的传达

当我们说"不""是""再见"的时候，会分别做出摇头、点头和摆手等动作，这样做对有声语言信息做了很好的补充。在表示友好的时候，温柔亲切的声音、温暖的目光或一些表示友好的身体接触，都可以作为沟通手段；在批评下属的时候，采用严厉的语气和严肃的表情，可以起到配合的作用。律师要求他的当事人出庭时不要穿华丽的套装，而应穿朴素、宽松的外衣，以便在法庭上强调他（她）对其所受伤害的陈述。

2. 非语言信息具有调节的功能

非语言信息可以帮助人们调节沟通的方向和氛围，通过目光接触、身体位置、音调的变化等行为来控制语言交流的过程。当对方欲言又止的时候，可以用目光予以鼓励；当双方发生不愉快的时候，微笑和调侃可以使气氛缓和；当发现个别学生不注意听讲时，有经验的教师不是直呼其名批评他、损伤他的自尊心、分散其他学生的注意力，而是突然中断自己的讲课，用眼睛注视他一下，这样通常就可使那个学生的注意力回到讲课内容。

3. 非语言信息可以代替语言信息

很多时候，非语言可以表达比语言更强烈的信息。所谓"此时无声胜有声"就是这个道理。当一个人处于痛苦沮丧的时候，使用有声语言安慰会显得多余，有时只需要拍拍对方的肩膀，或者握住对方的手，就可以表达安慰之意。

5.4.3 学会"察言观色"

我们的面部表情，手势以及腿、脚、躯干的姿势都属于体态语。所谓察言观色，其实就是能够正确地解读体态语。

1. 笑容

微笑是职场上常用的体态语，但是笑容有真笑、假笑之别。

真笑参与的脸部肌肉多，笑的时候伴随着眼睛的紧张，经常会产生鱼尾纹，而假笑只是嘴边的肌肉在动；真笑会露出一些牙齿，假笑不会露出牙齿；真笑只能保持2～4秒，而假笑一般能超过5秒。

2. 眼神

沟通一定要学会使用眼神，因为它是肢体语言中最生动、最复杂、最微妙，也是最具有表现力的。眼神要传达热情、真诚的信息。

（1）要保证有稳定的目光接触

目光接触时间一般占谈话时间的30%～60%，这是谈话的关键。如果超过这个时间，表示双方对于谈话内容都非常感兴趣；相反，则表示双方对话题不感兴趣或者感到害羞。

（2）看正确的地方

要直视对方眼睛附近的"三角区"，但对于不同身份的人，直视的范围是不同的。有一个口诀是："生人看大三角、熟人看倒三角、不生不熟看小三角。""大三角"是指以肩为底线、头顶为顶点的大三角形；"倒三角"是指面部的倒三角形，即双眼和鼻子三点形成的倒三角；"小三角"是指以下巴为底线、额头为顶点的小三角形。

以对方眉心为顶角，两颧骨为底角所形成的三角形，被心理学家称为"焦点关注区"。与对方说话时，如果你的目光不断游离于这个"三角区"，将给人留下被强烈关注的感觉，这会让人对你好感倍增；相反，如果你死死地盯住对方的双眼看，反而会让人产生敌意。

斜视表示藐视对方；眨眼睛、眼神闪烁代表害羞、内疚或撒谎；视线向上意味着尊敬、敬畏、撒娇等。

（3）瞳孔的放大和缩小

一般来说，瞳孔放大传递正面信息，如喜欢、兴奋等；瞳孔缩小传递负面信息，如戒备、愤怒等。

（4）转眼球

对方回答你的问题时，仔细观察她眼球的转动，可以察觉到对方的内心活动。

① 眼球转向"左上方"：思考记忆中"真实"的图像。

② 眼球转向"右上方"：思考想象中"编造"的图像。

③ 眼球转向"左边"：思考记忆中"真实"的声音。

④ 眼球转向"右边"：思考想象中"编造"的声音。

⑤ 眼球转向"左下方"：思考自我对话，如讲话前的自言自语。

⑥ 眼球转向"右下方"：思考某种感觉或内心的感受，如感到自信或忧伤。

3. 面部表情

利用面部表情可以更好地表达和传递自己的思想感情。例如，抿嘴表示意志坚定、撇嘴表示不满、眉头紧锁表示不赞成、扬起眉毛表示怀疑等。但是，同样的面部表情在不同的国家会有不同的含义。例如，在西方的一些国家，眨眼睛是一种感兴趣的表示，

项目5 语言沟通与非语言沟通

而在中国的一些地方,冲陌生人眨眼睛则是一种挑衅行为,冲女人眨眼睛是不礼貌的行为。如果不了解这些差异,很可能会造成误解。

4. 手势语

手势语的构成很复杂,可以从不同的角度划分。如果从手的部位来分类,主要包括手指语、手掌语、握手语和挥手语。如果按性质、意义和作用来分类,主要包括情意性手势语、指示性手势语、象形性手势语和象征性手势语。

在揭示人的内心活动方面,手势语极富表现力。双手交叉,显得人精神十分紧张;十指交叉,叠放在一起,常给人一种漫不经心的感觉;若叠放的位置很高,则表示一种对抗的情绪;摇手表示反对;拍手表示喜悦;用食指指着别人表示质问等。手势语在交谈中使用频率较高,要善于使用手势语,而且要会解读手势语。

手势语能弥补有声语言的不足,起到辅助表达的作用,但前提是要同有声语言一致,而且还要同其他体态语和思想感情一致,否则只会适得其反,让人觉得装腔作势。另外,还要学会纠正一些不良的手势语。

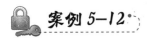

文化差异带来的误解

一个日本人问一个美国旅客,机场是否提供行李车服务。美国人想告诉他,机场不但提供行李车服务,还是免费提供!于是他用了人人皆知的表示"OK"的手势作答。然而对那个日本人来说,这个手势表示"钱",因此,日本人断定行李车服务收费昂贵。而这时,旁边一位突尼斯人看到了这一幕,则认为美国人在对日本人暗示"他是一个卑鄙无耻的小偷",让他小心点儿,否则杀死他。

(资料来源:作者根据相关网络资料整理。)

5. 站姿、坐姿和行姿

站姿、坐姿和行姿可以显示一个人的性格特征,以及沟通时的心理状态。

站立时,胸部挺起,两脚站直,双手自然下垂,双目平视,表示精神振作;双手自然相交于背后,就更显得精神饱满;双手扣于裤线,代表全身肌肉紧张,显得拘谨和胆怯。

坐在沙发上或椅子的前沿,身子前倾,头微微倾斜,是对说话内容感兴趣的表现;背朝谈话对象的坐姿,是不屑理睬的表现。

步伐迟缓,表明心事重重;走路轻盈,是愉悦、自信或傲慢的表现。

思 考 题

1. 什么是语言沟通？什么是非语言沟通？它们各有什么作用？
2. 在职场上进行语言沟通应注意什么？
3. 如何训练自己的口头表达能力？
4. 说话练习向你的朋友介绍一位英雄人物（或优秀党员）的先进事迹（3～5分钟）？
5. 如何从对方的体态语中察觉对方的感受？

实 训 项 目

一、语言沟通能力测试

1. 你是否在面对陌生人或很多人的时候，就觉得无话可说？
2. 你是否很难找到一个大家都感兴趣的话题？
3. 你是否常常在无意中说一些别人禁忌的话？
4. 当你发觉自己的话使别人反感时，是否觉得不知如何是好？
5. 你能否把自己所要谈的问题，用不同的方式进行表达，以适应不同的谈话对象？
6. 你是否在熟识的人面前，就有很多话说，而在陌生人面前，却连一句话也说不出来？
7. 当别人否定你的意见时，你是否只会再三地重复自己已经说过的话？
8. 你是否很容易与别人发生争执？
9. 你是否常常被人认为很固执？
10. 对于比自己年龄大或是地位高的人，你是否给予适当的尊敬？
11. 你平常跟别人谈话的态度是否恰当？
12. 你是否能根据别人的说话方式调整自己的态度？
13. 你的谈话内容是否能引起别人发言？
14. 你的谈话内容是否总是东一句西一句没有条理？
15. 你是否能够很轻松自然地改变话题？
16. 你是否知道应该在何时结束自己的谈话？
17. 你是否口齿不清？
18. 你说话的声调是否悦耳？
19. 你是否常常忘记别人的姓名？
20. 你是否常用一些不文雅的俗语？

（资料来源：李屹之. 实用口才全书 [M]. 北京：新世界出版社，2007.）

二、利用对方的资料找到话题

一位新员工在公司做自我介绍时这样说:"各位朋友大家好!我姓陈,名叫孟达,很高兴和大家认识。我刚从温州来到杭州,对于新环境还不是很熟悉,希望大家以后能多多帮忙。"

假如你是该公司的老员工,请你从上述语言中找到下一步对话的话题。

三、从对方举止中解读含义

你认为沟通一方做以下动作说明什么问题。

(1)偷看手表。

(2)用手摸脖子后面。

(3)身体往后靠。

(4)身体向门口倾斜。

(5)用手指、笔敲击桌面,或用笔在纸上乱涂乱画。

项目 6　赞美、妥协和道歉

 知识目标

1. 了解赞美的作用；
2. 掌握妥协的方法；
3. 了解道歉的作用和方法。

 能力目标

1. 掌握赞美的技巧；
2. 掌握妥协的技巧；
3. 掌握道歉的技巧。

 案例 6-1

六 尺 巷

　　清朝时，安徽桐城有个著名的家族，父子两代为相，权势显赫，这就是张英、张廷玉父子。康熙年间，张英在朝中任文华殿大学士、礼部尚书。

　　张英老家的亲人与邻居吴家在宅基地的问题上发生了争执，因两家的宅基地都是祖上基业，时间又久远，对于宅界谁也不肯相让。双方将官司打到县衙，又因双方都是官位显赫的名门望族，县官也不敢轻易了断。于是张家人千里传书到京城求援。张英收到书信后赋诗一首寄回老家，便是这首脍炙人口的打油诗。

　　千里来书只为墙，
　　让他三尺又何妨？
　　万里长城今犹在，
　　不见当年秦始皇。

　　家人阅罢，明白其中意思，主动让出三尺空地。吴家见状，深受感动，也主动让出三尺宅基地，这样就形成了一个宽六尺的巷子。从此，两家的礼让之举和张家不仗势欺人的做法被传为美谈。

（资料来源：作者根据相关网络资料整理。）

【思考与讨论】这个典故，对于职场沟通有何启发？

6.1 赞美的艺术

6.1.1 赞美的概念和意义

1. 赞美的概念

赞美是称赞、称誉的意思，它是发自内心地对于美好事物表示肯定的一种表达。赞美在交际中必不可少，真诚的赞美可以使对方感到快乐的温暖。赞美别人是对别人的尊重和评价，是人际关系的润滑剂，它表达的是善心和好意，传达的是信任和好感。每个人都有可赞美之处。在处理人际关系时，学会适当巧妙地赞美别人，才会游刃有余、得心应手。

与谄媚、恭维不同，赞美是实事求是、有根有据的，是真诚的、发自内心的，是被大家所喜欢的。最好的赞美就是选择对方最心爱的、最引以为豪的东西加以称赞。

2. 赞美的意义

真诚的赞美，于人于己都有重要意义。它不但会使被赞美者产生心理上的愉悦，还可以使你善于发现他人的优点，从而使自己对人生持有乐观、欣赏的态度。

（1）赞美是一种人格修养

每个人都不可能做到十全十美，但是每个人都有自己独特的闪光点。学会挖掘对方的优点，并且给予适当的赞美。懂得赞美别人是自己良好修养的表现。

（2）赞美是一种美德

在人的一生中，不可能事事一帆风顺。当别人获得荣誉时，真诚的赞美能给人鼓励，可以形成积极正向、彼此激励的环境。

（3）赞美是自己前进的基石

赞美别人可以提高自己的觉察能力、合作能力、发展能力，因为赞美别人是建立在发现的基础上，这也是一个学习的过程。所有人都渴望变得优秀，当你向别人说出"你真棒"的时候，其实你已经在无形中为自己找到了一条通向成功的奋斗之路。

新经理的赞美

明莉工作能力出色，但性格过于强势，喜欢发号施令，经常看不惯工作效率低的人。而且说话时总是表现出对这类人的鄙视，因此，在公司的人缘不太好。由于她工作思路清楚，工作能力较强,公司曾经让她负责起草规章制度并发布执行,但后来发现由她推动的制度,即使制定得符合公司的实际情况,也总是遭到不少员工的抵触,不能得到很好的贯彻。公司认为这与她的工作方法有很大的关系,就把她调离了这一岗位。

这次工作调动让明莉大为不满,工作中与人配合的时候明显地"夹枪带棒"。公司无奈,决定辞退她。但这时,恰逢明莉的部门经理辞职,由于明莉对业务非常熟悉,公司领导担心辞退明莉,她的负面影响会造成其他同事的工作波动,新来的经理无法控制局面。但新经理表示自己能处理好目前的情况,请领导放心。

从明莉的角度来看,她隐隐觉得公司各方面对她的工作都不满意。她也知道自己过于强势的工作风格不利于工作的推进,但她总是无法控制自己。那些"笨同事"工作效率低,她觉得自己工作干得特别多、特别累,还得不到认可。

据明莉的暗中观察,新经理的业务能力不错,对人也比较可亲,她很想和新经理处好关系,但她不愿意和其他同事一样去和新经理套近乎。"拍马屁可不是我的风格",明莉这么想。但明莉发现新经理很关注她,与她谈话时,对她所做的工作很认可;她发的邮件,新经理都会认真回复,并把她工作中的亮点一一指出,加以表扬;在部门的例会上,她做了工作总结,新经理会专门把工作中出色的部分拿出来,作为案例,请部门其他同事学习。

新经理的做法,令明莉非常感动,她觉得自己从来没有得到这样的认可,于是,她工作得更认真了,当同事有问题请教她的时候,她也不会像以前那样,觉得是一种负担,反而会耐心地为同事讲解,同事们也不再疏远她,而是更尊重她。公司从上至下所有的人都发现了明莉的变化,并对新经理的工作方法非常赞赏。

新经理通过赞美与鼓励,得到了明莉这样的老员工的支持,部门工作开展得有声有色,自然很快就融入团队、融入公司,成为公司的骨干,新经理与明莉做到了双赢。

(资料来源:作者根据相关网络资料整理。)

6.1.2 赞美的技巧

1. 因人而异

不同的人要根据其具体特点,运用不同的赞美语言。长相有美丑,能力有高低,年龄有长幼,要因人而异,突出对方的个性,独到的赞美更让人愉悦。

俗话说:"男人以事业为重。"因此,在称赞男士的时候应集中在他的工作能力和个人成就上。对于年轻的男士,可以称赞其"将来一定前途无量""你的能力太强了"等。如果是中年男士,他们一般喜欢别人称赞他的努力过程、社会地位及个人成就等,可以说"不知道哪天我可以像您一样这么有成就""能不能向您请教一下,您是怎样才有今天的成就的"等。

女士一般比较注重外在和细节方面的感觉。因此,要从对方的外貌出发,对于年轻的女士,可以夸她的长相、气质、品位等,如"您真漂亮""您很有气质"等。而对中年女士,可以说"您真有品位""您很显年轻"等。

2. 语气真诚

赞美他人要基于事实,发自内心。只有恰当的赞美,才会使对方开心;相反,不切实际、胡编乱造的赞美，不仅不会达到好的效果，反而会让对方觉得你缺乏诚意，甚至是讥讽对方。例如，一位其貌不扬的女士，你见到她时，却说："你真是太美了！"对方会觉得你是在讥讽她的长相，这样会伤害她的自尊心，令她对你产生不好的印象；相反，如果你从她的内在修养出发，夸她有素质、有修养、举止得体、有气质等，她肯定会欣然接受，并对你产生好印象。所以，在日常交际中，一定要善于发现对方的优点，并且发自内心地赞美对方，这样你和对方的关系会更加和谐。

3. 恰如其分

恰如其分、点到为止的赞美才是真正的赞美。使用过多的华丽辞藻、过度的恭维、空洞的吹捧，只会使对方感到不舒服、不自在，甚至难受、厌恶，结果适得其反。假如你的一位同事歌唱得不错，你对他说："你唱歌真是全世界最动听的！"这样赞美的结果只能使双方都难堪，但若换个说法："你的歌唱得真不错，挺有韵味的。"他一定会很高兴。所以赞美一旦过头变成吹捧，反而会被置于尴尬的境地。

4. 借人之口

在一般人的观念中，第三者所说的话大多比较公正、客观。因此，聪明的赞美方式是以第三者的口吻来赞美，这样更容易赢得被赞美者的好感和信任。

俾斯麦化敌为友

德国历史上著名的"铁血宰相"奥托·冯·俾斯麦（Otto von Bismarck），当时为了拉拢一位敌视他的议员，便故意在别人面前赞美这位议员。俾斯麦知道，那些人听了自己对这位议员的赞美后，一定会将话传给他。不久，这位议员和俾斯麦果然成了不错的政治盟友。

（资料来源：鸿蒙，2010.每天学点关系学 [M].北京：金城出版社.）

在现实中，如果领导经常对下属说一些勉励的话，可能还不能让下属产生太大的感触，但当下属有一天从第三者的口中听到领导对自己的赞赏，相信他一定会深受感动，从而也会更加努力地工作，以报答领导对自己的"知遇"之恩。

多在第三者面前赞美你想赞美的人，是你与那个人融洽关系、增进交往的最有效方法。如果有位陌生人对你讲："某某经常与我谈起你，说你是位了不起的人"，相信你的愉悦心情一定会油然而生。这也就是说，我们要想让某人感到愉悦，就应经常在第三个人面前赞美他，这种赞美要比一个魁梧的男人站在你的面前说"我是您忠实的崇拜者"来得更让人舒坦。

5. 间接赞美

间接赞美就是从侧面赞美，赞美的对象不一定是对方本人，也可以是对方的家庭、工作等方面。男性服务人员面对女客户，为了避免误会，不便直接赞美她，这时，可以赞美她的爱人及小孩，这比赞美她本人还要令她高兴。母亲对孩子怀有特别的爱，也希望别人能喜欢自己的孩子。你关心和喜欢孩子，实际上就是对其父母的尊重。任何一个孩子都有自己的优点和特色，可以在孩子身上动一点脑筋，这样做，一样能获得对方的好感。

6. 雪中送炭

俗话说："患难见真情。"最需要赞美的不是那些早已功成名就的人，而是那些因被埋没而产生自卑感或身处逆境的人。他们平时难得一声赞美的话语，一旦被人当众真诚地赞美，便有可能振作精神，大展宏图。因此，最有实效的赞美不是"锦上添花"，而是"雪中送炭"。

7. 投其所好

对大多数人来说，最感兴趣的话题就是他自己，或者是自己最喜欢、最引以为豪的事情。如果你想在谈话中引起对方的好感，就必须谈他们感兴趣的话题。在这样的话题上强化了共同感受，甚至有了知遇之恩时，那么沟通和合作就水到渠成了。

沟通对象在谈到他们认为得意的事情时，往往希望得到热烈的回应。此时，不妨给予适当的赞美。

8. 虚心求教

人往往希望自己显得比别人有知识、有涵养，因此，虚心请教是一种高超的赞美方法。如果想与他们结识相交，采取谦虚求教法，让自己显得外行一些，是最有效的切入点。当一个人的爱好变为众所周知的长项时，你的赞美和恭维，对他来说会毫无感觉。但是，如果你虚心讨教，毕恭毕敬，他一定会耐心地向你传授其中的"秘诀"。

【赞美的艺术】

9. 大方得体

赞美要根据不同的对象，采用不同的赞美方式和口吻。对年轻人，语气上可稍带夸张；对德高望重的长者，语气上应带有尊重；对思维敏捷的人要直截了当；对有疑虑心理的人要尽量明示，把话说透。

6.1.3 提高赞美的能力

1. 关注他人，欣赏他人

有些人不会赞美别人，最主要的原因就是太关注自己。因此，要想学会赞美，第一步就是要学会把注意力从自己身上转移到他人身上去，否则，你不可能发自内心地去赞美别人，甚至根本就发现不了他人的优点。

> **"非我"疗法**
>
> 李静在单位表现很出色，领导对她委以重任，让她兼管单位食堂的账务。但她对财务管理不熟悉，工作起来很吃力，加之有同事嫉妒，令她压力很大。男友得知她的处境后，让其做"非我"治疗。"非我"就是减少对自己的关注，从"局内"跳出来"旁观"自己的烦恼。"非我"治疗分为4步：转移注意力、关心周围的人、多认识朋友、回避目前的压力。
>
> （资料来源：叶舟，2011.一切从赞美开始——无往而不胜的销售宝典[M].北京：北京理工大学出版社.）

没有欣赏，就没有发现；没有发现，就没有赞美。学会欣赏，是一个成功人士的习惯。学会欣赏一个人的执着，欣赏一个人的优点、缺点，欣赏一个人的文艺才能等。一个不懂欣赏别人的人，也不是一个善于赞美他人的人。

2. 提高洞察力，判断对方的需求

每个人都有自己的长处，都有自己的闪光点。要善于从对方身上捕捉可赞美之处。有些人对他人很少赞美，一个重要的原因就是看不到他人值得赞美的地方。其实，只要你细心观察，就会发现值得赞美的东西实在太多了。

3. 提炼对方的亮点

大多数人常以笼统的方法赞美别人，这样容易稀释赞美的功效。例如，酒量很大、很会穿衣服，以及一些笼统的字眼，如心地善良、工作认真、活泼好动等。

善于找到对方真正的闪光点。闪光点是对方独一无二的、无可比拟的优势，这样的赞美才能讲到别人心坎里。而且闪光点越具体，效果越好。例如，你赞美对方很漂亮，就显得空洞。究竟漂亮在哪里？是眼睛还是身材？眼睛又是如何漂亮？越具体越真实，效果也会越好。

生人看特征，熟人看变化。第一次见面，寻找对方最闪光的特征；第二次见面学会寻找对方的新变化，这样赞美对方，表示你对他的每一点变化都很关注，对方会非常感动。

逢物加价,遇人减岁。赞美对方的物品时,适当地提高价钱,表示物超所值,听者会觉得自己有眼光、没有吃亏,而如果一味地贬低对方的物品,对方会觉得你不尊重他。对于成年人,适当地把对方说得年轻一些,听者会特别愉悦。

赞美对方最得意但别人却不以为然的事,让对方获得认同感,这一点非常重要。如果对方把你看成知音,说明你的赞美恰到好处。

4. 组织语言

(1) 要精心地组织语言

赞美要用我们自己组织的语言,以一种自然而然的方式表达出来。如果你用非常华丽的辞藻来说明一个在生活和工作中经常遇到的事情,就显得太过做作,让人对你的信任打一些折扣。

在组织赞美语言时不仅要讲究方法,还要讲究顺序。

一个孩子想不写作业就吃冰激凌、打球。如果你是父母,应该这样对孩子说:"我知道你是个好孩子,从小就能安排好自己的事情,先把作业写了,再去吃冰激凌、打球。"这种赞美就是合理地安排顺序。如果平时能这样来赞美和鼓励自己,那么,我们也会成为自我约束能力强的人。

(2) 不要用模棱两可的语言

在赞美别人时,不要使用模棱两可的语言,像"嗯,有点儿意思""挺好"或"没那么糟"。含糊的赞美往往比侮辱性的言辞还要糟糕,侮辱至少不会带有怜悯的味道。

一定要知道自己要赞扬什么,并准备好详细描述。有一次,一个人对一位同事上电视的表现赞不绝口。"你真是很棒,"他说,"真的、真的、真的很棒!"事实上,那次预订的电视采访已经取消了。

不要仅仅因为想不出其他可说的话而去赞美别人。也许有人认为,含糊其词的赞美比沉默要好,其实不然。

5. 找准时机,表达及时

在交际中,恰到好处的赞美是十分重要的。一是当你发现对方有值得赞美的地方时,就要善于及时、大胆地赞美。二是在别人成功之时,送上一句赞美,犹如锦上添花,其价值可"抵万金"。正如一个人考了好成绩、评上先进或受到奖励时,心情格外舒畅,如果再听到一句真诚的夸赞,其欣喜之情可想而知。

案例 6-5

及 时 赞 美

一次我去拉订单,书店老板不在。
过了一会儿,老板急匆匆地回来了。
"不好意思,让您等很久了吧?"
"老板忙得这么开心,说明生意红火呢。"
老板给我倒了一杯茶。
"您对人真亲切,自己亲自倒茶,别的老板可做不到您这一点,难怪生意这么好。"老板很惬意地笑着。他的每一个行为、每一句话我都及时进行赞美,自然会赢得他的认同与友善。
"来,什么书,让我看看。"他接过书抚摸了一下封面才翻开。
"看到老板爱惜书的动作,真让我感动,您一定很爱读书吧?"
"是的。"
"像您这么爱读书,又爱惜书的人,在生活中也一定很细心,对待别人不但亲切,还很体贴!"
"哪里,哪里。"他高兴得眼睛眯成了一条缝。
这一切顺理成章,容不得他去想别的东西,一直都沉浸在我与他愉快的谈话中。
(资料来源:叶舟,2011.一切从赞美开始——无往而不胜的销售宝典[M].北京:北京理工大学出版社.)

当一个人正做着你希望他做的事情时,你给予了赞美与鼓励,那么他的行为肯定会得到强化。赞美一种有益行为的最佳时间,就是在那种行为正在发生的时候。

6.采用适当的方式

赞美的方式包括语言、欢呼、握手、拥抱、掌声、击掌、鲜花、竖大拇指等。

赞美不一定总用一些固定的词语,见人便说"好"。有时,投以赞许的目光、做一个夸奖的手势、送一个友好的微笑,也能收到意想不到的效果。

赞美不一定局限于对个人,也可包括对他所从事的职业,所属的民族、国家,以及他工作的单位、就读的学校等。这种对群体的赞美,在现代的集体社交活动中,具有特殊的公关效果。

有的人不习惯于当面直接赞美别人,或不习惯于当面被直接赞美,恰如其分的间接赞美,其意义和效果并不亚于直接赞美。例如,"严师出高徒""将门出虎子""名厂无劣品"之类的说法,就道出了间接与直接的关系。直接赞美劳动成果,往往就是间接赞美生产、培植出这硕果的劳动者。

7. 真诚而热情地赞美

有些人也知道要去赞美别人，也很想去赞美别人，可就是不知道如何开口，话到嘴边，半天又说不出来，有时即使说出来了，给别人的感觉却像挤牙膏一样，半天才挤出来一点儿，说的人和听的人都觉得别扭。要赞美一个人，一定要大声流畅地说出来，语调要真诚热情，要感染对方。

赞美也需要一颗真诚之心。赞美是每个人都渴望的，但赞美不等于阿谀奉承，不等于一味地说好听的话。赞美必须是发自心灵深处的真诚称赞。真诚的赞美可以使人如沐春风，而虚情假意的赞美则往往令人生厌。

8. 大胆说出自己的感受

一个人赞美另一个人，就是为了让对方获得"自己很美好"的感受。一个人的外表有美丑之分，能力有高低之别，这些都是难以求全的。但是一个人的心灵与其外貌、能力并没有必然的联系。明白这一点的人，会把赞美的目标转移到对方的心灵上。

我们一定要牢记赞美的3个步骤，这样的赞美才算到位。一是说出对方的闪光点；二是说出这些闪光点给现状带来的影响；三是说出其闪光点给人的感觉。

9. 持续赞美

很多人像一阵狂风似的对别人轰轰烈烈地赞美一番，过一会儿，便好像他没有说过似的。其实，赞美本身就是一种责任，有时需要你持续地观察、鼓励和引导。所以，在我们对对方赞美以后，还需要继续负责任，你要强调你的赞美在对方身上的证实，直到别人确信在朝着你赞美的方向行动才可以。

要告诉别人你很欣赏他、佩服他、羡慕他、尊重他，并且要经常说，这样就会在他的大脑里形成固定的记忆，形成更深刻的印象。

【赞美的技巧】

你赞美一个人的某种思想、观念、行为，至少要在3个不同的时间、空间、人物上去进一步扩大它，这样才会收到明显的效果。人是健忘的动物，需要时时提醒。赞美也需要年年赞、月月赞、日日赞。面对赞美，每个人都是"贪得无厌"的。

6.2 妥协的艺术

在人际交往中，每个人都会遇到相异于自己的人。大至思想观念，为人处世之道，小至对某人、某事的看法与评论。这些程度不同的差异，都会外化成人与人之间的争执与辩论。而立场和观点的不同，又可能导致冲突。那么怎样辩论才能不伤和气？发生冲突的时候，又如何进行化解呢？

6.2.1 不伤和气的辩论

如果你能够在辩论之前多进行一些思考，在辩论结尾搞好"善后"工作，就能使你在辩论这种特殊的交际场合，既做到个人心情舒畅、不伤和气又探求了真理。

1. 为争辩定下一个积极的格调

遇到不同意见时，很多人的本能就是马上奋起辩驳，这样做毫无意义。所以在争辩前，应先进行冷静思考。

① 如果你争赢了，它有什么积极意义？若是没有，大可不必争辩，一笑置之最妙。我们要选择有价值的问题进行辩论。

② 辩论是否出于虚荣心、表现欲望或爱面子？如果是，应该停止辩论。

③ 对方是充满敌意的吗？他对你有深刻的成见吗？如果是，那么在这种非理性的氛围中最好不要"火上浇油"。

2. 使辩论成为一种愉快的、和平的思想交流

辩论是为了明是非、求真理。只要我们的辩论出自公心，就能采取积极的态度，使用文明、恰当的论辩语言进行辩论。

我们要做到观点正确、旗帜鲜明；把辩论置于科学的基础之上，以理服人，让事实说话。辩论者要有较高的涵养，不搞诡辩，不揭隐私，不搞人身攻击；不把观点的敌对引申为人际的敌对；不靠嗓门压人，有理不在声高。

我们用真情和善意与人辩论，就能做到晓之以理、动之以情。有位诗人曾经说过，全是理智的心，就好像一把双刃的刀，让使用它的人也满手流血。在争辩中，理是争辩的目的和取胜的保证。但如果你在论辩中既能做到以理制理，又能以情明理，辩论将会成为一种愉快的、和平的思想交流。

最好的辩论结局是："听君一席话，胜读十年书""您让我心服口服"。这才是既争出了公理，又增进了人与人之间的和谐，达到了积极辩论的目的。

3. 掌握"解剑拜仇"的妙方

在职场上，观点的对立极易产生人与人之间的隔阂。因此，学习辩论语言既要学会辩论技巧，更要懂得如何"解剑拜仇"，这是在辩论这种特殊交际场合下，社交者做到言谈有"礼"的最高境界。

如果你败得其所，应该以坦诚的态度来表达自己在这场争辩中的受益，以此彰显你高尚的品格。这在心理上足以弥补因辩论失败所造成的失落。

如果你在辩论中胜局已定，便应拿出不杀降者的气魄来，一是主动停止话题，结束对立局面；二是巧妙地为对方搭个台阶，让他在不失面子的前提下得以"平安下台"。

既然胜负已是彼此心照不宣，何不抓住重归于和平的机会呢？

如果你辩论获胜，切不可为了一点点虚荣把"旗帜"挂在脸上。辩论结束后，给对方端一杯茶，笑言一句："瞧我们像孩子一样，这么认真！"或轻松自如地转一个话题。争论是一回事，人际关系又是另一回事。人性都有很脆弱的一面，既容易被击垮也容易被软化，你只要说一两句得体的话，辩论时激烈的气氛即可重归愉快与平静。

6.2.2 化解冲突的5种方法

【非暴力沟通化解冲突】

谈判中的妥协

日本某公司向中国某公司购买电石。此时，是他们进行交易的第五个年头，去年谈价时，日方压了中方30美元/吨，今年又要压20美元/吨，即从410美元/吨压到390美元/吨。据日方讲，他已拿到多家报价，有430美元/吨，有370美元/吨，也有390美元/吨。据中方了解，370美元/吨是个体户的报价，430美元/吨是生产能力较小的工厂供的货。供货厂的厂长与中方公司的代表共4人组成了谈判小组，以中方公司代表为主谈。谈判前，工厂厂长与中方公司代表达成了价格上的统一意见，工厂可以以390美元/吨的价格成交，因为工厂需要订单以维持连续生产。公司代表讲，对外不能说，价格水平我会掌握。公司代表又向其主管领导汇报，分析价格形势；主管领导认为价格不取最低，因为我们是大公司，讲质量，讲服务。谈判中可以灵活，但降价幅度要小。若在410美元/吨以上拿下则可成交，万一拿不下，再把价格定在405～410美元/吨，然后主管领导再出面谈，并请工厂配合。

中方公司代表将此意见向工厂厂长转达，并达成共识。经过交锋，仅降了10美元/吨，以400美元/吨的价格成交，比工厂厂长预期的成交价仅高了10美元/吨，工厂代表十分满意，日方也很满意。

【思考与讨论】这个案例给我们的启示是什么？

化解冲突一般有以下5种策略。

1. 退却/回避

这种策略需要人们对冲突置之不理，以期不了了之。奉行这一策略的人认为，冲突不过是一种毫无价值的惩罚行为。他们竭力置身事外，不闻不问，对卷入冲突的人员和相关工作漠不关心，一心只想着自己别卷入其中。

在发生以下情况时这种策略是上策：冲突起因是琐碎事；冲突各方缺乏双赢协商技巧；冲突带来的潜在危害是得不偿失；没有足够时间解决冲突。

这种策略的不足之处是，只能暂缓人们直接的、面对面的冲突。

2. 安抚／迁就

执行这一策略的人更多的是关注人，而不是完成工作任务。他们努力平息或淡化冲突，只求皆大欢喜。他们认为公开的冲突具有破坏性。为了维持和平，必要时可以屈从别人的意愿。

这种策略适用于：无关痛痒的问题；关系的损害会伤及冲突各方的利益；有必要暂且缓冲以便取得更多信息；冲突各方情绪太过激动，无法取得进展。

这种做法的不足之处是，它只是权宜之计，如杯水车薪一样无济于事。

3. 妥协

妥协者认为，人人应当有平等的机会发表意见。他们通常会努力找出大家都接受的方案，如利用投票方式避免直接冲突。他们认为，重要的不是高质量的解决方案，而是人人都能接受的方案。

需做出妥协的情况有以下几种：妥协能使双方都获益；无须理想的解决方案；只想为复杂的问题找个暂时的解决方案；双方力量相当。

这种策略的不足之处是大家都有损失。你不可能通过妥协达成最佳解决方案。

4. 硬逼／决战

喜欢采用硬逼或决战式解决方案的人认为，达到自己的目的比关心别人更重要。他们认为，采取强硬手段争取自己想要的东西没什么不妥。在他们眼中，冲突就是要一决胜负，就是要让对手输给自己。除非有高于他们的仲裁力量，否则，他们不会服从仲裁。

这种策略适合以下情形：需要迅速行动和当机立断；冲突各方都强调实力和强硬；冲突各方均认可强权关系。

采用这一策略的不足之处是冲突的真正原因得不到解决，所以任何解决方案都是暂时的。另外，还必须考虑输家的情感，避免他们伺机报复。

5. 解难／协作

信奉这种策略的人，对人和效果同样重视。他们认为，只要开诚布公地予以处理，产生冲突也有好处。因此，开诚布公地沟通是其主要特点。在解决问题时，他们努力寻求群体共识，而且也愿意为此耗时费力。

在以下情形运用这种策略较为有效：卷入冲突的每个人都受过解决问题的技巧培训；冲突各方有共同目标；冲突的原因是各方缺乏交流或仅仅是因为有误解。

这种策略的不足之处是对价值观不同或目标各异的人不适用。比如，某人执意采取强硬手段来解决问题，你只能慢慢引导对方寻求解决方案；也有可能，你只能改变策略。这种策略的另外一个不足之处是很耗费时间。

6.3 道歉的艺术

道歉是一种为自己不适当或有危害的言行而向别人承认错误的方式，以礼节或者行动取得对方的理解和原谅。大多数人都曾受到这样的谆谆告诫：犯了错误就要道歉；方式可以不拘一格，但只要表达出了歉意，多数矛盾都可得到化解。然而，要想做出有效的道歉，并不像说一句"对不起"那么简单。

职场道歉是一门学问，好的道歉能及时化解矛盾、冰释前嫌，营造良好的工作氛围，它是每一位职场人士的必修课。

6.3.1 道歉的作用

许多职场人士，在工作中出现了错误，没能正确认识到道歉的重要性，带来了不必要的矛盾和麻烦。很多人犯了错误，都难以说出口，或沉默不语，或一味掩盖，甚至抵赖不认账。

道歉其实并不难，它是一种承认错误、表示对自己过失的忏悔以及愿意承担责任的行为。与其等别人提出批评、指责，还不如主动认错、道歉，更容易获得谅解和宽恕。坚信自己一贯正确，发生争端总是武断地指责对方，从不认错、道歉的人，很难交到朋友，或难以在职场中有较好的人际关系。有些职场新人有错就千方百计抵赖，甚至谩骂提醒他改正错误的人，这是不理智的行为，非但不能化解矛盾，还会失去同事和领导的好感。

道歉如果得当，对个人发展和人际关系均有促进作用。但如果方式欠妥，反而会错上加错，有时甚至会造成不堪设想的严重后果。

拒绝道歉的恶果

在某公司的一次会议上，一位资历较浅的副总裁对管理团队中一位高级总裁提出了反对意见而且固执己见，引起这位高级总裁的强烈不满。于是这位高级总裁当着团队其他人的面，对副总裁进行了攻击，对她冷嘲热讽，指责她智商有问题等。当团队的其他成员向他指出应该为此道歉时，他却不予理睬，说："她不高兴我很遗憾，可我并没有错。她应该学会如何承受压力。"结果，事态更加恶化。

（资料来源：http://www.chinahr.com.）

道歉之所以重要，有两个原因。第一，它可以修复关系。当双方的关系因其中一方的冒犯而产生裂痕时，道歉可以弥合这种裂痕。第二，道歉还可以挽回冒犯者的威信。

但凡发生冒犯的事情,总会有人(不光是受害方,还有所有知情人)对冒犯者产生担忧和疑虑,甚至会怀疑他的人品。而有效的道歉会使人们相信冒犯者已经意识到这是一种无礼行为,不太可能再发生了。

当一个人因冒犯他人而备感尴尬并担心会失去颜面时,往往会避重就轻、闪烁其词。实际上,道歉并不代表你很软弱,也不等于你在退缩。相反,道歉是挽回名誉的一剂良药。

然而,无论公司还是个人,都经常会忽视道歉带来的种种好处。

 案例6-8

> **不着边际的道歉**
>
> NSTAR是美国新英格兰地区的一家公共事业公司。它承认曾经在客户不知情的情况下,把将近24 000家客户的服务级别改为"默认"级,而选择这一级别的客户需额外支付很多费用。该公司向客户轻描淡写地表示:"如有不便,谨表歉意。"
>
> 但是,NSTAR的客户和公众真正关心的难道只是"不便"吗?当然不是。消息一经证实,客户和公众想到的是含糊其词的空话和毫无诚信可言的欺骗。NSTAR的信誉一落千丈。该公司这种不着边际的道歉,只能使它在公众心目中的地位更低。
>
> (资料来源:作者根据相关网络资料整理。)

消除嫌隙、修复关系不仅对个人是件倍感欣慰的事,对公司或企业也是非常有意义的。可为什么有那么多人、那么多公司或企业在这方面栽了跟头呢?

第一,大多数人觉得犯了错误是件令人尴尬的事情,而一旦身处窘境,便会否认事实并且尽量大事化小。NSTAR公司便是如此。

第二,冒犯者会尽量把责任推到受害方身上,正如案例6-7中那位高级总裁对资历较浅的副总裁所表现的行为那样。

有时候即使是道了歉,对方也很难感觉到,因为道歉一方所表现出的尴尬或愤怒已经使这种道歉变了味。这可能会造成不可收拾的局面。信誉一旦丧失,将很难挽回。

6.3.2 职场道歉的技巧

什么才是好的、行之有效的道歉呢?一般情况下,职场道歉主要涉及3个要素:承认犯了错误或冒犯了对方,为此表示悔恨,表示愿意承担相应的责任。当然真诚有效的道歉也不必面面俱到,要视具体情况而定。

【道歉的技巧】

许多职场中的人很难正确区分认错、悔恨和承担责任的差异,在道歉时往往不知所措,感到痛苦而艰难。其实,道歉时遵循以下6个原则,从中学习和体会如何用心地道歉，就能变不利为有利，为你的职场表现加分，也为未来的职场之路赢得良好的信誉。

1. 道歉用词要讲究

犯了错误，要及时说出口。同时，还要注意道歉的用词要清晰明了，争取做到准确无误，不能带有挑衅成分，否则就会适得其反。道歉用词恰当，受害方就会觉得："是的，他知道错了。"受害方往往希望看到的是你勇于承担责任的态度和对错误的察觉，面对真诚的、真心实意的道歉，通常都会选择原谅。

2. 不要为无关痛痒的事情道歉

在职场中，很多人都喜欢投机取巧，只为他们认为容易得到别人原谅的事情道歉，往往这些事情都是无关痛痒的。但是，如果犯错方道歉的事由与受害方所认为的错误风马牛不相及时，那么道歉反而会使问题更加复杂。往好了说，人们会觉得犯错方对问题本身仍是两眼一抹黑；往坏了说，别人会认为你是在故意歪曲事实。这就使得受害方旧伤未愈，又添新痛。所以，在道歉之前，弄清楚错误的根源很重要，事事都道歉，就很难得到别人的谅解。

3. 选择恰当的道歉方式

道歉的方式可以多种多样，不拘一格。不过，我们要看是从职位对职位的角度去进行道歉方便，还是从个人对个人的角度更好。

通常，工作原因导致的错误使同事很气愤，从相应的工作或职位角度去道歉会更好。例如，公司领导对下属的行为不满意，怒气难消，不可能从个人角度做出诚恳的道歉，但你完全可以从高级管理者对同事的角度向他道歉，如："我们俩都是在为一家优秀的公司工作。作为你的同事，对于我们个人之间的不同观点，我应该有更加宽容的心态。对不起，那天我说话太粗暴了。"如此道歉，多半会有好的效果。

而个人原因导致的错误，个人对个人的道歉会更好。不过要选择对你来说比较容易做好的方式进行道歉，这样，就会使道歉看起来更自然、更真诚。一封邮件可以解释一切；一束鲜花可冰释前嫌；把一件小礼物放在对方的办公桌上，可以表明悔意。只要肯用心，你的道歉就一定会收到良好的效果。

4. 不要总抱有悔恨情绪

错误发生了，很多人总是感到深深的愧疚，抱有悔恨情绪，而不是想办法将自己的悔恨通过道歉传达给对方。沟通是最好的途径，要敢于认错和承担责任，这样对方才愿意接受你的道歉。

5. 行动胜于一切

要记住，"我想道歉"不是真正的道歉，这就好比"我想减肥"不等于真的在减肥一样。要有实际行动,要做出明确的、直截了当的道歉;不要遮遮掩掩或拐弯抹角。

道歉是否被接受,你可能无法控制,但是道歉是否真诚,你完全可以掌控。要尽最大努力去把握你所能掌控的。这样,你就会为道歉所做的努力感到心甘情愿,而不是为必须道歉而耿耿于怀。

6. 道歉并非万能

不该向别人道歉的时候,千万不要道歉。否则对方不一定会领你的情,搞不好还会因此得寸进尺,更加为难你。即使有必要向他人道歉,也要切记,更重要的是要使自己此后的所作所为有所改进,不要言行不一,依然故我。让道歉流于形式,说明你缺乏诚意。

6.3.3 向客户道歉的技巧

1. 主动承认自己的错误

犯错不要紧,要紧的是犯错后的态度和改变。有些人明明知道自己错了,却还是硬着头皮不认账,甚至还要为自己争辩,致使矛盾得不到解决,造成彼此的隔阂。

有道是"知错能改,善莫大焉",人不怕犯错,却怕不承认过失,明知故犯。在人际交往中,倘若自己的言行有失礼、不当之处,或是打扰、麻烦甚至妨碍了别人,最聪明的做法,就是及时向对方道歉。

费丁南·华伦主动认错

商业艺术家费丁南·华伦曾因主动承认自己的错误,从而赢得了一位暴躁易怒的艺术品主顾的好印象。

精确、一丝不苟是绘制商业广告和出版物的重要特点。有些艺术品主顾要求他们所交代的任务立刻实现。在这种情形下,难免会发生一些小失误。

华伦知道,某一位艺术组长总喜欢"鸡蛋里挑骨头"。华伦离开他的办公室时,总觉得倒胃口,不是因为他的批评,而是因为他攻击华伦的方式。

最近,华伦交了一篇稿件给这位艺术组长。艺术组长打电话给华伦,要华伦立刻到他办公室。

当华伦到办公室之后,正如他所料——麻烦来了。艺术组长满怀敌意,似乎很高兴有了挑剔华伦的机会。他恶意地责备华伦……

华伦没有解释或为自己开脱,而是诚恳地说:"××先生,如果你的话没有错,我的失误一定不可原谅,我为你画稿这么多年,确实应该知道怎么画才对。我觉得惭愧。"

不料艺术组长却立刻开始为华伦辩护起来："是的，你的话并没有错，不过毕竟这不是一个严重的错误。只是……"

华伦打断了他，说："任何错误的代价都可能很大，叫人不舒服。"

艺术组长试图插嘴，但华伦不让他插嘴，继续说道："我应该更小心一点才对。你给我的工作很多，我应该让你满意，因此我打算重新再来。"

"不！不！"艺术组长立即反对起来，"我不想那样麻烦你。"接着，他赞扬华伦的作品，告诉他只需要稍微修改一下就行了，又说："一点小失误不会花公司多少钱；毕竟，这只是小失误，不值得担心……"

华伦急切地批评自己，使艺术组长怒气全消。结果他邀华伦共进午餐，分手之前还给了华伦一张支票，又交代华伦做另一项工作。

（资料来源：张铁成，2008. 你是能说会道的人全集[M]. 北京：新世界出版社.）

2. 使自己的语言贴近对方的心理

在向客户道歉时，一定要注意使自己的语言贴近对方的心理，尽可能消除由于心理障碍造成的隔阂。因为人们对任何事物的接受，首先表现在心理上接受，因此把话说到人的心里，事情才好办。

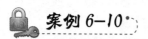

使自己的语言贴近对方的心理

一位消费者怒气冲冲地拿着一双有质量问题的皮鞋来到商场。正值鞋厂营销人员到商场了解鞋的销售情况，他听完这位消费者的投诉后，马上说了一句："这样的鞋假如我买了，也会跟您一样生气。"这句话使那位消费者的火气立刻消了一半，由先前的坚持退货改为换货。

（资料来源：张铁成，2008. 你是能说会道的人全集[M]. 北京：新世界出版社.）

3. 替下属说"对不起"

一个人在职场上的地位越高，承认自己错误的"难度"越大，更何况是公开替下属"背锅"。如果下属做错了，领导能替下属在客户面前认错，有时会起到意想不到的效果。因为道歉不仅仅是认错，也是良好沟通的开始。

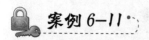

老板的道歉

一位客户向商店老板戴尔投诉某售货员十分无礼，毫无责任感，请他主持公道。戴尔立刻替下属道歉："对不起，她平时的表现不是这样，可能这两天心情不太好。保证以后不再有同样的事情发生。请多多包涵。"客户见老板这么客气，就消了气，下属也对老板十分感激。

（资料来源：张铁成，2008. 你是能说会道的人全集[M]. 北京：新世界出版社.）

项目6 赞美、妥协和道歉

4. 用"高帽"封住对方的嘴

这里的"高帽"指的是赞美对方。恰当的赞美,可以使对方产生好的心理感受。当一个人的品德、才能、素质、成果得到了别人认可的时候,他会对赞美者产生良好的印象。所以"高帽"可以化解对方的不满情绪,甚至转怒为喜。

理发师的炫耀

古时候,有一位理发师给宰相理发,修面修到一半时,停下刮刀直勾勾地注视着宰相的肚皮。宰相见此十分纳闷,问道:"你看我肚皮干什么?"理发师说:"人们说宰相肚里能撑船,我看大人的肚皮并不大,怎么能撑船呢?"宰相一听,哈哈大笑:"那是说宰相的气量大,对一些小事从不计较。"理发师听到这话,"扑通"一声跪下:"小人该死,方才修面时不小心把您的眉毛刮掉了。大人您的气量大,还请恕罪。"宰相一听,尽管很生气,也只得装作大度的样子,说道:"算了,拿笔来,把眉毛画上吧。"

(资料来源:张铁成,2008. 你是能说会道的人全集[M]. 北京:新世界出版社.)

5. 幽默地化解别人的不满

在工作中善于运用幽默技巧的人,总能保持一个良好的心态。幽默能使人在困难面前表现得更为乐观、豁达。幽默可以消除由工作带来的紧张和焦虑。

如果在交往中逐步掌握了幽默技巧,就能巧妙地应对各种尴尬的局面,很好地调节职场中的关系,使工作充满欢乐。适当的幽默感是不会伤害任何人的,反而可以给人带来快乐和喜悦,还可以化解尴尬的场面,消除相互之间的误会。

幽默也可以提升个人魅力,为自己创造机遇,甚至换来财富。

列车长的幽默

冬天的一个早晨,郊区开来的火车又晚点了25分钟,一位常遭遇这种情形的旅客问列车长,这次又是什么缘故。

列车长说:"碰到下雪,火车总难免误点的。"

"可是今天并没有下雪啊。"旅客说。

"不错,"列车长说道,"可是,根据天气预报今天下雪。"

虽然列车长并未回答旅客的问题,但听了列车长幽默的话,旅客再也无法生气了。

(资料来源:张铁成,2008. 你是能说会道的人全集[M]. 北京:新世界出版社.)

6. 对没有买你东西的客户表示歉意

如果你是一个商店的小老板，客户东翻西摸，把几乎整个店的货都翻出来了，结果客户非但不买，而且还冷言冷语表示不满意。这时如果你能够笑着说："对不起，实在很抱歉，没有什么货让您挑选。刚学做生意嘛，请多照顾，希望下次您再光顾的时候能有好一点的货让您满意……请慢走。"在多数情况下，你会赢得一位忠实的客户。

思 考 题

1. 在职场上，赞美、妥协和道歉分别有什么作用？
2. 简述赞美与谄媚的区别。
3. 道歉需要注意哪些事项？
4. 赞美、妥协和道歉分别有哪些形式？怎样的赞美和道歉才是有效的？
5. 道歉练习回首往事，你是否对身边的某位亲友有过亏欠或者遗憾，试着联系他，并勇敢地向他道歉。

实 训 项 目

一、优点轰炸法

团体围坐，一人坐在中间，让周围人的眼睛看着坐在中间的人，尽量用具体的经验和实例，直接告诉他"你有什么优点"。

学会把别人的优点列举出来。这种方法也给自己做，每天早上开始记录自己的优点，不记缺点。一天下来你会发现自己有很多优点，慢慢开始欣赏自己，增加自信心。了解自己的优点后，将自己的优点表现出来，别人自然会注意到你的优点，你也就在不知不觉中引导别人欣赏你的优点了。

学会寻找赞美点。只有找到对方贴切的闪光点，才能使赞美显得真诚而不虚伪。寻找赞美点的方法如下。

（1）外在的、具体的，例如衣着打扮、头发、身材、皮肤、眼睛、眉毛等，也可以称为"硬件"。

（2）内在的、抽象的，例如品格、作风、气质、学历、经验、气量、心胸、兴趣爱好、特长、擅长做的事情、处理问题的能力等，也可以称为"软件"。

（3）间接的、关联的，例如籍贯、工作单位、邻居、朋友、职业、用的物品、养的宠物、有亲戚关系的人等，也可以称为"附件"。

二、练习赞美

提示：

（1）赞美一位男性，可从以下方面着手：发型、额头、鼻子、西装、马甲、衬衫、领带、领带夹、气质、工作、事业、妻子、孩子、车子、房子、爱心、孝心等。

（2）赞美一位女性，可从以下方面着手：发型、脸型、肤质、眼睛、眉形、身材、鼻子、嘴唇、脖子、项链、项链坠、皮包、衣服、鞋子、气质、先生、孩子、工作等。

（3）赞美普通人，可从以下方面着手：魅力、飘逸、迷人、纯真、温柔、时尚、冷酷、帅气、优雅、激情、品位、与众不同、丰满、轻盈、个性、专业、华丽、高贵、浪漫、细腻、朝气、奔放、大气、粗犷、古典等。

项目 7　说服、求助和拒绝

知识目标

1. 理解说服的含义及重要性；
2. 理解求助的重要性；
3. 理解拒绝的重要性。

能力目标

1. 掌握说服的技巧；
2. 掌握求助的技巧；
3. 掌握拒绝的技巧。

说服、求助和拒绝，是职场沟通中的基本技能。当你与同事、领导、下属或客户等人之间的意见不一致时，你必须具备说服他人的技能；在事业上不能总是孤军奋战，有人帮助可以让你如虎添翼，这时你必须具备求助的本领；别人委托的事情，不可不分轻重缓急，一律答应，这时你必须具备拒绝的能力。

7.1　说服的技巧

【5步有逻辑的说服技巧】

说服力，是一项重要的沟通能力。在职场中需要说服的对象有很多，如果你想让你的领导采纳你的建议，如果你想让你的下属服从你的安排，如果你想让你的朋友接受你的观点，如果你想让你的对手转变对你的态度，如果你想让顾客购买你的商品，如果你想让别人投资你的项目，如果你想让用人单位录用你，都需要运用说服技巧。所以，说服在职场沟通中无处不在，用途极其广泛。

说服的出发点，并不是把自己的观点等同于真理。"横看成岭侧成峰，远近高低各不同"，同样一座山峰，体现出不同的景色，是因为欣赏的角度不同；同样，同一个问题，大家的立场不同，自然会产生不同的观点。说服是"邀请"对方与自己站在同一角度看问题的技巧。说服，是指试图使对方的态度、行为朝特定方向改变的一种具有影响意图的沟通技巧。

7.1.1 从《触龙说赵太后》看说服技巧

触龙说赵太后

战国时期,赵太后刚刚执政,秦国就加紧进攻赵国。赵太后向盟友齐国求救。齐国要求用赵太后最宠爱的小儿子长安君做人质,援兵才能派出。赵太后不答应,大臣们极力劝谏。太后明确地告诉身边的近臣说:"若有人再说让长安君去做人质,我一定朝他脸上吐唾沫!"

形势危急,左师公触龙说希望去见太后。太后气势汹汹地等着他。触龙小步快跑,到了太后面前向太后道歉:"我的脚有毛病,连快跑都不能,很久没来看您了。私下里我自己宽恕自己,又总担心您贵体不舒适,所以想来看望。"太后说:"我全靠坐车走动。"触龙问:"您每天的饮食该不会减少吧?"太后说:"吃点稀粥罢了。"触龙说:"我现在特别不想吃东西,自己却勉强走走,每天走上三四里,就慢慢地稍微增加点食欲,身上也比较舒适了。"太后说:"这我就做不到了。"太后的怒色稍微消解了些。

触龙说:"老臣有个儿子叫舒祺,排行最小,不成才,但老臣很喜欢他,老臣想请求您让他当一名侍卫,也算为国家出些力。"太后说:"可以。多大了?"触龙说:"十五岁了。虽然还小,希望趁我还没入土就将他托付给您。"太后说:"你们男人也疼爱小儿子吗?"触龙说:"比女人还厉害。"太后笑着说:"女人更厉害。"触龙回答说:"我私下认为,您疼爱燕后就超过长安君。"太后说:"您错了!不像疼爱长安君那样厉害。"左师公说:"父母疼爱儿女,总是替他们做长远的打算。当年您送燕后远嫁外地,她哭个不停,不愿意远离家乡;出嫁后,您非常想念她,但每次祭祀时总是祈祷她不要回国,好好当她的王后。这不是替她做长远打算,让她的子孙世代继承王位吗?"太后说:"是这样。"

触龙又说:"您想过没有,从这一辈往上推到三代以前,甚至到赵国建立的时候,赵国君主的子孙被封侯的,他们的子孙还有能继承爵位的吗?"赵太后说:"没有。"触龙说:"是那些封侯的人子孙都不好、没有能力吗?不是的。关键是他们没有功劳。没有功绩却享受很高的俸禄,有很高的地位,时间长了就难以服众啦。现在你宠爱长安君,可以提高他的地位,赐予他土地和财宝,可你不让他为国立功,您百年之后,长安君凭什么服众呢?所以我认为您没有替长安君做长远打算,说您对他的爱不如对燕后的爱。"太后说:"好吧,任凭你指派他吧。"于是长安君到齐国去做人质,齐国才出兵退敌。赵国转危为安。

(资料来源:文言文名篇·触龙说赵太后全文.古诗文网.(2013-01-31)[2019-12-25].
https://www.gushiwen.org/GuShiWen_e7f9a783a1.aspx.)

《触龙说赵太后》是我国一个脍炙人口的历史故事,也是一个经典的说服的案例。它充分体现了中华民族先贤们的智慧。仔细剖析这个案例,我们可以学习到许多说服的技巧。

1. 营造良好的沟通气氛

卡耐基曾经说过:想说服别人的时候,不要以讨论异议作为开始,要以强调双方所同意的事情作为开始。如果沟通双方彼此意见不同,稍有不慎,就可能陷入尴尬的对立情绪中,不利于顺利地说服对方。所以高明的说服,应该从营造良好的沟通气氛开始,在缓和愉快的气氛中展开，在融洽的气氛中结束，这对双方来说，都达到了目的。

案例7-1中，在剑拔弩张的情况下，触龙如果开门见山从正面去讲道理，非但无济于事，反而自取其辱。所以触龙一开始就非常重视营造良好的沟通气氛。

在争取到面见太后的机会后，触龙先用缓冲法关切地询问太后的起居饮食，并絮絮叨叨地与她谈论养生之道，使本来"气势汹汹"、戒备心极强的太后"怒色稍微消解了些"。这样，就从感情上消除了太后的逆反心理和敌对情绪，为进谏的成功拆除了第一道屏障。

营造良好气氛的方法很多，除了案例7-1中的以同理心关心对方外，还可以采用赞美、寒暄、回顾过去的成功合作等方法，营造出一种融洽的气氛。

2. 了解对方的需求

要说服对方，很重要的一点就是了解对方的需求，了解对方关心的对象。案例7-1中，太后最关心的是自己宠爱的长安君的安危，所以拒绝了大臣们要求让长安君去做人质的提议。

触龙用引诱法恳切地为自己的幼子舒祺请托，以期让太后产生共鸣，从而引出她的心事。果然很快就勾起了太后的爱子之情。在她看来，触龙简直可以算得上是同病相怜的"知己"了。她不仅"笑着说"了，而且饶有趣味地与触龙争论谁更疼爱幼子的问题，开始毫不掩饰地向触龙坦露心迹了。这就为下一步谈论怎样才是"真正爱子"的话题奠定了基础。

3. 站在对方的角度分析利弊

触龙抓住契机，用旁敲侧击的激将法说太后疼爱燕后胜过长安君。这一招果然奏效，立即引发了太后的反驳，触龙终于得到了他最想要太后说的一句话（您错了！不像疼爱长安君那样厉害）。此时，他才可以从容地谈论他的"爱子观"了。通过对比太后对于燕后和长安君的不同做法，指出为子女做长远打算才是真正的"爱"。触龙极力夸赞太后爱燕后而为之做"长远打算"的明智之举，以反衬出她爱长安君的"短视"。由于触龙不是像其他大臣那样指责太后不该溺爱幼子，而是批评她还爱得不够，应该像疼爱燕后那样疼爱长安君，才算爱得深远，所以太后听着十分顺耳，在不知不觉中已完全接受了触龙的观点。

触龙在初见成效的基础上，不失时机地进一步剖析历代诸侯子孙未能继世为侯的教训，并以此进行类比，一针见血地指出"现在你宠爱长安君，可以提高他的地位，赐予他土地和财宝，可你不让他为国立功，您百年之后，长安君凭什么服众呢？"语言既痛快淋漓又力拔千钧。触龙始终顺着太后爱子的心理，从为长安君的根本利益着想出发，层层深入地启发引导，终于使太后深受感动，心悦诚服，慷慨同意长安君去做人质，使赵国转危为安。

项目 7　说服、求助和拒绝

高明的说服，总是站在对方的角度（若对方为领导，可以从组织的角度）去分析事情的利弊，这样的说服方法，更容易为对方所接受；即使最终没有说服成功，也让对方觉得是为其着想，而不是出于私心。

4.巧妙使用语言技巧

触龙的语言技巧明显高于其他大臣，一般大臣只强调国家的利益，一味强谏。触龙既关心国家的利益，又关心长安君的利益，并把两者统一起来。他是真心实意地为赵太后和长安君着想。赵太后不只是被他所说的道理折服，也被他的真诚所感动。他善于做思想工作：先从寒暄请安入手，消除紧张气氛；然后提出共同关心的"爱子"问题；再提出"爱子需要做长远打算"的原则；最后用历史事实说明爱长安君就应该让他"为国立功"，把"爱子"与"爱国"统一起来。层层开导，步步深入，入理入情，终于说服了赵太后。

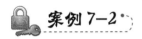

艾科卡一言而成大业

美国企业巨子里度·安东尼·李·艾科卡（Lido Anthony Lee Iacocca），一生最大的成就便是让濒临破产的克莱斯勒公司起死回生，这一巨大成就使他名扬天下。假如艾科卡没有高超的说服本领，根本不可能有克莱斯勒的今天。当时的克莱斯勒连年亏损、债台高筑，银行都不肯贷款给他们。艾科卡决定向政府求助，由政府出面担保他们获得贷款。这一请求引起了美国社会的轩然大波，社会舆论几乎众口一词：让克莱斯勒赶快倒闭吧。按照企业自由竞争的原则，政府决不应该给予其援助。国会为此而举行的听证会简直就是对他的审判，面对国会议员的种种质问，艾科卡沉着应对，他指出，如果克莱斯勒倒闭了，它的 60 万名职员就得成为日本的佣工；如果克莱斯勒倒闭的话，国家在第一年就得为所有失业人口花费 27 亿美元的保险金和福利金。他说："各位面临一个选择，你们愿意现在就付出 27 亿美元呢？还是将它的一半作为保证贷款，日后可全数收回？"持反对意见的国会议员无言以对，贷款提案终于获得通过，并且金额比艾科卡原先想要的 10 亿美元还多了 5 亿美元。贷款使克莱斯勒重获新生，一举开发出几种新车，两年后公司扭亏为盈，第三年就赚取了 9 亿多美元利润，创造了公司有史以来的最高纪录。如果不是艾科卡说服了议员和社会各界，那么贷款绝无可能，克莱斯勒只能破产倒闭。

（资料来源：王小平，2008.本领恐慌 [M].北京：中国青年出版社.）

【思考与讨论】艾科卡运用哪些技巧成功说服了国会议员？

7.1.2　说服的基本原则

我们知道，借助严密的逻辑推理来展开信息交流，是促使他人改变观点的有效手段。但也不是所有的转变都是推理的结果，成功的说服还需要依赖感情的影响。说服的过程，实际上是运用理智和感情去

【说服的技巧】

劝说别人，使其赞同你的观点，并跟你用同一角度看问题的艺术。

1. 说服的前提

（1）必须先透彻了解别人的意见

人总是在自己的思维体系中去思考，每个人看问题的观点是长期形成的，与性格、经历、社会地位等都有着密切的关系。所以对对方提出的论点不加以分析，只顾发表自己的意见，容易陷入一种不自觉的盲目之中。

这种只有纵向联系，没有横向联系的思维方式，就像拳击手只管自己挥拳，却始终打不到对方身上一样。因此，在说服前，必须透彻地了解被说服对象的看法、立场，才能有针对性地进行说服。

（2）必须先透彻了解别人的接受能力

有的人精于逻辑思维，能冷静倾听；有的人不习惯思考，甚至无法与他人同步推理；有的人喜欢在只言片语中搜索微言大义；有的人情绪容易激动，偏听偏信；还有的人不管别人说什么，都坚持自己的观点。

凡此种种，都要细心研究，才能够有针对性地采取适当的表达方式，对症下药。

（3）不可把自己放在等同真理的地位

当你向别人说出自以为正确的道理时，如果把自己当作"真理"的化身，那么说服力就会降低一半。只有把所说的"真理"与本人分开，才能避免主观性的错误。要把"真理"从身上"抽"出去，放在高处，当作和对方共同追求的目标。要有同理心。同理心表示理解对方，但不等于同意对方。当然，同理心是一种方式，不是目的。

（4）应该有灵活的应变方式

一个有魅力的说服者应该在说服的方式上同样有魅力。同一个内容，可以用多种形式说出来；同样意思的话，可以有多种说法。当某种说法对对方不起作用时，即使重复一千遍也没有用。第一种说法无效，应立即换第二种、第三种。但是要注意，每换一种说法，都要加上新的材料、新的理由。

2. 说服的起步

（1）以对方认识的基点作为起点

不管对方认识如何，它总是一个客观存在。我们不妨先避开分歧，从对方认识的基点出发。可以从细小的事谈起，而不涉及要害问题。如此，由小到大，逐步迫近，只要同意对方表现出来的观点，就可以立即表示赞同，甚至顺着对方的观点补充一两句事实，从而快速消除双方的对立情绪。

（2）巧妙表述与对方的分歧

不管与对方有什么分歧，一般总能找出与对方的一些共同点，把它作为解决分歧的出发点，扩大说服的范围。但对不同点又不能回避，对敏感的话题，要找出合适的表述方法。可以旁敲侧击，不触及与对方的分歧，只谈与之有关的边缘问题；可以不经意地提供一些意外的经验，使对方不知不觉得到暗示；可以把不同点融进共同点里表述，在"共同"的原则下，软化与对方的分歧；各种办法都不行时，干脆提出自己的观点，但可冠之以"这也许是我的偏见"，促使对方意识到自己的"偏见"。

林肯妙劝斯坦顿

一天，陆军部长斯坦顿来到林肯的办公室，气呼呼地说，一位少将用侮辱的话指责他偏袒一些人。林肯建议斯坦顿写一封信回敬那个家伙。

"可以狠狠地骂他一顿。"林肯说。

斯坦顿立刻写了一封措辞激烈的信，然后拿给林肯看。

"对了，对了。"林肯高声叫好，"要的就是这种效果！好好教训他一顿，真是绝了。"

但是当斯坦顿把信叠好装进信封里时，林肯却叫住他，问道："你要干什么？"

"寄出去呀。"斯坦顿有些摸不着头脑了。

"不要胡闹。"林肯大声说，"这封信不能发，快把它扔到炉子里去。凡是生气时写的信，我都是这么处理的。这封信写得好，写的时候你已经解了气，现在感觉好多了吧？那么就请你把它烧掉，再写第二封信吧。"

（资料来源：张健鹏，胡足青，2005.小故事大智慧[M].北京：当代世界出版社.）

（3）解除对方的心理压抑

说服不当，反而会使对方有压抑感，并产生反抗心理，发现对方不满时，就要设法让对方宣泄。宣泄不仅能使对方的不满情绪得到缓解，还可以从中发现说服的突破点。

经理妙阻吸烟

几个职员在禁烟牌前吸烟，经理过来，并不斥责，反而给每个人递上一支烟说道："走吧，我们换个地方抽个痛快。"

7.1.3 说服的其他技巧

1. 调节氛围，以退为进

在说服时，首先应该想方设法调节谈话的气氛。如果你和颜悦色地用提问的方式代替命令，并给人以维护自尊和荣誉的机会，气氛就是友好而和谐的，说服也就容易成功；反之，在说服时不尊重他人，拿出一副盛气凌人的架势，那么说服多半是要失败的。毕竟人都是有自尊心的，谁都不愿意自己被他人不费力地说服而受其支配。

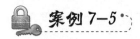

中学教师的说服方式

一位老师接受了一个落后班级班主任的工作，正好赶上学校安排各班级学生参加平整操场的劳动。这个班的学生躲在阴凉处谁也不肯干活，老师怎么说都不起作用。后来这位老师想到一个以退为进的办法，他问学生们："我知道你们并不是怕干活，而是都很怕热吧？"学生谁也不愿说自己懒惰，便七嘴八舌说，确实是因为天气太热了。老师说："既然是这样，我们就等太阳下山再干活，现在我们可以痛痛快快地玩一玩。"学生一听就高兴。老师为了使气氛更热烈一些，还买了雪糕给大家解暑。在说说笑笑中，学生接受了老师的说服，很快就开始愉快地劳动了。

（资料来源：作者根据相关网络资料整理。）

2. 博取同情，以弱克强

保护弱者是人的天性，如果你想说服比较强大的对手，不妨采用博取同情的技巧，从而以弱克强，达到目的。

3. 善意威胁，以刚制刚

有时候，用善意的威胁可以增强说服力，使对方产生恐惧感，从而达到说服的目的。

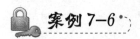

善意威胁，争取权利

在一次集体活动中，当大家风尘仆仆地赶到事先预订的旅馆时，却被告知当晚因工作失误，原来预订好的套房（有单独浴室）中竟没有热水。为了此事，领队约见了旅馆经理。

领队："对不起，这么晚还把您从家里请来，但大家满身是汗，不洗洗澡怎么行呢？何况我们预订时说好供应热水的呀！这件事只有请您来解决了。"

经理："这件事我也没有办法。锅炉工回家去了，他忘了放水，我已经叫他们开了集体浴室，你们可以去那里洗澡。"

领队："是的，我们可以到集体浴室去洗澡，不过话要讲明白，套房每人350元一晚的价格是包含单独浴室的。现在到集体浴室洗澡，那就等于降低到统铺水平，我们只能照统铺标准，每人降到200元付费了。"

经理："那不行，那不行的！"

领队："那就供应套房浴室热水。"

经理："我没有办法。"

领队："您有办法！"

经理:"你说有什么办法?"

领队:"您有两个办法:一是把失职的锅炉工召回来;二是您可以给每个房间送两桶热水。当然我会配合您劝大家耐心等待。"

这次交涉的结果是经理派人找回了锅炉工,40分钟后每间套房的浴室都有了热水。

(资料来源:作者根据相关网络资料整理。)

威胁能够增强说服力,但是,在具体运用时要注意以下3点:第一,态度要友善;第二,讲清后果,说明道理;第三,威胁程度不能过分,否则会弄巧成拙。

4. 消除防御,以情感化

一般来说,在你和要说服的对象较量时,彼此都会产生一种防范心理,尤其是在危急关头。这时候,要想使说服成功,就要注意消除对方的防范心理。如何消除防范心理呢?从潜意识来说,防范心理的产生是一种自卫意识,也就是当人们把对方当作假想敌人时产生的一种自卫心理。消除防范心理最有效的方法是反复给予暗示,表示自己是朋友而不是敌人。这种暗示可以采用多种方法来进行,如嘘寒问暖、给予关心、表示愿意给予其帮助等。

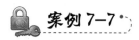

"的姐"说服劫匪

有位"的姐"把一名男青年送到指定地点时,对方掏出尖刀逼她把钱都交出来,她装作非常害怕,交给歹徒300元钱说:"今天就挣这么点儿,要嫌少就把零钱也给你吧。"说完又拿出20元找零用的钱。见"的姐"如此爽快,歹徒有些发愣。"的姐"趁机说:"你家在哪儿住?我送你回家吧。这么晚了,家人该等着急了。"见"的姐"是个女子又不反抗,歹徒便把刀收了起来,让"的姐"把他送到火车站去。见气氛缓和,"的姐"不失时机地启发歹徒:"我家里原来也非常困难,咱又没啥技术,后来就跟人家学开车,干起这一行来。虽然挣钱不算多,可日子过得也不错。何况自食其力,穷点儿谁还能笑话我呢!"见歹徒沉默不语,"的姐"继续说:"唉,男子汉四肢健全,干点儿啥都差不了,走上这条路一辈子就毁了。"火车站到了,见歹徒要下车,"的姐"又说:"我的钱就算帮助你的,用它干点正事,以后别再干这种见不得人的事了。"一直不说话的歹徒听罢突然哭了,把300多元钱往"的姐"手里一塞,说:"大姐,我以后饿死也不干这种事了。"说完,低着头走了。

(资料来源:作者根据相关网络资料整理。)

在案例7-7中,"的姐"运用了消除防范心理的技巧,最终达到了说服的目的。

5. 投其所好,以心换心

站在他人的立场上分析问题,能给人一种为他着想的感觉,这种投其所好的技巧常常具有极强的说服力。要做到这一点,"知己知彼"十分重要,唯先知彼,方能从对方立场上考虑问题。

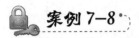

以心换心说服法

某精密机械厂生产某新产品,将部分零件委托小工厂制造,当小工厂将零件的半成品呈示该厂时,不料全不符合要求。由于迫在眉睫,该厂负责人只得令其尽快重新制造,但小工厂负责人认为他是完全按该厂的规格制造的,不想再重新制造,双方僵持了许久。该厂负责人见此局面,在问明原委后,便对小工厂负责人说:"我想这件事完全是由于我厂设计不周所致,而且还令你吃了亏,实在抱歉。今天幸好是由于你们帮忙,才让我们发现竟然有这样的缺点。只是事到如今,事情总是要完成的,你们不妨将它制造得更完美一点,这样对你我双方都是有好处的。"那位小工厂负责人听完,欣然应允。

(资料来源:作者根据相关网络资料整理。)

6. 寻求一致,以短补长

习惯于顽固拒绝他人说服的人,经常都处于"不"的心理状态下,所以自然而然地会呈现僵硬的表情和姿势。要想说服这种人,如果一开始就提出问题,绝不能打破他"不"的心理。所以,你努力寻找与其一致的地方,使他对你的话感兴趣,再想办法将你的意见引入话题,最终求得对方的认同。

7.2 求助的技巧

7.2.1 求人的意义和原则

1. 求人的意义

俗话说:"一个篱笆三个桩,一个好汉三个帮。"一个人事业上能否成功,不仅要看你的工作能力和工作热情,还要看你能否获得他人的帮助。要想事业成功,就必须求人。有人身负旷世才学,行走世上却步履维艰;有人资质平平,却能干出一番事业,原因就在于后者能审时度势,善于求人,从而安身立命,立于从容之地。

人生在世离不开朋友,离不开工作,离不开社会。既然生活在这世上,不可能无事,大事、小事、喜事、愁事、烦心事……这些"是是非非"是不以我们的意志为转移的,我们必须面对,必须解决。而要想解决一些难办的事,还必须学会求助于人。

要学会与人合作,合作就得互帮互助、互相扶持,如果选对了求助人,同时采取了适当的求助方法,我们生活和事业中的难题,就会迎刃而解。

2. 求人的原则

有些人一提到求人就皱眉头，甚至羞于告人，他们对求人怀有一定的偏见，认为那一定是卑躬屈膝、低三下四的。其实不然，向别人求取帮助必须是以自尊、自重、自爱为前提的，做到求而不卑、求而不倚。要想成功地求得别人的帮助，必须遵循以下原则。

（1）诚恳礼貌

常言道："精诚所至，金石为开。"礼貌待人，是求人成功的先决条件。

（2）避开忌讳

每个人因个性和生活经历不同，对某些言辞和举动有所顾忌，因此千万不要去冒犯。《孙子兵法》上讲："知己知彼，百战不殆。"这句话同样适用于求人的技巧。当我们有求于人的时候，首先不妨对那个人的嗜好、性情、学识和经历等做一番调查，然后从容前往，将会得到意想不到的收获。

（3）说三分，听七分

许多善于说话的人都强调"听"的重要性，因为只有善于倾听才能达到目的，听人说话的本意在于了解对方的心意，把握对方的想法和要求。而对方是商谈的主角，所以应以对方为中心，让对方多说，而自己多听，从而更能掌握主动性。

（4）注意发问的方式

要设法了解对方的情况，让对方多说，自己多听，适时发问，目的是让对方感受到被肯定、赞赏，并引导对方进一步把话说下去。

（5）注意运用容易让对方接受的说法

一句内容和中心思想完全一样的话，由于说法不同，产生的效果也会有所不同。有的可能会让人觉得亲切、易于接受，有的则让人觉得生硬。

尽管诚心诚意地求别人，但也不一定就能满足我们的要求。当遭到拒绝时，不要过分追究原因。的确，被拒绝心里肯定很不好受，任何人都想知道原因，但是如果穷追不舍地缠住对方，非问清原因不可，往往会破坏双方感情。求而不得时，也不要过分坚持。对方既已拒绝，必有原因，如果过分坚持自己的要求，不但会使对方为难，而且也使自己陷入被动。被人拒绝后要做到豁达大度，不抱成见。

当你察觉出对方拒绝的心理时，不妨自己把话打断，干脆表示没关系，反过来再安慰对方几句，请他不必介意。这时对方会感到过意不去，也许以后会很主动地帮助你。

7.2.2　求人的技巧

求人要掌握以下6个技巧。

1. 过心理关

既然不能不求人，倒不如满怀信心去求人，求人也大大方方。求人不必虚张声势、空话连篇，但是也不必灰溜溜、乞哀告怜、任人奚落。

2. 选择最佳路线和方法

现在的社会专业分工明确，到处找人，未必能办成事，一定要了解清楚情况，找准能帮助你的人。

3. 了解清楚对方的情况

不能打无准备之仗，也不能盲目地求人，既要了解对方的基本情况，还要了解对方目前的需求，有时候帮助是相互的。

4. 要有耐心

求助于别人，并不一定什么事都水到渠成，对方面露难色、态度冷淡甚至表示拒绝都是可能的，这时千万不要因此就觉得自己失了面子、受了侮辱，从而失去了耐心。

5. 理解别人

有些求人办事的人，总认为对方一定神通广大，无论办什么事，只要金口一开、大笔一挥就能办成。实际上情况并非如此。每个人都有自己的难处，我们应该理解对方的难处。

6. 对别人的要求不要过高

求人办事千万不要穷追猛打，非要别人做到什么地步，否则就觉得对方"不够意思"。也就是说，求人办事要知足，别人能办多少就办多少，不要勉强别人去办很难办的事。例如，求人办事应从最简单的开始。如果你定的目标过高，使别人为难，最好求以其次；其次不成，就求再次。别人即使是举手之劳，你也要懂得感恩。

7.2.3 善于识人，对症下药

不同的人，有不同的特点。掌握他们的特点，有利于说服对方伸出援助之手。下面是10种不同类型的人及其特点。

1. 沉默寡言型

这种类型的人话少，问一句答一句。这不要紧，即使对方反应迟钝也没关系，对这种人该说多少就说多少。因为这种人表面上看似不太随和，但只要你说的话言之有理、顺耳中听，你便有可能达到说服对方的目的。

2. 喜欢炫耀型

这种人好大喜功，老是喜欢把"我……"挂在嘴边，他们最爱听恭维和称赞的话。对他们要有耐心，仔细聆听，听得越用心，称赞越充分，你的成功率就越高。

3. 令人讨厌型

这种人十分讨厌，令人难以忍受。好像他们天生只会说一些刻薄的话，好像贬低他人、否定他人是他们生活的唯一乐趣。毫无疑问，这种类型的人是最令求人者头痛的。但是有一点却是十分肯定的，这种类型的人也同样需要与人交往，有的时候甚至是他们心里已经决定答应别人的要求，而嘴上却还在不停地说不行、答应后如何不好。这种人往往更希望得到他人肯定的态度。面对这种人，关键是不要被他的难听话唬住，也不要直接表现你的反感，而是要采取一种不卑不亢的高姿态并随机应答，才会有好的效果。

4. 优柔寡断型

这种人遇事没有主见，往往消极被动，难以做出决定。面对这种人，求人者应牢牢抓住主动权，充满自信地运用语言技巧，不断地向他提出积极而有建设性的意见，多使用肯定性的语言，多做些有关回报保证的承诺，甚至替他考虑帮助自己后的益处，当然也不能忘记强调你是从他的立场来考虑问题的。这样有助于他做出决定，或在不知不觉中替他做出决定。

5. 知识渊博型

这种人是最容易面对的，也是最容易让求人者受益的。当这种类型的人出现时，求人者应努力抓住机会，注意多聆听对方说话，同时还要适时给予真诚的赞许。这种类型的人往往很明智，要说服他们只要抓住要点，不需要说太多的话，也不需要花太多的心思。

6. 讨价还价型

这种人对讨价还价有特殊癖好，即使是给人一些微不足道的帮助，也非要讨价还价不可，并且往往也为自己讨价还价的能耐而得意。应对这种人的办法比较简单，可以在口头上做一些小小的恭维，可以说："我可是从来没有碰过像你这样乐于助人的人啊"或者"给我个面子，怎么样"。这样可以满足一下他的自尊心，既让他觉得比较合理，又能证明他的精明。

7. 性情温婉型

这种人如果在没有充分了解事情的前提下，你就不要指望他会做出决定。对于这种人，必须以其人之道还治其人之身，千万不能急躁、焦虑或向他施加压力，应努力配合他的步调，脚踏实地地去证明、引导，慢慢就会水到渠成。

8. 性格急躁型

这种人往往精力旺盛，做什么事情都快，因而对待这种人要精神饱满，清楚、准确而又有效地回答对方的问题，如果拖泥带水，他们就会失去耐心，没听完就走。对待这种人，说话应注意简洁、抓住要点，避免说一些闲话。

9. 心性善变型

这种人容易见异思迁，容易做出决定也容易改变。如果他拒绝了你的请求，你仍有机会说服他改变主意。不过，即使他这次答应了你的请求，向你提供了帮助，也不能指望他下次还会答应。

10. 猜疑心重型

这种人容易猜疑，容易对他人的说法产生逆反心理。说服这种人的关键在于让他了解你的诚意或者让他感到你对他所提疑问的重视，如"你提的问题切中要害，我也有过这种想法，但……"等。这样，他会认为你在说真话，于是会认真提供你所需要的帮助。

7.3 拒绝的意义和技巧

7.3.1 拒绝的意义

1. 要学会拒绝

在职场上，经常会遇到领导、同事或客户提出的一些不合理、不方便的要求，这时需要采取恰当的方式进行拒绝。

我们要知道，拒绝别人的不合理要求是我们的基本权利。并不是所有的要求对我们来讲都是有义务完成的。无论是工作中的同事，还是生活中的朋友，如果勉强答应了结果却没做好，将比你拒绝要求所造成的不良影响更大。

即使对你的领导，有时也要学会拒绝。例如，很可能会导致领导做出错误决定的事情，可能会严重损害个人或者团队利益的事情，严重违背个人意愿的事情。面对这些要求，必须对领导说"不"。

不会拒绝会让你疲惫，感到压力和烦躁。不要等到你的能量耗尽时，才采取行动。

当你学会拒绝之后，虽然你可能会感觉有点伤害或者冒犯别人（这也确实有可能），但是与此同时你也传达给他们这样的信息：你珍惜自己的时间，你有选择权，而且你之所以拒绝，是因为你尊重他们，不想草率地做任何承诺。

当然，在条件许可的情况下，能帮人一把的，还是尽量帮一把，毕竟"赠人玫瑰，手有余香",与人方便就是与己方便。但帮人也有原则,对人不利、违法违规的事情,是千万不能帮的。

2. 不敢拒绝是心理脆弱的表现

心理学家认为,不会说"不",是人际交往中心理脆弱的表现,是不成熟的行为。这些人在拒绝别人方面存在心理障碍。有趣的是,拒绝的能力与自信紧密联系。缺乏自信的人常常为拒绝别人而感到不安,而且有觉得别人的需求比自己的更重要的倾向。

不敢拒绝的原因在于以下几方面。

(1)想给人留下好印象

怕拒绝别人会招致别人的反感而不敢轻易说"不"。

在交往中想给对方一个好印象无可厚非,但如果刻意追求这一印象,而失去原则甚至不惜代价,就不可取了。还有一些人害怕失去朋友,为了避免拒绝别人的不良后果,不好意思或不敢拒绝别人,这都是不可取的,也是不明智的。其实,如果不去拒绝别人,别人反而会认为你是一个没有原则的人,因为你连说"不"的勇气也没有,别人就可以任意要求你。你本来想从别人那里获得好印象,却变成别人任意践踏你的尊严。

(2)过分在意他人评价

这种类型的人在交往中,往往很少关注自我感觉和需要,而过多地把注意力放在"他人将如何评价我"上,希望做每件事都能赢得别人的赞赏,结果是经常违心地满足他人的要求。实际上,在生活中最受赞许的人恰恰是那些从不寻求赞许,而且并未竭力获得赞许的人。因为这种类型的人做事有原则,言语中流露出自己的真实情感,而不是矫揉造作地希望获得别人的赞赏。

(3)依赖的性格

这种类型的人独立性较差,没有主见,遇事就紧张焦虑,喜欢依赖别人,听取别人的意见。不论什么事情,只有得到大家一致的肯定才敢去做,而且在做事的过程中仍在不断观察别人,虽然这些事情他有足够的能力去应付。

【拒绝的技巧】

7.3.2 拒绝的技巧

1. 试着先同意

这似乎听上去有点自相矛盾,但是这可看作一场心智的柔道。你可以先同意对方的要求(假设你的情况是你想接受这一请求,但是没有足够的时间),然后选择以下两种方式中的一种。

（1）你可以说："没问题，但是我现在的任务太多了。你能不能过一个月左右再来找我？除非我真能干得非常出色，否则我是不会这么承诺的。"

（2）你可以说："当然可以，但是你能不能先去做 x、y、z，这样我们才能知道这件事到底是否可行。"

无论你选择哪一种方式，你都没有断然地拒绝他人，而是把主动权交回到他人的手中。这样可帮你解决主动权给你带来的压力，让你用不着真正说出那个"不"字。

2．珍惜你的时间

许多人难以拒绝别人的一个原因是他们（或许是在潜意识中）感觉自己的时间没有别人的珍贵。例如，如果别人让你去做一件他们自己能够轻而易举完成的事，你同意的话，就相当于承认他的时间比你的更宝贵——不然的话，为什么你要替他们代劳呢？因此，你要珍惜你自己的时间，你的时间是有限的，而且也是你最宝贵的财富。

3．拖延

如果你采用这种办法的话，就不用下决定，不用点头或者摇头，而只是让来请求你的人晚些再来。例如，你可以说："我的任务现在排得满满的，你能不能两星期以后再来找我？"如果这个人有诚意，他会把两星期后再来找你这件事加进自己的备忘录里。否则他也许早把你忘了。有的时候，如果你连续拖延两次，那个人就会放弃。当然，总是拖延一件事并不好，这会让别人觉得你人品有问题。一般拖延两次之后，当别人第三次求你时，你就应该给出明确的答复。

4．礼貌，但要坚决

很多人容易犯的一个毛病就是为人太"好"了，或者太优柔寡断了。他们虽然拒绝了别人，但是他们的拒绝听上去有些动摇，如果我们这样回应别人的话，会有更强的人来向我们施压，直到我们点头答应为止，这是因为他们觉得事情还有商量的余地。因此如果要拒绝，就得让别人清楚地知道你不会再改变主意了。但是别表现得粗鲁，一句简单的"不，我现在实在无能为力"就够了。

对于一些自尊心强的人，不要直接拒绝，但语气要坚决。例如，"很高兴你看得起我，给我这次机会，不过刚巧现在我手头有一件很紧急的事要处理。你看这样行吗，等我方便时去找你？"或者说："这样吧，我看看我的工作计划，看看有没有时间，如果来得及我也很荣幸能为你效劳。"这时候别人就能领会你的意思而不会强求。也可以尝试用你的肢体语言强调"不"。记住，你不需要经过允许，才拒绝他人。

有时候会遇到近乎无赖式的请求，你不妨直接一些、强硬一些。比如说："对不起，这个问题我无法帮你。"

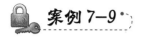 **案例 7-9**

小张的拒绝艺术

有一次,一名主管想调岗,他觉得另外的岗位工资高,但他的领导不想放他,于是来找小张想办法。小张对他说:"你是想害我,是不是?王总都舍不得让你这得力干将走,如果我把你拉走了,那王总怎么看我,不是觉得我挖他的墙脚,和他唱对台戏吗?你是想让我为你的这事惹得王总不爽吗?"话说到这份儿上,这名主管也不好再说什么。小张又跟他说:"你这事,我会放在心上,你要想想为什么王总舍不得放你走,因为没有合适的人替代得了你呀。如果你能培养几个接班人,再去跟王总谈,我想会更容易。"这样既安慰了这名主管,给他指出了面临的问题,同时也让他为公司储备一些人才,为将来的合理流动打下基础。

(资料来源:作者根据相关网络资料整理。)

5. 抢先一步

如果你预感有人会有求于你,你可以在他向你请求之前告诉他你很忙。如果刚巧与那个人碰面,你可以说:"你知道吗,我这个月的日程表都排得满满的,所以我们别谈关于 30 天内的什么新计划。"这相当于对那个有求于你的人做了一次警告,因此事后他也无法怪你拒绝他的请求。

6. "我很乐意,但是……"

首先表现出你对这项计划很感兴趣,但是你因为日程安排或者有其他任务实在无能为力。如果这个计划听上去真的很有趣,我们可以说:"这听上去确实很棒,我多希望自己能加入进来啊,但是……"如果可能的话,你也可以推荐其他合适的人选或者可行的办法。这样会让人觉得虽然被拒绝,但你人还不错,至少帮他解决了难题。

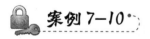 **案例 7-10**

巧妙的拒绝

小李:"小张,王经理让我把这些资料整理好,但我怕做不好,你能帮我完成吗?"

小张:"我很愿意帮你的忙,但很不凑巧,我自己的那份工作还没干完。其实以你的能力是完全可以做好这件事的。你不妨先干着,等我忙完了也许可以帮你"。

小李:"那好吧!谢谢你啊!"

(资料来源:恰到好处又不失礼节的拒绝六妙招.搜狐网.(2018-05-09)[2019-12-25].
http://www.sohu.com/a/231023067_99957183.)

7. 幽默诙谐式

通常，幽默的语言可以调节气氛，能让对方在笑过之后得到深刻的启示，如果以幽默的方式拒绝，气氛会马上松弛下来，彼此都感觉不到压力。

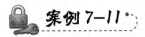

导演的幽默拒绝

著名导演阿尔弗雷德·希区柯克（Alfred Hitchcock）在执导一部影片时，有位女明星总是向他提出摄影角度问题，她一次又一次地告诉希区柯克，一定要从她最好的一侧来拍摄。"很抱歉，我做不到！"希区柯克回答，"我们拍不到你最好的一侧，因为你把它放在椅子上了。"他的话，引得在场的人都笑弯了腰。

（资料来源：恰到好处又不失礼节的拒绝六妙招. 搜狐网.（2018-05-09）[2019-12-25]. http://www.sohu.com/a/231023067_99957183.）

8. 别说抱歉

如果你的道歉就好像是在为做错一件事而道歉，这样一来，你拒绝的理由就显得不那么充分了。我们常常说"对不起，但是……"或者"我多希望能帮你，但是很对不起，我没办法帮你"这类话。这是因为我们拒绝别人后会觉得很不舒服。但是，这样一来，你会向别人传达错误的信息。

【拒绝的艺术】

总之，拒绝的艺术有一条原则，就是在不误解意思的情况下，尽量少用生硬的否定词，把话说得委婉一点儿。在非原则性问题上，我们最好使对方能听出弦外之音，彼此和和气气。不能把拒绝别人当成生活的重点，而是作为保护自己的一个策略。

思 考 题

1. 简述说服和拒绝的含义及意义。
2. 说服他人需要考虑哪些因素？
3. 谈谈拒绝他人的艺术。
4. 求人办事要注意什么？
5. 党的二十大报告指出了"弘扬诚信文化"的对于新时代新征程的必要性。在职场环境下，我们向其他人求助时，应遵循哪些道德规范？

项目 7 说服、求助和拒绝

实 训 项 目

情景模拟

1. 说服

你是某公司办公室职员,公司曾向某饭店租用一间舞厅,每季度使用 20 个晚上,以举办员工培训的一系列讲座。可是就在即将开始的时候,公司突然接到饭店的通知,说公司必须付出几乎比以前高出 3 倍的租金。当你得到这个消息的时候,所有的准备工作已经就绪,讲座邀请函都已经发出去了。单位领导派你去说服对方不要违约,你该怎么办?请模拟情景,扮演角色。

请学生对角色表演提出建议,教师点评并评出最佳的说服者。

2. 拒绝

小刘从师范学校毕业后被分到一所小学任教,一开始他很失意,成天和一群"哥们儿"打牌、喝酒。后来他逐渐清醒过来,开始报名参加自学考试。有一天晚上,他正在家里看书,"哥们儿"又打来电话。请试着帮小刘设计一下应该如何拒绝。

项目 8　求职和初入职沟通

1. 掌握求职沟通的意义和作用；
2. 掌握初入职沟通的作用。

1. 掌握求职资料的准备技能；
2. 掌握面试的沟通技巧；
3. 掌握初入职的沟通技巧。

案例 8-1

失败的求职沟通：我都听您安排

通过严格的简历筛选后，某贸易公司锁定了五位大学应届毕业生，并向他们分别发出了面试通知。虽然这五个人在面试之前并不认识且应聘的岗位不同，但面试时，对某些问题的回答，简直如出一辙，尤其是小陈和小张，两人在面试时的对话真是让 HR 哭笑不得。

小陈应聘的岗位是内勤，但通过交谈，HR 发现他口才不错，性格外向，更适合做销售，所以便问他，对哪方面工作更感兴趣，以及对薪水的要求。小陈说："我觉得吧，您给我安排的就是最适合的，通过谈话您对我也有更深的了解了，我就听您安排吧。给多少钱，我也没什么概念，我都可以接受。我认为，现在最主要的是锻炼自己的能力。您阅人无数，应该能够根据我的能力，安排一个适合我的岗位，我不挑的。吃苦受累都没关系，我很踏实的，能从基层做起。出差加班我都没问题……"

而小张应聘的是销售员工作，他的表现似乎比小陈更夸张。除了以"一切听您安排"为主旨外，在面试即将结束时，HR 问他："你简历里写着'爱看书'，你都看什么书？"小张回答"爱看财经类、营销类的书"，同时又反问面试官爱看什么类型的书。当得知对方喜欢看名著之类的小说时，小张立马改口："其实我也偏好名著，有时太专业的书很枯燥，我实在看不下去。我跟您的品位差不多。"临走时，还神秘地说了一句让 HR 大跌眼镜的话："我很忠心，要是能在这儿工作，您就是我的榜样，我懂得感恩的。"

上述几位大学生，在面试时"我都听您安排"的回答，不但没有给 HR 留下深刻的印象，相反，还让面试官忧心忡忡。他们认为，自己听从公司安排就是好员工，就能顺利得到入职的机会，这是不对的。更有甚者，他们会认为 HR 在招人的同时是在为自己"招兵买马"，这不但不能博得面试官的好感，反而会招致他们的反感。

（资料来源：作者根据相关网络资料整理。）

【思考与讨论】
1. 这些求职者为何失败，应该做何改进？
2. 你从案例中得到哪些启示，应吸取哪些教训？

8.1 求职准备

8.1.1 求职前的心理准备

"知己知彼，百战不殆"，在高等教育大众化、宏观就业形势日益严峻的今天，受多种因素的制约，初出校门的大学生，求职时会有一定的困难，其中一个主要原因是求职前心理准备不足，对自我没有清醒的认识，对就业形势没有准确的把握。

1. 正确认识自我

在求职阶段，毕业生最关心的是选择一份理想的工作——"我要干什么"，而对个人条件是否适应职业的要求——"我能干什么"则考虑得很少。毕业生在求职之前，必须对自己做出全面的认识和正确的自我评价，以了解自己的职业适应性，正确地做出择业决策。大学毕业生不但要清楚自己想干什么，更要明白自己能够干什么。要清楚自己的兴趣爱好、气质特点、性格特征、基本素质、专业知识、技术能力，以及适合做什么。只有正确认识自我，才能找到自己的立足点。

毕业生应从以下 5 个方面正确认识自己。

（1）专业知识

专业知识是毕业生在择业中比其他非本专业人员更具有竞争力的一个重要因素。专业知识通常包括基础知识理论、专业技术技能、灵活运用理论知识的能力。毕业生可以通过自己的学习成绩来认识自己对基础理论知识掌握的程度；通过实验仪器的使用、机器的操作及其他生产实习来认识自己对专业技术技能掌握的程度；通过毕业设计或论文完成的情况来评价自己灵活运用本专业基础理论知识的能力。

（2）其他知识技能

其他知识技能主要包括毕业生熟练操作和使用计算机的能力，英语的会话和阅读能力，财会、法律、驾驶等方面的能力等。除此之外，社会还对毕业生的动手能力、实践能力、协调能力、创新意识、敬业精神、奉献精神、事业心、责任心等提出了较高的要求。从历年来的就业情况来看，学生党员、学生干部、三好学生、各种奖励的获得者均受到社会的青睐。毕业生可以通过自己参加社会活动，获得各种奖励的情况来评价自己的实力，也可以通过毕业鉴定，对自己的大学生活做一个全面的、合理的总结，从而更加客观地认识自己，来指导自己的就业实践。

（3）兴趣爱好

兴趣爱好是一个人事业取得成功的重要条件。研究表明，对自己所从事的工作有兴趣，就能发挥才能的 80%～90%，并能长时间保持高效率而不感到疲劳。对自己未来所从事的工作必须要有兴趣，至少应该不是自己厌烦的事情。因此，毕业生对自己的兴趣爱好应有一个全面、深入的了解。

（4）基本素质

基本素质包括毕业生在逻辑思维、抽象思维、记忆力、想象力、观察力、反应速度等方面的素质和能力。

（5）性格特征

性格特征也与职业选择有很大的关系。一个性格内向、好静不好动的人，非要让他去做演员、做主持人，那是行不通的。不同性格的人适合从事不同类型的职业，毕业生应该根据自己的性格特征来选择适合的工作。

毕业生只有对自己有一个全面、客观的评价，才会克服不良心理的影响。例如，通过对自己的了解，就不会一味地依赖别人，面对选择时，也不再矛盾重重。

2. 正确认识就业形势

正确认识就业形势，要实事求是地面对就业竞争的现实，做好从高校毕业生到普通社会求职者的转变，摆正自己的位置，客观冷静地进入求职状态，通过各种途径对自己工作的环境进行全面了解。例如，自己的专业和理想职业在社会上的需求量如何，竞争强度如何；自己的理想职业与自己所学的专业是否相符，如果不相符，该如何弥补；用人单位对求职者有何具体要求等。尽可能多地获得一些用人单位的资料和信息，综合考虑以上因素确立就业目标，可以避免过高的心理预期。

大学毕业生求职时，要做到知己知彼。知彼就是要了解社会环境和工作领域，正确认识自己所面临的就业形势，了解社会需要什么样的大学生。知己就是实事求是地评价自己，对自己有正确的认识，要客观、正确地认识自己德、智、体、美等方面的情况，如自己的优点和缺点，自己的性格、兴趣、特长等。要明确自己想做什么和能做什么。只有这样，才能保持良好的择业心态。

3. 摆正心态，了解对方

求职者要克服自卑心理，要有充分的自信，但也要避免高傲心态和紧张心理。此外还要了解和熟悉所应聘单位的招聘考核方法，确切了解主试者或约谈者的姓名、职务。

【思考与讨论】了解所应聘的单位有哪些作用？

8.1.2 求职前的资料准备

求职前，除了做好充分的心理准备之外，还要做好资料方面的准备。要付诸实际行动，认真盘点自己学习、实习和工作经历，分析归纳自己的优点、缺点，撰写求职必备的自荐材料，包括就业推荐表、求职信、个人简历、成绩证明、各类证书复印件、公开发表的论文或文章原件及取得的成果等。求职者可以根据不同的招聘单位有所侧重，切忌千篇一律。有时候，招聘单位还要求填写单位职位申请表。求职者还要携带相关证件，以备招聘单位查阅。所有文件都应放在一个文件袋里，并排列整齐，以免需要时到处乱翻，给考官留下不好的印象。

求职时可以带上公文包，给人专业人员的印象。公文包不要求买很贵重的真皮包，但应看上去大方典雅，可以平整地放下 A4 纸大小的文件。

求职前，视具体情况，还可以准备求职信、求职名片等。

所有的求职资料应准备多份，并根据求职单位和岗位的不同而有所不同。求职者还应准备求职记录本，里面记录参加过求职面试的时间、公司名字、地址、联系人和联系方式，面试过程的简单记录、跟进记录等。求职记录本应该随身携带，以便随时记录或查询。

1．求职简历——敲门砖

【思考与讨论】假如你是人力资源部经理，你认为求职简历最重要的是什么？

（1）求职简历的基本内容

① 基本情况：姓名、地址、电话号码，这些一定要填写正确、清楚，以方便联络，有照片更好。这方面要求简单、直观、紧凑。

② 求职目标（求职意向）：简述你目前的求职目标。如果面临多种机会的选择，最好将它们定为一个概括性的目标，这样就为自己创造了一个较大的择业范围。

③ 资格：简述职位的资格，写自己成绩时不要吝啬。描述时，不要公开自己的坏消息或劣势，而要择优选用，但不要说假话。

④ 成就描述：将自己的成就列成几个小条目，每个条目后附上几个例子。在描绘成就时，可以用以下有一定表现分量的词，如开发、研制、创造、完成、组织、设计、策划、协调、管理、训练、节省、有效等。

⑤ 就业经历：这是简历最重要的部分，包括工作经历、社会活动、实习和兼职。先列出最后一份工作，然后依次向前追溯。所列内容包括：每次就业的日期（写出季节、月份即可），职位，公司名称和工作地点。对多数大学生来讲，就业经历基本是业余时间打短工或假期勤工俭学的经历。

⑥ 教育背景：注明毕业院校、所学专业、主修课程、成绩或排名。列出你所学过的招聘单位可能感兴趣的课程，并把它们编组、排序；不一定要将所有课程全部列出；

在编组时把最能体现你所选职位的课程列出，然后按与此相关的程度依次排列。

⑦ 附件：包括履历表、学历证书、培训证书、获奖证书、其他证明材料。如果再附上一些能反映个人特长的近期照片，效果就会更好，照片务必要精心制作和挑选。在求职简历的最后，应列出一份附件的清单，以引起招聘人员对附件的注意。

在求职简历中，应体现自己的团队精神和沟通能力。如果还是把握不好，可以请教有经验的求职者和就业指导方面的老师。

必要时，还需要准备英文简历。

（2）求职简历的具体要求

对于每一位求职者来说，一份好的简历可能意味着成功了一半，马虎不得。那么，怎样准备一份令人过目难忘、留下良好印象的简历呢？其实，简历不一定非要追求与众不同，只要把握好以下7个要点，就能够写出一份出色的简历。

① 真实。简历最基本的要求就是真实。诚实地记录和描述，能够使阅读者首先对你产生信任感，而企业对于求职者最基本的要求就是诚实。企业阅历丰富的人事经理，对简历有敏锐的分析能力，遮遮掩掩或夸大其词终究会露出破绽，何况还有面试的考验。

一些不甚明智的做法通常包括：故意遗漏某一段经历，造成履历不连贯；在工作业绩上弄虚作假；夸大所任职务的责权和经验；隐瞒跳槽的真实原因，如将被迫辞职说成是领导无方，将公司倒闭描绘成怀才不遇等。任何一个有经验的招聘人员只要仔细分析，鉴别履历的真实性并不难；过分的渲染会令人反感。所以与其费尽心机，不如老老实实，只要有真才实学，总会有属于自己的机会。

② 全面。简历的作用在于使一个陌生人在很短的时间内了解你的基本情况，就像一个故事梗概，吸引他（他们）继续看下去。因此，要特别留意内容的完整性和全面性，以使对方对你有比较全面的印象。

③ 简练。招聘人员每天要面对大量的求职履历，工作非常忙，一般在粗略地进行第一次阅读和筛选时，每份履历所用时间不超过1分钟。假如简历写得很长，难免遗漏部分内容，甚至没有耐心完整细致地读完，这对求职者是很不利的。经常有求职者觉得简历越长越好，以为这样易于引起注意，实为适得其反，淡化了招聘人员对主要内容的印象。冗长啰嗦的简历可能会让人觉得求职者做事不干练。言简意赅、流畅简练、令人一目了然的简历，在哪里都是最受欢迎的，也是对求职者工作能力最直接的反映。

④ 重点突出。对于不同的企业，不同职位的不同要求，求职者应当事先进行必要的分析，有针对性地设计预备简历。盲目地将一份标准版的简历大量复制，效果会大打折扣。全面不是面面俱到、不分主次，而是要根据企业和职位的要求，巧妙地突出自己的优势，给人留下深刻的印象，这是整个简历的点睛之笔，也是最能表现个性的地方，应当深思熟虑，不落俗套，写得出色、有说服力，又合乎情理。

⑤ 语言正确。不要使用拗口的语句和生僻的字词，更不要有病句、错别字。外文

简历要特别留意不要出现拼写和语法错误，同时行文也要正确、规范。一般招聘人员考察应聘者的外语能力就是从一份履历开始的。大多数情况下，作为实用型文体，句式以简明的短句为好，文风要平实、沉稳，以叙述、说明为主，动辄引经据典、抒怀议论是不可取的。

有的人写简历喜欢使用很多文学性的修饰语，如"大学毕业，我毅然走上工作岗位""几年来勇挑重担，为了企业发展大计披星戴月，周末的深夜，经常还能看到办公室明亮的灯光。功夫不负有心人……""固然说'有则改之，无则加勉'，但领导无中生有的指责日甚一日，令我愤懑不已，意气消沉，终挂印而往"，结尾还不忘加上一句"我热切期待着一个大展宏图、共创辉煌未来的良机"之类的口号。这样的简历，只能让人一笑置之。

⑥ 版面美观。一份好的简历，除了以上对内容方面的要求之外，版面设计也是一个非常重要的因素，是真正的"第一印象"。要条理清楚，标识明显，段落不要过长，字体大小适中，排版端庄美观，疏密得当。既不要为了节省纸张，密集而局促，令阅读者感到吃力；也不要出现某一页纸只有上面几行字，留太多的空白。还要留意版面不要太花哨，要有类似公函的风格，这也能体现出求职者的基本职业素养。建议使用打印的简历，如果你的字写得不错，不妨再附上一篇工整漂亮、简短的手书求职信，效果会更好。

⑦ 评价客观。简历中通常都会涉及对自己的评价，应当力求客观真实，包括行文中所表现出的语气，要做到8个字：诚恳、谦虚、自信、礼貌。这样会令招聘人员对你的人品和素质留下良好的印象，现在越来越多的企业更加重视一个人的品行、创新与合作精神等基本素质。在众多高学历应聘者的激烈竞争中，这方面的因素更加凸显，也经常是由于这些非技能性的因素使优胜者脱颖而出。总的来说，既不能妄自尊大，也不能妄自菲薄，这一点上，分寸的把握非常重要。要避免夸夸其谈，适当坦陈自己经验方面的不足，反而更能赢得招聘人员的好感。

准备一份好的简历需要花费不少时间和精力，但当你带着自己满意的简历前往用人单位应聘时，一定会增添不少自信。此时，新的机会在向你招手。

2. 求职信

（1）求职信的格式

求职信的格式和一般书信的格式大致相同，由称谓、正文、结尾、落款和日期等几部分组成，注意篇幅不要太长。

① 称谓。写明收信人的姓名和称谓（或职务），如尊敬的某某先生、某某女士或某某经理等。

② 正文、结尾。正文主要包括引子，描述对该岗位感兴趣的原因，陈述应聘理由，然后以客套话结尾。

③ 落款和日期：签名和日期。

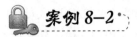

求职信的书写

一、引子部分

"我从2016年11月1日的《××晚报》上获悉贵公司正在招聘人事经理一职,如果公司想寻找一名生机勃勃、充满活力又能熟练处理文字工作的年轻人,我自信能够胜任。"

"刚迈入韶华岁月的我,向往美好的人生,漫漫人生路,我想路在我的脚下,我所盼望的第一步,是能够迈入贵公司的大门。"

二、描述对该职业的理解和感兴趣的原因

"按我的理解,人事经理应当如同企业领导的左膀右臂,具有承上启下的作用,尤其是现代企业所强调的团队合作精神中,应当具备一定的组织能力和号召力。当然,现代企业的人事经理,仅有这些基本素质是远远不够的,还应当具备相当的知识技能、良好的人际沟通能力并熟悉公司人事制度,具有丰富的人事工作经验。"

三、陈述应聘理由

"本人从大学毕业以后,一直从事人事工作,曾先后担任过劳资员、招聘专员、培训主管、人事部经理等职,在长达九年的人事工作生涯中,总结出一套人事管理方案,同时对全套人事运作制度极其了解,并对整个企业如何在短期内建立完整的人事制度特别有经验,自信能够胜任人事经理一职。"

四、结尾

往往是一句客套话,表明自己的诚意,并对公司表示感谢,希望能获得面试的机会。

(资料来源:求职信的一般写法.应届毕业生网.(2017-06-22)[2019-12-25].
https://www.yjbys.com/resumemaker/show-468900.html.)

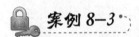

求 职 信

尊敬的经理先生:

您好!本人欲应聘贵公司网站上招聘的网络维护工程师职位。我自信符合贵公司的要求。

今年7月,我将从××大学毕业。我的硕士研究生专业是计算机开发及应用,论文研究内容是Linux系统在网络服务器上的应用。这不仅使我系统地掌握了网络设计及维护方面的技术,又使我对当今网络的发展有了深刻的认识。

在大学期间,我多次获得各项奖学金,且发表过多篇论文。我还担任过班长、团支书,具有很强的组织能力。强烈的事业心和责任感使我能够面对任何困难和挑战。

互联网促进了整个世界的发展,我愿为中国互联网和贵公司的发展做出自己的贡献。

随信附有我的个人简历。如有机会与您面谈,我将十分感谢。

此致

敬礼!

李研

2016年4月3日

(资料来源:网络维护工程师个人求职信.瑞文网.(2019-10-26)[2019-12-25].http://www.ruiwen.com/qiuzhixin/2405709.html.)

（2）写求职信应注意的问题

① 格式和内容符合规范，称谓得当，字迹工整，杜绝错别字。
② 实事求是。
③ 语言简洁，篇幅适度，重点突出，针对性强。
④ 目标职位明确。

8.1.3 了解招聘单位

1. 需要了解的内容

① 招聘单位的性质和规模。
② 管理情况。若管理混乱，一般前途不大。
③ 单位所处行业及业务范围。
④ 所应聘部门以及岗位的情况，注意是否有特殊要求。
⑤ 企业文化。

2. 了解的途径

了解的途径一般分为正式途径和非正式途径。前者如企业的招聘广告等，后者是指从熟人、朋友和往届毕业生那里了解到的信息。通过专业的求职网站，以及相关公司的官网了解，也是比较好的途径。切忌相信不可靠的途径，避免求职陷阱。

对求职者有益的信息源主要包括：本校毕业生就业机构，毕业生就业市场，新闻传媒，社会实践活动，熟人、亲戚和朋友之间的信息交流，或者亲自走出校门寻找信息。

3. 思考你选择这家单位的理由

第一，要思考这家单位是否符合你的择业标准，你是否了解这项工作的需求，是否准备坦诚地回答招聘人员的问题，能否对"为何想到我公司来服务"给出满意的答案，能否让招聘人员既了解你的资历背景，又看到你的发展潜力。

第二，要试着从招聘人员的角度来考虑，你的专业、经验、资历哪一项符合他的要求。可以准备好相关的问题，并罗列出来。例如，这公司/部门有哪些优势，公司面临的最大问题是什么，公司的竞争对手是谁，这次招聘的主要原因是什么，你要应聘的职位是什么。如果能向从事这项工作的老员工了解一些情况就更好了。

4. 分析公司对应聘者的要求

认真阅读相关招聘广告或信息，分析对求职者的各种要求；研究其对工作的描述，看看自己是否符合，有何优势和不足；研究公司对于求职者素质和技能的要求。

8.2 面试礼仪和沟通技巧

【求职礼仪】

> **巧妙的求职沟通**
>
> 阿枫去年参加了某大型国企的校园招聘会,招聘会是在一个大体育场里进行,队伍排到了出口处,每一位应聘者与面试官只有几分钟的交谈时间。如何在这么短的时间里取得面试官的好感,进入下一轮呢?阿枫放弃了常规的介绍,而是着重给面试官介绍自己完成的一个项目,他还引用了导师的评价作为佐证。由于运用了一点小技巧,阿枫顺利通过这种"海选"般的面试。
>
> (资料来源:应届毕业生招聘会自我介绍.范文精粹.(2020-02-05)[2020-02-05].
> http://www.yljxyz.com/ziwojieshao/fanwena_40620.html.)

8.2.1 注意面试礼仪

在求职中仅靠专业知识和热情是不够的,还必须利用面试这个重要环节,让招聘单位认可你。面试礼仪是求职者在与招聘单位接触时应具备的礼貌行为和仪表形态规范。

1. 自我形象设计

自我形象设计是一个人对自己的外在形象,主要是对头部、脸部、着装等进行的整体设计。社会心理学家认为,在公众场合,人们总是趋于关注衣着整洁、仪表大方的人。

(1) 男性

男性最好穿西装打领带,西装价格不必太贵,配上色彩协调的衬衫,注意皮鞋和袜子的搭配。如果没有西装,一般流行的夹克、羊毛衫也可以,但衣服必须干净,色调不要刺眼,以冷色为主。头发和指甲必须整洁,胡子应刮干净。

(2) 女性

女性最好穿套装,适度化妆,注意皮鞋和皮包的搭配,或是浅色的连衣裙配长筒袜。如果穿超短裙或过分暴露的透明衬衫,会使人觉得你不够稳重。

(3) 禁忌

男女都不能在面试时穿 T 恤、牛仔裤、运动鞋。一副随随便便的样子,百分之百是不受人事主管欢迎的一类。如要染发,则注意颜色和发型不可太标新立异。选择平时习惯穿的皮鞋。

2. 面试时的礼仪

① 要留出 20 分钟的富余时间，避免迷路或者堵车。提前 5～10 分钟到达面试地点，以表示求职者的诚意，给对方以信任感，同时也可调整自己的心态，做一些简单的仪表准备，以免仓促上阵，手忙脚乱。为了做到这一点，一定要牢记面试的时间和地点，有条件的最好能提前去考察一下，这样可以观察、熟悉环境，也便于掌握路途往返时间，以免因一时找不到地方或途中延误而迟到。

② 进入面试场合时，如门关着，应先敲门，得到允许后再进去。开关门动作要轻，以从容、自然为好。见面时要向招聘人员主动打招呼，问好致意，称呼应当得体。在主考官没有请自己坐下时，切勿急于落座。同意落座后，要说"谢谢"。坐下后保持良好的体态，切忌大大咧咧，左顾右盼，满不在乎，以免引起考官反感。

③ 在整个面试过程中，要保持举止文雅大方，谈吐谦虚谨慎，态度积极热情。如果主考官有两位以上时，回答谁的问题，目光就应注视谁，并应适时地环顾其他主考官以表示自己对他们的尊重。谈话时，眼睛要适时地注视对方，不要东张西望，显得漫不经心，也不要眼皮下垂，显得缺乏自信。激动地与主考官争辩某个问题也是不明智的举动。有的主考官专门提一些无理的问题试探求职者的耐性，如果"一触即发"，乱了方寸，面试的效果显然不会理想。

④ 面带微笑，脸上带着愉快轻松和真诚的微笑会使你处处受欢迎，因为微笑会显得和和气气，而每个人都乐于与和气、快乐的人一起共事。应该表现出自己的热情，但不要表现得太过分。

【思考与讨论】如果面试迟到了，应该如何补救？

3. 摆脱怯场

【思考与讨论】如何在面试前摆脱或缓解怯场情绪？

① 面试过程中注意控制谈话节奏。进入考场后，如果感到紧张就不要急于讲话，而应集中精力听完提问，再从容应答。一般来说，人们精神紧张的时候讲话速度会不自觉地加快，讲话速度过快既不利于对方听清讲话内容，又会给人一种慌张的感觉。讲话速度过快往往容易出错，甚至张口结舌，进而强化了自己的紧张情绪，导致思维混乱。当然，讲话速度过慢，缺乏激情，气氛沉闷，也会使人生厌。为了避免这一点，一般开始谈话时可以有意识地放慢讲话速度，等自己进入状态后再适当增加语速。这样，既可以稳定自己的紧张情绪，又可以缓和面试的沉闷气氛。

② 回答问题时，目光可以对准提问者的额头。有的人在回答问题时眼睛不知道往哪儿看。魂不守舍、目光不定的人，使人感到不诚实；眼睛下垂的人，给人一种缺乏自信的印象；两眼直盯着提问者，会被误解为向他挑战，给人以桀骜不驯的感觉。如果面试时把目光集中在对方的额头上，既可以给对方以诚恳、自信的印象，也可以鼓起自己的勇气，消除自己的紧张情绪。

8.2.2 面试沟通技巧

在面试交流时应该记住"3P原则"：自信（Positive）、个性（Personal）、中肯（Pertinent）。回答要沉着，突出个性，强调自己的专业与能力，语气中肯，不要言过其实。同时要调整好自己的情绪，在介绍自己的基本情况时面无表情、语调生硬，在谈及优点时眉飞色舞、兴奋不已，而在谈论缺点时无精打采、萎靡不振，这些都是不成熟的表现。对于表达，建议求职者可以先找自己的朋友练习一下，也可以先对着镜子练习几遍，再去面试。

1. 语言技巧

① 口齿清晰，语言流利，文雅大方。交谈时要注意发音准确，吐字清晰。还要注意控制说话的速度，以免影响语言的流畅。为了增添语言的魅力，应注意修辞美妙，忌用口头禅，更不能有不文明的语言。应避免书面语言的呆板，而应使用灵活的口头语进行组织。切忌使用背诵朗读的口吻，如果那样的话，对面试官来说，将是无法忍受的。还要注意声线，尽量让声调听起来流畅自然，充满自信。

② 语气平和，语调恰当，音量适中。面试时要注意语言、语调、语气的正确运用。语气是指说话的口气；语调则指语音的高低轻重配置。打招呼问候时宜用上语调，加重语气并带拖音，以引起对方的注意。自我介绍时，最好多用平缓的陈述语气，不宜使用感叹语气或祈使句。声音过大令人厌烦，声音过小则难以听清。音量的大小要根据面试现场情况而定。两人面谈且距离较近时声音不宜过大，群体面试而且场地开阔时声音不宜过小，以每个主考官都能听清你的讲话为原则。

③ 语言含蓄、机智、幽默。说话时除了表达清晰以外，适当的时候可以用幽默的语言，使双方谈话增加轻松愉快的气氛，也展示自己的优雅气质和从容风度。尤其是当遇到难以回答的问题时，机智幽默的语言会显示自己的聪明智慧，有助于化险为夷，并给人以良好的印象。

2. 回答问题的技巧

① 把握重点、简洁明了、条理清楚、有理有据。一般情况下，回答问题要结论在先，议论在后，先将自己的中心意思表达清晰，然后再做叙述和论证。长篇大论会让人觉得不得要领，因为面试时间有限，如果因为精神紧张，多余的话太多，就容易跑题，进而会将主题冲淡或漏掉。

② 主考官提问总是想了解一些应聘者的具体情况，切不可简单地仅以"是""否"作答。针对所提问题的不同，有的需要解释原因，有的需要说明程度。不讲原委、过于抽象的回答，往往不会给主试官留下具体的印象。

③ 重视案例的作用，回答问题要围绕专业和岗位。在提及优点、特长以及能力的

项目 8　求职和初入职沟通

时候，你可以运用自己的经历来证明，也可以适当引用老师、朋友等的评论来支持自己的描述。但都要坚持以事实说话，少用虚词、感叹词。自吹自擂一般是很难逃过面试官的眼睛的。至于谈弱点时则要表现得坦然、乐观、自信。要投其所好列举成绩，这些成绩必须与现在应聘公司的业务性质有关。在面试中，你不仅要告诉面试官你是多么优秀的人，更要告诉面试官，你如何适合这个工作岗位。那些与面试无关的内容，要舍弃。

④ 面试中，如果对面试官提出的问题，一时不知从何答起或难以理解对方问题的含义，可将问题复述一遍，并先谈自己对这一问题的理解，请教对方以确认内容。对不太明确的问题，一定要搞清楚。这样才会有的放矢，不致答非所问。

⑤ 面试官每年要接待若干名应聘者，相同的问题要问若干遍，类似的回答也要听若干遍，难免会有乏味、枯燥之感。因此，只有具备独到个人见解和个人特色，以及创新思想的回答，才会引起面试官的兴趣和注意。

⑥ 面试遇到自己不知、不懂、不会的问题时，一定不要默不作声、牵强附会或是不懂装懂，诚恳坦率地承认自己的不足之处，反倒会赢得面试官的信任和好感。

⑦ 适当运用肢体语言。回答问题时候，一定要对对方的谈话表示关注，要表示出你在聚精会神地听。一般表示关注的肢体语言是身体前倾。手心向上，两手向前伸出，手要与腹部等高的肢体语言则表示你愿意与对方接近并建立联系。但是，不能随意摆动身体，不要做过分夸张的动作，也不要有额外的小动作。

3. 随机应变

在面试考场上，经常会出现一些出乎意料的情况。例如，面试官问了一些自己没有准备的问题或很离奇的问题等，这时千万不要乱了阵脚，要从容地处理。面试官往往以询问求职者的有关情况作为面试的切入点。这个问题看似简单，其实往往不是所有的人都能应付自如的，有时难免会在出人意料的询问下手足无措、张口结舌。为了检验应聘者的实际工作能力，面试中往往设置"情景"试题，以测试考生的个性特征、办事效率和应变能力。有的时候主考官的问题看似简单，其实并非表面含义，而是另有用意，所以一定要有随机应变能力。

4. 适时告辞

面试不是闲聊，也不是谈判，是陌生人之间的一种沟通。谈话时间长短要因面试内容而定。面试官认为该结束面试时，往往会说一些暗示的话语，如"很感谢你对我们公司这项工作的关注"或"感谢你对我们招聘工作的关心""我们做出决定一定会通知你"等。应聘者在听到诸如此类的暗示之后，就应该主动告辞，告辞时应该感谢对方肯花费时间在自己身上。

【面试交谈方法之具体实例法】

【面试技巧 1-3】

【面试技巧 4-6】

8.2.3 致谢和总结

1. 礼貌致谢

面试结束后,在接到正式面试结果通知以前,应向某一具体负责人打电话或写信,感谢他为你所花费的时间和精力,感谢他为你提供面试机会,同时表示对应聘岗位的极大兴趣,希望早日能得到对方的回音,能为贵单位的发展做出具体的贡献。这样做,不仅是出于礼貌,也是为自己再争取机会,也许你的一封信或是一个电话会给你带来意想不到的结果。

2. 及时总结

要明白被用人单位拒绝也是一种经验。面试结束后,应该及时对本次面试进行回顾和总结,尽量回顾面试的过程和细节,找出失误的地方,对面试中遇到的难题重新考虑,如果下一次遇到,该如何更好地回答。万一通知落选,也不要灰心,要虚心地向招聘者请教有哪些欠缺。这样就可以知道自己到底为什么落选,以便在今后改进,为下一次应聘做更好的准备。

8.3 初入职沟通

8.3.1 做一个受欢迎的职场新人

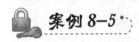

小宋去年从陕西某信息工业技术学院毕业后,到一家工厂从事技术工作。进厂后,领导安排他到车间协助老师傅搞一项技术革新,可他却认为这是"大材小用"。下车间后,他仅仅凭着以往在校学得的一些理论知识,看不起那些具有丰富实践经验的老师傅,引起老师傅的不满和反感,大家开始有意疏远他。

为此,小宋感到很委屈,要求调整工作岗位,但调整后,小宋又感到这个班组的领导不器重他,同事之间的关系越弄越僵。

(资料来源:作者根据相关网络资料整理。)

古人云,天时、地利、人和。对于初入职场的新人来说,天时、地利不如人和。刚参加工作的毕业生,由于社会经验较少,加上长期受校园文化的熏陶,往往带着浓厚的"学生气"。当他们进入新的环境后,如果不能尽快褪去"学生气",就会与新环境的许多事情发生碰撞,从而影响到他们对新生活的适应。那么,毕业生参加工作后,怎样才能尽快褪去"学生气",成为一个受欢迎的企业人呢?

1. 注意第一印象

第一印象在人际交往中所具备的定势效应有很大的稳定性,一个人留给他人的第一印象就像深刻的烙印,很难改变。

① 穿着要得体。不同性质的单位,对服饰与仪表有着不同的审美标准和习惯。新进公司的人要根据工作性质、职位选择适宜的服装。以整洁、大方、顺应潮流为好,不要穿过于时尚、过于休闲的服装,相对保守、正规一些的服装会给人留下好印象。

② 言谈举止要得体。得体的言谈举止应该表现得亲切、热情、有礼貌、有理智、讲道德、讲信用。待人接物中,一方面切忌"傲气",另一方面要避免过于"谦卑",应注意不要过于随便。

2. 尽快了解公司文化、熟悉业务

① 尽快了解公司文化。每个公司都有自己的发展史和企业精神,都有一些成文或不成文的规矩,平时要抓紧时间多翻阅公司的一些材料。多注意观察,会使你少犯错误,少出纰漏。

要想在新职位上脱颖而出,就要跳出部门框架看问题。从公司领导的角度去考虑那些真正与公司整体业务相关的事情。设想如果你是公司的领导,你会怎么做?

② 了解公司的组织方针。首先必须了解公司内部的组织,知道每个单位所负责的工作及主管。除此之外,还要了解公司的经营方针,以及公司的工作方法。这对你日后的工作将大有益处。

③ 尽快学习业务知识。你必须拥有丰富的知识,才能完成领导交代的工作。这些知识与学校所学的有所不同,学校中所学的是理论知识,而工作所需要的是实践经验。

3. 多从他人的角度出发考虑问题

毕业生的特点是比较单纯,进入新环境后还以学生的方式行事,以直接的态度率性而为,结果得到的是不被理解、不被支持、不予合作。这是因为企业人有他们的思维方式,你认为应该的事情,在他们眼里可能是不应该的,于是就会产生误解和抱怨。建议新入职场的毕业生,学会多从他人角度出发考虑问题,不要一厢情愿,只从自己的角度出发考虑问题,这样才会得到大家的认可。

4. 认真做事,但不要过于苛求

工作要紧张有序。刚开始工作,工作量往往不大,不能坐在那里发呆,要设法使自己忙碌起来。例如,翻阅有关的文件、档案资料,搜集整理一些有关的材料等。对于领导交办的工作,应尽心尽力,力争高效、高质量地完成。办公桌要保持干净整洁,文件摆放要井井有条。

初为上班族，对于领导或同事交办的每一件事，不管大小，都要尽力克服一切困难，力求在最短时间内尽善尽美地完成。只有做好每一件事，才能取得领导、同事的好感与信任。

刚参加工作的毕业生往往想一鸣惊人，对领导初次交给的任务，总想高标准完成，以显示自己的实力和才干。结果有时会由于过于追求完美，为自己设定了不切实际的目标，最后使自己陷于被动。其实，做任何事情都有个度的问题，企业强调的是在合适的时间以合适的成本完成工作。建议初入企业的毕业生，要学会了解事情或任务的基线，即它的及格水平，这样就能为自己留出一定的余地，同时不放弃自己的挑战目标，做起事来才能游刃有余。

5. 遇到困难多向老员工请教

刚参加工作的毕业生常常争强好胜，在遇到难题时，会碍于脸面不愿意承认，结果给自己的工作带来不利因素。建议毕业生多向老员工请教，对不懂的事更要表现出虚心的态度，切不可不懂装懂，这样才能尽快被他人接受。要有一种从零做起的心态，放下架子，尊重同事，不论对方年龄大小，只要比你先来公司，都是你的老师，你只有虚心请教，不断学习加上埋头苦干，才能取得工作的成功。

新手初上工作岗位，难免出现差错，下次尽量避免，同时要不断鼓励自己：不论多么伟大的人都会出现差错，这很正常，坚信自己下次会做得更好。

6. 尽快融入团队

应届毕业生容易自恃才高，过于相信自己的能力，而忽视与他人的配合，结果一方面会事倍功半，另一方面会引来他人的"另眼看待"。任何人都是团队的一分子，不能游离于团队之外。建议毕业生尽快熟悉企业文化，认清自己的角色和职责，融入团队，这样才能更多地得到团队的支持，把工作做好。

对于初涉职场的年轻人来说，要学会和人相处，不要过于自信。要多学习前辈的长处，虚心向前辈请教。无论你到了哪个单位，都不要把自己孤立，尤其是在职场。事情不分我的你的，任务不讲我们你们，都是集体的，协调好关系，才能稳中求胜。

如果职场新人与单位领导或同事之间的关系较为紧张，这就会使自己处于一种莫名的不安状态，感到无助，并因此会引起各种情绪反应，如焦虑、悲伤和愤怒等，甚至会对生活产生失望或无望的卑怯心理，这些对人的身体健康都是不利的。

在人际交往的各种冲突中，人们都会经常想到"自己"。但是，如果能够经常想到要自觉地调整好个人行动与社会要求之间的关系，经常想到"自己"与他人的关系，想到"己所不欲，勿施于人，己之所欲，勿损于人"，人际关系就比较好处理了。

另外，要体会、观察别人的需求与感受。由于每个人的动机不同，在人际交往过程中，如果大家都能设身处地地多替别人着想，"将心比心"，可以减少很多误会及不愉快，这也是维持和谐的人际关系的重要方面。

8.3.2 初入职的忌讳

1. 极不合群

职场上未必都要求你性格过分热情开朗或者为人八面玲珑，但是当然也不希望找一个极不合群的职员。如果刚来上班的时候，不和人打招呼，就没有人知道你是几点来的；下班的时候，刚刚人还在，忽然座位上已经没有人了。久而久之，你就会被同事忽略。

2. 太爱表现

太爱表现，很容易引起同事的反感和嫉妒。而且刚入职场的年轻人做事不一定稳当，还是要多听前辈的意见，只要努力做，总能得到大家的肯定。如果太爱表现，很难与同事相处融洽，最终会变成"孤家寡人"。职场新人可以通过平时的学习、积累工作成绩来获得别人的认可，而不必过度表现自己。

3. 推卸责任

有的职场新人不肯承认自己的错误，听不得别人批评，总喜欢推卸责任，这是很不受欢迎的。职场新人开始一两次说自己没经验犯了错没关系，大家都可以谅解，但是一遇到问题就把自己的责任推得干干净净，势必引起旁人反感。在职场中，推卸责任的人本身就不受人尊敬，何况职场新人与周围的环境还没有完全磨合好，这样如何在职场中体现个人的人格魅力呢？

4. 行为怪异

有的职场新人穿着打扮、言行举止怪异，与周围的人格格不入，这样的人很难融入团队。在为人处世上，这些人崇尚简单，有时直奔主题，让同事无法接受。在穿着上，他们一切从简，不讲究生活品位，甚至有些不修边幅：男的满脸胡子，显得一脸沧桑；女的则经常几天不洗头，显得十分不协调。

5. 敷衍了事

有的职场新人来到公司，对于本职工作以及同事或领导交代的事情不认真完成，敷衍了事。职场新人总是要从基本的工作开始做起，在慢慢适应的过程中了解并熟悉整个工作流程。虽然有的工作可能比较单调，有的工作比较困难，但是无论哪一种情况，敷衍了事都是职场新人的忌讳。

6. 不拘小节

有的职场新人特别讲究个性，如有的男生戴耳钉，留长发，牛仔裤上剪几个大洞，包斜挎在身上，走起路来松松垮垮，做事明显带有自我标签，而且喜欢跟随潮流。如果这样的打扮和公司文化不一致，很容易引起同事和领导的反感。

有的职场新人很不懂礼貌。进门自己先进、出门自己先出。领导、同事和他说话时，也不懂得基本的礼仪，往靠垫上一靠，二郎腿一跷，很没有教养。

7. 缺乏主动

很多职场新人就像算盘珠一样，拨一拨动一动，否则就不动，人家不来教他，他也不主动学，就在那儿等别人来教。有些职场新人应聘的时候说自己什么都会干，进入公司之后做错事情却说公司没有培训。作为大学生进入公司之后，一定要让自己处在不断学习的状态，学习别人的经验、学习别人好的处事方法和态度，还有知识方面的更新，要多了解自己所处的行业和所在的公司将会用到的知识。

8. 过于稚气

一些职场新人经历太少，一遇到状况就六神无主。他们依赖心很强，仍旧把自己当成一个学生或者孩子。

应届毕业生刚刚从学校进入企业，总会碰到这样或那样的不适应，在这种时候，不能还像在家里和学校里那样任性、娇气，要听得进善意的批评。

8.3.3 与同事相处的原则

对公司来说，同事之间气氛越好，大家的心情自然越好，工作效率自然越高，领导自然高兴。问题是"一样米养百样人"，人是很复杂的，同事之间要永远一团和气，不过是奢望而已。那么，应该如何处理同事之间的关系呢？

1. 亲密但不能无间

要想在公司工作下去，自然不能把同事关系搞得一团糟，保持友好关系是必需的。但是同事之间毕竟存在竞争，有利益冲突，那就是不能"无间"。否则，当别人了解你的长处与短处，甚至掌握你的隐私时，关键时候就有可能击败你。人往往在没有利益冲突时可以称兄道弟，一旦有利益纷争，就可能反目成仇。

2. 不要与同事形影不离

同一战壕的战友，往往容易"同仇敌忾"，一个人开口骂领导，抱怨工作太多，待遇又差，大多数同事会随声附和。对公司有消极影响的事情，最好要三思而后行，除非你不想在这家公司继续工作。正确的做法是对领导提出自己的见解，如果你的想法独特可行，对公司有利，也会对你个人发展产生积极的作用。

3. 维护自己的工作业绩

要靠工作业绩来证明你的出类拔萃，并不代表要牺牲同事来突出自己。没必要回避你应得的赞赏。要知道，当你得到晋升时，身边最要好的同事圈子也可能散伙，你只要做到问心无愧即可。

思 考 题

1. 求职沟通要做好哪些准备？
2. 谈谈求职礼仪的要求。
3. 初入职的新人要注意什么？
4. 初入职的新人如何尽快融入团队？
5. 党的二十大报告高度重视就业问题，党和政府也不断推出政策鼓励就业。在此背景下，作为新时代的高职院校毕业生，在求职沟通中应展示什么样的职业新风貌？

实 训 项 目

一、角色扮演

甲（1人或多人）扮演面试官，乙扮演应聘者，设定场景进行表演。其余同学点评应聘者的表现，指出其表现良好的地方，纠正其表现不当的地方。

二、面试真题

以下这些问题是招聘时常见的面试问题，该如何回答比较合适呢？分小组讨论并仔细分析这些问题所隐含的意图，并恰当地回答下列问题。

1. 你希望得到多少薪水？
2. 谈谈你自己吧。
3. 如何评价你的优、缺点？
4. 你的兴趣爱好是什么？
5. 你为何想到本公司工作？
6. 你的老师和同学对你的评价如何？
7. 你对以后有什么打算？
8. 谈谈你的家庭情况。

9. 你最崇拜的是谁？

10. 你的座右铭是什么？

11. 谈谈你的一次失败经历。

12. 对这项工作，你有哪些可以预见的困难？

13. 如果我录用你，你将怎样开展工作？

14. 与领导意见不一致的时候，你将怎样做？

15. 我们为什么要录用你？

16. 你作为应届毕业生，准备如何胜任这项工作？

17. 你希望和什么样的领导共事？

18. 你在前一家公司离职的原因是什么？

19. 你有哪些想了解的本职位或本公司的信息？

项目 9 平行沟通

1. 掌握平行沟通的意义和作用；
2. 掌握平行沟通的障碍及其克服方法。

掌握平行沟通的基本技能。

不受同事欢迎的职场行为

一、费力不讨好型

小夏是个能干的姑娘，公司办公室秘书，工作认真负责，但她有个小毛病。一次，小夏刚把经理送走，正专注地打印一份报告，人事部小王来盖章。小夏不得不停下手中的工作，一边看着需要盖章的报表，一边"吼"地打开抽屉，还嘟囔着："上午不是盖过了吗，怎么又要盖章？以后把报表凑到一起再来盖，真烦人！"说完，把盖好章的报表往桌上一放，就去忙自己的事情了。这时，策划部的小张要使用会议室，请小夏把门打开，刚刚坐下的小夏不耐烦地说："说过多少次了，使用会议室要提前打招呼，怎么就是记不住。"说着把登记簿往小张面前一扔，自己拿着钥匙去开门了。小王和小张对视了一下，摇摇头没吱声，但到年底评议的时候，小夏的分数比较低。

二、恶意伤人型

老陈对同事小菲说："你看小骆才干了不到一年时间，就蹦了三个台阶，也太快了吧？像你这样工作能力强、业务精的人怎么就不提拔，还不是因为你只会干工作，让那些不如你的人钻了空子。"本来一向沉默、内心平静的小菲，被老陈这么一说，顿时义愤填膺："没办法，一般有才能的人都有些脾气，不好控制。哪个领导不喜欢乖乖听自己话的。我早就看透了，无所谓。"老陈看到小菲激动的样子，继续煽风点火："别生气，好人难做，无论你怎么努力，也胜不了旁门左道，除非你也练邪门歪功。"小菲愤愤道："咱领导简直就是'岳不群'。"

三、眼红嫉妒型

去年，公司有一个出国进修的名额，这是很多人梦寐以求的。可名额只有一个，最后落到了公关部赵娜的名下。许营对赵娜有了敌意，尽管赵娜从来没得罪过她。许营总是一有机会，就有意无意地打赵娜的"小报告",或者趁赵娜出差之际,找各种借口频频向经理汇报工作,以显示自己的工作能力。那次,她趁赵娜出差,又跑到经理那儿汇报工作:"经理,您看这份订单的数据有问题。"经理问:"是谁统计的?""可能是赵部长吧。"一次,她趁赵娜不在办公室,偷偷拿走了一份重要文件,跑到总经理那儿,问这个文件是不是总经理的。总经理一看,这不是公司刚刚研究过开发某一市场的策划书吗?他问许营是从哪儿发现的,许营说:"是从走廊上捡的。"事后,赵娜因为管理失误,受到公司的通报批评,出国进修的事也泡汤了。后来,许营假装很同情赵娜,向她解释:"赵部长,我捡到这份文件后,本来想给你送去的,可正好碰到总经理,他问我呢,我就顺手给他了。没想到却给你带来麻烦,真对不起。"

四、扰乱情绪型

尽管宁宁知道对桌的老杜是个情绪"污染源",也深深感到受污染的危害,时间长了还是避免不了老杜对自己的影响。渐渐地,宁宁竟然也或多或少地相信老杜的某些言论了。

有一次,老杜又有板有眼地对宁宁说:"你知道吗,这次部门副经理的位置本该是你的,可就因为那个会'发嗲'的小文经常去老总那儿告你的黑状,这个副经理的位子才落到小文手里的。"宁宁半信半疑,却不知怎的,越看越觉得小文的举动挺像老杜说的那样。于是,宁宁处处找碴儿,与小文作对。

(资料来源:作者根据相关网络资料整理。)

【思考与讨论】遇到案例中的各种现象,你认为应该如何应对比较妥当?如何避免重蹈上述案例中的覆辙?

9.1 平行沟通的作用和流程

平行沟通又称横向沟通或水平沟通,指组织内同层级或部门之间的沟通,同事之间就跨部门事务工作进行协商、协调,大多属于平行沟通。

9.1.1 平行沟通的作用

平行沟通处理得好坏,直接影响到企业的运行和个人在职场上的发展。良好的平行沟通有着积极的作用,主要体现在以下几方面。

① 它可以使办事程序、手续简化,节省时间,提高工作效率。

② 它可以使企业各个部门之间相互了解,有助于培养员工的整体观念和合作精神,克服本位主义倾向。

③ 它可以增进员工之间的理解,培养员工之间的友谊,满足员工的社会需要,使员工提高工作热情,改善工作态度。

但是如果平行沟通处理不好,就会造成部门之间、同事之间的相互扯皮,易造成混乱。此外,平行沟通也可能成为员工发牢骚、传播小道消息的一条途径,造成打击团体士气的消极影响。

项目9 平行沟通

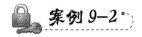

两个部门之间冲突的顺利解决

某公司老总发现公司的财务部和营销部长期缺乏沟通，两个部门因为一些事情经常扯皮，影响了公司的声誉。

一天，他召集两个部门的经理，与他们进行推心置腹的沟通后，才了解问题的症结所在，原来是因为两个部门的下属背地里说对方部门的坏话，才使双方部门长期存在隔阂。财务部说营销部是"烂好人"，总把客户直接带到财务部讨债。财务部为了能把公司的流动资金多周转一次，对外谎称公司账户上暂时没有钱，而营销部的人却故意拆他们的台，说公司账户上明明有钱，让他们马上给钱。

两个部门的经理通过老总细心调解，都进行了自我批评，相互赔礼道歉，表示要严格管束部门下属，团结一致，努力让公司的产品在市场上有个好销量。关于客户付账等涉及两部门流程的问题，也会坐下来好好商讨并制定相应的流程规则，防止冲突再次发生。

从这以后，这两个部门经常密切沟通，工作也逐渐协调了起来。

（资料来源：崔佳颖，2010.360度高效沟通技巧[M].北京：机械工业出版社.）

可见，一个企业如果平行沟通做得不好，不仅影响员工之间的合作和员工的工作积极性，而且不利于企业的声誉，甚至影响企业的长远发展。而良好的平行沟通带来的好处，要远远大于为沟通所付出的努力。

9.1.2 平行沟通的流程

平行沟通以互通有无、争取配合为主要目的，并且在企业内部进行，不同于公关，不同于谈判，应该直截了当，简明扼要。当然这会受到企业文化的影响和制约。只有诚信为本、求真务实的企业文化，才能让员工之间做到直言不讳。规范化管理的平行沟通流程如下。

1. 沟通从工作出发

如果需要沟通，一定是自己感到对方对正在进行的工作不够重视，或是对领导的安排理解不透，妨碍了工作顺利进行。如果你认为只要和对方进行一次沟通就能解决问题，那就应该及时沟通，以求得问题的迅速、圆满解决；沟通失败，才考虑报告领导。因此，沟通一定要着眼于工作。同事之间因工作产生误会而进行沟通也是为了工作。

2. 沟通要遵循制度和流程

为什么沟通要遵循制度和流程呢？目的是要找准沟通的对象。你正在进行的工作遇到了阻碍，问题出在哪个环节，谁是这个环节的负责人，企业的制度或流程一定是有规定的。我们必须遵循各司其职、各负其责的原则开展工作。如果找一个不相干的人进行沟通，一是对方会认为你没事找事，二是你的目的根本达不到。

3. 沟通开宗明义

明确了沟通对象，首先应征询对方是否有空。如果对方正忙于领导交办的一项紧急工作，或正在思考一个创意方案，贸然打断别人，会让对方感到突兀。一旦确定对方时间上方便，就可以直截了当地提出自己的沟通议题，等候对方回应。这里特别要注意的是不要转弯抹角、废话连篇，不仅浪费自己时间，还会给对方留下不好的印象。

4. 征询对方意见

既然找对方沟通，一定是自己觉得对方在解决问题上举足轻重，那就必须虚心听取对方的意见，了解对方对所沟通的工作不配合的原因或存在的困难，或者是对方有了更好的完成任务的创意，正等着你来商议。内部工作沟通不必转弯抹角，但必须尊重他人。听取对方意见时，不宜随意打断，以免分散对方的注意力，影响对方表达。同时要注意，如果你是工作上的佼佼者，更不可盛气凌人，一定要放低姿态。

5. 提出个人建议

待对方陈述个人意见之后，如果你觉得对方言之有理，除了完全接受之外，别忘了表示感谢。沟通目的达到，工作可以继续进行。如果对方提出的建议，在你看来只有部分可取，那也是一个不错的开端。即便对方的建议在你看来没有一条可行，也不要紧，你陈述自己的想法就可以了。

6. 听取对方反馈

在提出与对方不同的意见之后，要特别强调指出："你看看在我提议的基础上你有什么补充？"一是让对方把思路调整到你的建议上来，二是在情感上表达对对方的尊重，让对方转变观念、接受你的建议。对方的反馈必须耐心听取。

7. 双方求同存异

由于年龄、性别、个人经历不同，同事之间在工作方式上存在不同观点是很正常的事情。第一，不必大惊小怪，第二，换个角度从对方的立场考虑问题。在这一点上我们应求同存异，只要工作能够正常进行就可以。说服或者完全迁就对方，以保一团和气，这都是不可取的态度和行为。

8. 问题解决为宜，否则报告领导

是不是所有的沟通都能圆满解决？显然不是。碰到本位主义严重的，很简单的问题都可能被复杂化。万一碰到脑筋不转弯、以自我为中心的人，沟通不畅的时候，除了保持冷静之外，还必须立即报告你们共同的领导，由他来协调。注意，企业内部有分歧很

正常，没有分歧才不正常；再有，那些不合作、不配合他人的个人英雄只有两条路选择：要么他改变，要么他走人。企业绝对不会给他第三条路走。

沟通一定要遵循以诚待人，共同搞好工作，提高效率的原则。

9.2 平行沟通的障碍

【同事请你牵线搭桥做项目】

平行沟通促进了各部门之间的交互作用并影响全体，但随着组织扩大范围及复杂性的增加，尽管发展出许多传达信息的工具，整个组织中真正的团结与合作，还有赖于人们对于信息的理解能力、分享想法的意愿及同事之间的相互尊重等。

9.2.1 障碍的来源

平行沟通的障碍来自以下两个方面。

① 部门化。这是平行沟通的最大障碍，要应对的人和信息量增加，员工为了资源、职位互相竞争；部门为目标奋斗，无视对其他部门或整体组织造成的影响。

② 员工之间的个人冲突。

平行沟通中遇到的障碍的特征及表现见表 9-1。

表 9-1 平行沟通中遇到的障碍的特征及表现

特 征	表 现
没有共同的目标	组织中每个人都有各自的目标，组织没有共同目标
不愿意共享交流	在组织中，平行成员之间很少谈与自己工作有关的话题，生怕与别人交流多了，言多必失；担心说出自己的经验会被别人学去，总是互相提防
本位利益的考虑	在存在业务竞争的组织中尤为明显，甚至会导致部门员工之间相互保密、互相攀比
失去权力的强制	在指挥链中，同级的员工或管理者处于水平位置，相互之间除了平等的沟通之外，不能用命令、强迫、批评等手段达到自己的目的，只能通过建议、辅助、劝告、咨询等方法进行沟通
转移责任给别人	大家经常"踢皮球"，缺乏集体的意识，不能从组织的利益出发，也不愿承担责任

9.2.2 障碍的克服

要实现有效的平行沟通，必须要做到以下几点。

1. 沟通从自我做起

只有尊重对方，对方才会给予同样的回报，彼此尊重，才能进行有效的平行沟通。凡事由自己先做起，率先走出第一步，就会达到自己想要的结果。

2. 不要只考虑本部门的利益

设身处地站在对方的立场考虑。分工是为了合作，彼此同心协力才能提升组织的整体业绩。

3. 做到互利互惠

在沟通时基于互利互惠的原则，强调自己的责任，增加责任感，双方保持平等互惠的原则，才有利于沟通。

4. 促进了解

做一个生活的有心人，注重平时的联系，才能促进彼此的了解，达成有效的沟通。

5. 真诚做人

可以圆融但不能过于圆滑，诚意很重要，否则很难达到理想的沟通效果。

桌子与沟通

美国一家公司非常重视员工之间的沟通与交流。公司管理层发现，公司有些部门的员工，如技术研发、市场营销等部门的员工，在工作中只关注专业分工，缺乏对其他部门信息的了解，容易导致部门之间的隔阂。

于是，他们想出一个办法，把公司餐厅里 4 人用的小圆桌全部换成长方形的大长桌。这是一项重大的改变，因为用小圆桌时，总是那 4 个彼此熟悉的人坐在一起用餐，而改用大长桌后情形就不同了，一些彼此陌生的人就有机会坐在一起闲谈了。

如此一来，研究部的职员就能遇上来自其他部门的行销人员或者是生产制造工程师，他们在相互接触中可以互相交换意见，获取各自所需的信息，而且可以互相启发，碰撞出"思想的火花"。

更重要的是，各部门能够了解其他部门的相关信息，从而做到换位思考，求同存异，避免了不该有的冲突，公司的经营状况得到了大幅度的改善。

（资料来源：崔佳颖，2010.360 度高效沟通技巧 [M]. 北京：机械工业出版社.）

从案例 9-3 中可以看到，对桌子的小改动增加了部门之间的交流，时间长了，人们就会增进彼此的了解，找到更多共同感兴趣的话题，形成团队意识。

9.3 平行沟通的技巧

对于组织而言，平行沟通是组织顺畅运行的关键，平行沟通与合作，没有"应该"和"必须"，只有相互帮忙和愿意帮到什么程度、尽多大力。

对于个人而言，同事之间既是合作关系又是竞争关系，平行沟通要体现出关爱、谅解和互助，语言表达要准确、流畅和生动。要根据不同的人、不同场合选择恰当的沟通方式，使大家互相接纳，和谐共处。

因此，平行沟通应该本着主动、双赢、协作、关心、谦让、体谅的原则，并掌握必要的沟通技巧。

【中层如何做好平行沟通】

9.3.1 主动表达善意

平级的管理者之间在组织机构中处于同等位置，不能用命令、强迫、批评等手段达到自己的目的，只能通过建议、辅助、劝告、咨询等方式进行沟通，类似于普通人之间的日常交往。

人与人之间在刚开始交往的时候，都免不了心存戒心，担心被别人算计，这是十分正常的。部门之间也是如此，虽然都在一家企业里工作，但各部门也有自己的利益，总怕被别的部门先占了便宜，抢走了功劳。这个时候，心胸开阔、有远见的管理者通常会主动表达善意，减少或者打消对方的顾虑，使双方形成良好的互动沟通。

对于新同事，如果手头的工作不甚熟悉，当然很想得到大家的指点，但是心有怯意，不好意思向人请教。这时，我们最好主动去关心和帮助他们，在他们最需要得到帮助之时伸出援助之手，往往会让他们铭记于心，深深地感激你，并且会在今后的工作中更主动地配合和帮助你，切不可自以为是，不把新同事放在眼里，在工作中不尊重他们的意见，这些态度都会伤害对方，使其对你产生厌恶感。

9.3.2 不旁观、不错位

在足球场上，每位球员都要积极主动地相互配合，队友防守出现漏洞时要及时补上，同时还要照看好自己的位置，不能随便改变。

企业组织的各部门在协调沟通的过程中，也要像足球比赛一样，见到空位及时主动补救，不能袖手旁观。平时要主动、有意识地给别的部门提供方便或帮助，当你需要别人配合时，才会有人愿意配合你、协助你。

要做到不旁观、不错位，管理者平时就要去了解其他部门的工作目标，了解其他部门对于自己部门的重要性，了解自己部门对其他部门的影响，还应该了解自己部门怎样配合，双方才能达到共赢。有了这样基本的认知，我们就会清楚，自己应该怎样和他人去配合，沟通就会变得积极主动且恰到好处。

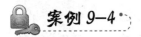

> **树立强烈的补位意识**
>
> 在一次项目完工的剪彩仪式上,有一家房地产公司邀请了总公司五位领导前来剪彩,当五位领导被请上台后,项目总经理发现台下还有一位相当级别的老领导也来了,于是硬把这位领导拉上台,让他也一道剪彩。下面的员工看在眼里,急在心里,眼看就要出洋相了。
>
> 说时迟,那时快,公司办公室主任迅速地从大衣口袋里拿出一把剪子递了上去,一字排开,六位领导喜气洋洋地剪完了彩。所有的人皆大欢喜。一位老员工在惊讶之余,顿生敬佩之情,随即问办公室主任:"你怎么知道还会叫一个人上去?"
>
> "如果总经理再叫一个,我这边口袋还装着一把呢。"
>
> "你小子,还真行。"
>
> (资料来源:郑一群, 2016. 工匠精神 [M]. 北京:新华出版社.)

人在职场,我们不但要把自己的工作做到位,而且还要善于"补位",想他人所未想,你才能随时应对可能发生的各种问题,你才能把"泥饭碗"变为"金饭碗",这样的人一般是不会"下课"的,因为别人的需要就是自己生存的最好条件。

所谓"补位",就是在有人"缺位"的情况下,主动把看似分外的工作暂时承担起来,避免因别人的"缺位"而造成工作上的失误。这既是团队精神的生动体现,也建立了平级部门之间互助互利的友好合作关系。

所谓"不错位",就是要严格遵守职责分工,绝不无故越权去干那些本来不该管、不能管的事情,导致"种了别人的地,荒了自家的田",甚至还可能被说成"狗拿耗子,多管闲事"。

9.3.3 求同存异建交情

俗话说:"物以类聚,人以群分。"不管是做什么工作,只要有共同的话题和兴趣,比较投缘,就可以成为朋友。同级管理者之间既是天然的"合作者",又是潜在的"竞争者"。这是一种微妙的人际关系,必然会产生既渴望"合作",又警觉"竞争"的复杂心理。如果各部门在工作中都考虑到他人的利益,齐心协力促进企业发展,那么组织中的平级沟通就会更为顺畅。

做到求同存异,要求管理者要有宽容博大的胸怀和长远发展的眼光,对平级部门非原则性的不同观点不予过多纠缠,把主要精力放在扩大双方都感兴趣的方面,通过增加共识,建立牢固的合作关系。

项目9 平行沟通

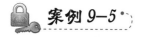

小郑的"霸道"

小刘是某局办公室的"资深"女秘书,因为工作性质的关系,经常和办公室主任组织并参加来自上级主管部门和兄弟单位的各种检查和接待活动。最近她和丈夫准备生一个孩子,因此考虑再三,终于下决心向主任和局长表达自己希望在办公室内部调换岗位的意向。

经过讨论,主任和局长同意了小刘的要求,并安排办公室前年招考公务员时进来的小郑接替小刘原先负责的接待工作。小郑是个小伙子,在小刘的印象中,这是一个嘴巴很甜、很会套交情的年轻人。但自从接替小刘的接待工作后,小刘却开始感到小郑明显比以前"牛气"了很多,有时要小刘配合做一些事情,不经意间就会表现出十足的"指挥"派头。

办公室里别的同事看到小郑这种做派,都很气愤,私下商量要找机会"治治"他。小刘对此自然是一笑了之。

但最近的一件事,却很让小刘"闹心"。在小刘所负责的工作中,有一项是主任以前指派的局里日常开销和常规接待费用的签单,大宗的费用一般是主任自己签单,但还有一些不大不小的单子,通常都会叫小刘来签。

小刘发现,小郑拿来要自己签的单,有一些开支不明不白,虽然额度都不是很大,但日积月累,一年下来也将是一笔不小的数目。小刘对此心里没底。刚开始几次,她刚犹豫要不要签的时候,小郑就会在旁边很不耐烦地催促,说财务那边催得很紧,要小刘赶快签。

有一次,小郑拿来一些发票要小刘签单,小刘审核了一遍,发现其中夹有几张超市的购物发票,上面写的名称是诸如日用品、洗发水甚至不粘锅、电饭煲一类的东西,小刘就拿出来问是怎么回事。小郑非常不耐烦地说:"问这么多干吗?你签就是了。"但小刘这次下决心不做这不明不白的事,就很坚决地只签了她认为没问题的票,而留下那几张超市购物发票。

小郑恼羞成怒,逼着小刘一定要签,小刘说:"我不想签!"小郑最终没了耐心,他指着小刘,恶狠狠地说:"你要为你的行为付出代价的!你要知道这是主任交代要我办的!"说完,拂袖而去。

(资料来源:崔佳颖,2010.360度高效沟通技巧 [M]. 北京:机械工业出版社.)

在案例9-5中,小郑接替小刘的工作后,两人还是同级关系,小郑并没有权力对小刘的工作说三道四。应该说,小刘的决策是明智的,因为面对一些说不清楚用途的购物发票,小刘签了,就要承担相应的责任。小郑因为小刘的质疑而大发雷霆,不但解决不了什么问题,反而会使自己与同事的关系更加恶化。

在平行沟通中,要把握好自身一言一行的分寸,注意以下几点。

① 说话语气平和,用词恰当。常言道,"说者无心,听者有意"。作为一名管理者,必须时刻注意自己的措辞,表达的时候尽量多用"请""谢谢"等中性词或褒义词,少用"你给我……"等命令式语句;表达不同的意见或批评要委婉,切忌直接否定或嘲讽。

② 为人低调，不要自吹自擂。平级之间通常会过高看重自己的价值，而忽视其他人的价值；有功劳，大家都去抢，遇到问题，则尽可能把责任推给别人，这些做法都不利于沟通。要敢于承认自己的不足，从对方的成功中学习经验，聪明的管理者要善于学习别人的长处。对同级部门的支持配合要表示真诚的感谢，通过一个眼神、一声问候，拍一下肩膀都可以表达谢意，这是非常重要的。

③ 不要随意与同事唱反调。与同事谈话，发表个人见解是可以的，但不能一味地唱反调以示聪明。有这种习惯的人，朋友、同事都会疏远他。也许他本来是一个很不错的人，可不幸的是养成了爱与人抬杠、唱反调的习惯，结果别人都不喜欢他。当同事提出一个意见时，即使不赞同，也要表示可以考虑，不可马上反驳。

④ 适当恭维一下同事。在与同事进行语言沟通时，恭维的话说得适当，不仅能加强与同事的关系，还可以避免是非，甚至化解矛盾。爱听恭维话是人的天性，当人们听到对方的赞扬时，心中会产生一种莫大的优越感和满足感，自然也就会高高兴兴地听取对方的意见了。与同事相处，能发现每个人的特长和喜好，恰到好处地恭维，可以起到融洽关系的作用。

9.3.4 相互补台不拆台

俗话说，"宁在人前骂人，不在人后说人"。意思是，别人有缺点或不足之处，你可以当面指出，帮他改正，但是千万别当面不说，背后乱说。

平级沟通也忌讳当面不说，背后乱说。在背后说同事坏话的人，肯定没有好的人缘，因为他的话很容易传出去，他今天说这个同事不好，明天说那个同事不行，凡是有点头脑的人，都会这么想：这次你在我面前说别人的坏话，说不定下次你就可能在别人面前说我的坏话。这样一来，他就成了不可信任的人。

"互相补台，好戏连台；互相拆台，一起垮台。"同级部门之间合作的机会要远远多于竞争，按照博弈论的说法，他们合作的收益要大于不合作的收益。决定他们是否能合作的关键在于双方最初的善意举动，如果一开始双方就相互拆台，破坏彼此之间的信任关系，那么他们就会继续争斗下去，直至两败俱伤；如果双方一开始就表示出合作的态度，逐渐增加彼此的信任感，那么他们就会越来越团结合作。

补台不拆台，要做到"面对面批评，背对背支持"，应做到以下3点。

① 不随意批评同事，这是与同事达到友好沟通的首要原则。不得不批评的时候，要出于善意，婉转地指出。对做得好的地方，应该加以赞扬，这样对方就会心悦诚服地接受。

② 严于律己，宽以待人。不斤斤计较个人得失，对人要忠厚、宽让。

③ 真诚待人，为对方着想。不要动辄以教训的口吻与同事沟通，要注意维护对方的自尊。

9.3.5 不要显示太强的优越感

在日常工作中，有人虽然思路敏捷，口若悬河，但总令人感到狂妄，因此别人很难接受他的观点和建议。这种人多数是因为太爱表现自己，总想让别人知道自己很有能力，处处想显示自己的优越感，获得他人的敬佩和认可，结果却往往适得其反，失掉了在同事中的威信。

在社会交往中，人与人之间理应是平等和互惠的，正所谓"投之以桃，报之以李"。那些谦虚豁达的人总能赢得更多朋友，而那些妄自尊大的人会引得别人反感，最终使自己走到孤立无援的地步，别人都敬而远之，甚至厌恶。在交往中，任何人都希望得到别人的肯定，都在不自觉地维护自己的形象和尊严。如果在谈话中过分显示出高人一等的优越感，那么无形之中是对他人的一种不尊重和轻视，对方的排斥心理乃至敌意也就不自觉地产生了。

9.4 同事之间的情感沟通

作为职场人士，有很大一部分时间要和同事共同度过。来自工作的快乐无关金钱、权力或地位，而是能与人相遇、联络感情、建立友谊，以及分享心中的想法、感受、希望与恐惧，在工作中实现自我价值。同事之间既存在竞争，也存在合作，更存在情感。情感沟通是职场沟通不可或缺的一部分。那么如何做好同事之间的情感沟通呢？

9.4.1 尊重他人，给人留余地

同事之间，最容易得理不饶人，疾言厉色，咄咄逼人。如果发生在公开场合，那么怨恨可能就相当深远了。为人应该宽容，能给人留余地，自己也安乐，况且沟通讲究和颜悦色，说理应说清楚，语气用字不宜带有情绪，否则难免伤人，产生怨恨。

中国人常说"不在其位，不谋其政"，这是尊重别人安全空间、尊重别人的一种方式，能这样，别人安乐，自己也安乐。不过，人际关系十分微妙，所谓"不谋其政"也有广义的解释，同事之间有时候一些无意的动作甚至基于善意的行为，都可能因为彼此职位处于竞争状态，而被解读为有"恶意"。

9.4.2 不要侵害同事的正当权益

在工作岗位彰显自己的专业能力或道德风采，原本无可厚非，但若涉及他人权益，最好先行协同，否则就是"侵权"行为了。

例如，某公司老板体恤员工经常加班到深夜，决定征询大家的意见讨论加班费发放标准，开会时偏偏就出现"马屁精"，发言表示大家主动自发加班是基于对公司的向心力，并不介意是否有加班费，更何况当前市场不景气，公司不减薪已难能可贵，哪还奢求其他福利呢？职场上这样的人必定不受同事欢迎。

9.4.3 善于应对"小人"

职场上难免遇到"小人"，所以如何相处是一门学问。"小人"的一个特征，就是他们都喜欢炫耀自己，专门择人之不为而为之，是自私和虚荣的一种体现，他们永远把自己摆在第一位，会为了一己私利，做出任何有损集体和他人的事情。

职场中常见的"小人"有三种类型，要学会妥善应对。

1. 表里不一，口蜜腹剑型

其实表面上不好接近的人，倒未必是真的不好打交道；最可怕的是表里不一，看不透他心里究竟在想什么的那一类人。如果这类人还有着亲切又有耐心的外表，那么你很有可能没办法在短时间内看清他的真面目，只有经过长期的观察和了解才能分辨。

建议：与这类人交往，要灵活变通。由于他们嘴上一套，心里一套，所以和他们打交道，既不能不听他们说的，又不能完全相信他们说的。如何交往，运用什么策略，采用什么方式，回答什么内容，要根据当时情况灵活变通。与这类人交往，首要的任务是根据各方面的信息分析其真实目的，再对症下药，巧妙引导。

2. 除了挑剔，啥都不会型

有这么一类人，让他自己干，他什么都不行，但看着别人干的活，他却处处都能挑出刺儿来。抱怨这个同事不好，那个同事有问题，问他有什么建设性意见的时候，他要么一问三不知，要么摇头摆手说这不是我的职责。

实际上一个团队里，每个人都有自己的长处和短处，如果拿着放大镜看，谁在工作上都不可避免出差错。但一个健康的团队成员，应当带着善意提醒、建议，而不是恶意指责、攻击，除了制造负面情绪，毫无用处。

建议：这类人用语恶毒，正是要挑起你的怒火。你如果被这些刻薄的挑剔激怒了，让情绪影响到工作状态，从而在工作上出错，那么你就中计了。如果你能够抛开他过分的用词，听一听他究竟在哪些方面进行挑剔，说不定真的可以让你的工作质量有所提升。当你变得更强大的时候，你也就有足够的力量无视他了。

3. 搬弄是非，挑拨离间型

爱打小报告，制造紧张气氛，夸大其词，在你面前讲一套，在别人面前又讲另一套。这类人为达到某种目的，可以用离间法去挑拨同事之间的感情，制造他们之间的不和，以便从中获利。虽然"八卦"这种东西，职场上不可避免，但这类人的可怕之处是，带着不可告人的目的制造一些真真假假的"八卦"，让人防不胜防。

建议：对于这类人，最简单的应对方法就是不听、不说、不答。实在躲不开，"哈哈哈"笑一声或说句"是吗"就打发过去了，不要表露出任何赞同或不赞同的态度。

9.4.4 互相帮助

互相帮忙是人之常情，在同事休假时接手对方的工作，如此善行通常有益于维系工作上的友谊。

但若是你休假时请人代班，就必须把自己紧急的工作先处理好，而不是丢下自己无法处理的事情，要代理人来伤脑筋，久而久之别人就不愿意帮你的忙了，而且会对你的评价大打折扣。

如果不是自己分内的工作就不去碰，但看到可以帮助人的地方，马上主动去询问是否需要帮忙，并且施以援手，这样的人，人缘极佳，受人敬重。

9.4.5 增加人际敏感度

在与人相处时应保持多听、多观察、多学习的态度，应时时注意，何时适合与人交谈，何时该默默走开，何时该开玩笑，何时又该严肃正经。

由于个人生活与工作常难以截然划分，同事偶尔会谈到家庭琐事，不妨也留神倾听或主动关心，但应注意把握分寸，让他认为你是在关心他，而不是在打探他的隐私。

增加人际敏感度，本质上就是真诚地关心他人。

9.4.6 幽默处事

幽默常是建立关系的绝佳妙方，人人都乐意与能令自己开心的人相处，因此幽默不但是打破僵局的好方法，也是自我解围的妙方，在沮丧烦躁之际若能自嘲一番，必能缓解不少压力。

但值得注意的是千万别以他人疮疤为幽默题材，伤害他人，会破坏人与人之间的和谐关系。

思 考 题

1. 什么是平行沟通？平行沟通的作用是什么？
2. 平行沟通的障碍有哪些？怎样实现有效的平行沟通？
3. 平行沟通的技巧有哪些？
4. 请同学们以平行沟通的原则，向你的同学沟通阐述党的二十大报告中的关键点。

实 训 项 目

一、设计沟通方案

你在"成智诚心"公司担任发展部主管,项目部主管秦叶松和你私交不错。有一次,他的一个项目计划希望与"盛源"公司开展合作;恰好该公司老板与你非常熟悉。于是他请你做中间人向这位老板游说一番,你该怎么做?请为此设计一个沟通方案。

提示:如何才能做到公私分明、职责分明,在维护公司利益的同时又不损害友情?

二、案例分析

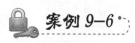

案例 9-6

同事为何不同心

刚上任部门主管的小张,是个心直口快的人,所以经常得罪同事。一次,饮水机没水了,他对同事小刘说:"帮个忙换一桶水吧,就你闲着。"小刘一听不高兴了:"什么就我闲着?我在考虑我的策划方案呢。"小张碰了一鼻子的灰。

有一天,小张跑到销售部,说:"吴经理,你给我把这个月的市场调查小结写一下吧。"吴经理头也没抬,冷冷地说:"当上了部门主管,说话就是不一样。"显然吴经理生气了。小张想,我也没说什么呀。他顺手拿起打印机旁的一份《客户拜访表》,问:"这是谁制的表?"吴经理的助理夺过表格:"你什么意思!"

当天,几个同事在一起谈话,让小张说一说对公司管理的看法。于是小张"竹筒倒豆子",噼里啪啦一吐为快:"我认为目前我们公司的管理非常混乱,有令不行、有禁不止,简直是一个乡下企业。"大家不爱听了,认为小张话里有话,似乎同事们都是坏人,就他一个人是好人。

一会儿同事小汪问小张,某某事情可不可以拖一天,因为手头有更重要的事在做。小张声色俱厉地说:"你别找理由了,这可是你分内的事,反正又不是给我做,你看着办!"小汪也不甘示弱,说:"喂,请注意你的言辞。你以为你是谁呀?我就是没时间!"小张气得发抖,说道:"我怎么了?本来就是这么回事嘛,我不过实话实说。"

不久之后,由于小张与周围同事都相处不好,无法完成领导下达的任务,被降职了。小张不能接受这个事实,于是提出了辞职。临走的时候,他还是想不明白,自己到底怎么得罪了这些同事。

(资料来源:作者根据相关网络资料整理。)

【思考与讨论】小张的问题主要出在哪里?

项目 10　上行沟通

1. 掌握上行沟通的意义和作用；
2. 掌握上行沟通的障碍及其克服方法。

掌握上行沟通的基本技能。

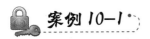

【一分钟了解上行沟通】

做自己的事

丽塔为老板工作了 11 年。一天，她的朋友萨拉问她："为老查理工作，你感觉怎么样？"丽塔回答道："我想还可以，他一般不管我，我多少可以做些自己的事情。"然后萨拉说："哦，你同一份工作干了 11 年，你做得怎么样？你可能会被提升吗？如果你不介意的话，我想说我没有看到你做的事情与公司的运作有关。"丽塔回答道："首先，我确实不知道我做得怎样。查理从来没有告诉过我，但是我一直抱着没有消息就是好消息的态度。至于我做的是什么，以及会对公司的运作有什么贡献，一直没有明确的说法。当我开始做些对公司运作很重要的工作的时候，查理会含糊不清地说一说，仅此而已。我们从来没有很好地交流过。"

（资料来源：作者根据相关网络资料整理。）

【思考与讨论】
1. 丽塔应该如何做好上行沟通？
2. 这个案例给我们以后的工作带来什么启示？

10.1　上行沟通的目的和作用

上行沟通是指组织中的成员、群体通过一定的渠道与决策层进行的信息交流，如下属向领导定期或不定期地汇报工作、反映情况或问题、征求意见等，即自下而上的沟通。

上行沟通的目的就是要有一条让管理者听取员工意见、想法和建议的通道。同时，上行沟通又可以达到管理控制的目的。

上行沟通可以起到以下几点作用。

① 向员工提供参与管理的机会。

② 减少员工因不能理解领导下达的信息造成大的失误。

③ 营造民主的企业管理，提高企业的创新能力。

④ 缓解工作压力。

有效的上行沟通尽管有很多途径，诸如意见箱、小组会议、反馈表等，但这些途径真正发挥的作用关键在于营造上、下级之间良好的信赖关系。

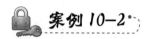

与公司总经理的错误交流

2015年12月，作为分管公司生产经营副总经理的我，得知一项较大的工程项目即将进行招标，由于向总经理电话简单汇报未能得到明确答复，使我误以为被默认同意，而在情急之下便组织业务小组投入相关时间和经费跟踪该项目，最终因准备不充分而成为泡影。事后，在总经理办公会上陈述有关情况时，总经理认为我"汇报不详，擅自决策，组织资源运用不当"，并当着部门全体人员的面给予我严厉批评，我反驳认为是"已经汇报，领导重视不够，是由于责任逃避所致"。由于双方信息传递、角色定位、有效沟通、团队配合、认知角度等存在意见分歧，致使企业内部人际关系紧张、工作被动，造成恶性循环，公司业务难以稳定发展。

（资料来源：案例 . 百度文库 . （2012-12-09）[2019-12-25].https://wenku.baidu.com/view/8a58bf0602020740be1e9b87.html.）

案例10-2从上行沟通的角度来分析，作为生产经营副总经理的"我"存在以下问题。

第一，忽视了正确定位原则。作为分管副总经理，没有努力地争取总经理的全力支持，仅凭自己的主观意见和经验，而没有采取合理有效的分析，拿出具体的实施方案获得沟通批准，使总经理误认为他抢功心切，有越权之嫌疑。

第二，没有运用好沟通渠道。对于结果，没有提前与总经理进行面对面的、及时有效的沟通和总结，而是直接在总经理会议上表达自己的想法，造成总经理在不知情的情况下言语误会，并在之后通过管理者的影响力导致了企业内部的关系紧张。

无论在上行沟通、平行沟通还是下行沟通中，我们都应该学会运用彼得·F.德鲁克（Peter F. Drucker）提出的4项基本沟通原则。

① 沟通是理解力。在沟通时，无论采用任何媒体，第一个必须回答的问题是：这个沟通是在接收者的理解范围之内吗？他能接收到吗？只有被接收到并被理解了的信息才能形成有效的沟通。

② 沟通是期望。人们喜欢听他们想听的话。他们排斥不熟悉和具有威胁性的语言。有效沟通只有通过理解听众的兴趣和期望，才能使他们接受或者从新的角度来看待某个问题。

③ 沟通创造要求。沟通的目的总是要求接收者成为某种人、做某些事、相信某些话。换句话说，发信者通常请求接收者给予注意、理解、支持、信息和其他反馈。最重要的是，沟通需要时间，这是许多人最有价值的东西。因此，在沟通前，你必须问自己：我为什么要在这上面花时间？是什么原因使别人把他们最宝贵的时间给我？在结束时他们相信物有所值吗？

④ 信息不等于沟通。信息和沟通是不同的。在人类历史上有过大量的沟通，但留下的信息却微乎其微。而今天，或许恰好相反，大量的信息使人们不知所措。你何时需要沟通？想传递什么信息？对泛滥的信息，你怎样区分主次？信息不仅需要被传递，还需要被理解、反馈。

10.2 上行沟通的障碍及改善措施

10.2.1 上行沟通的障碍

在管理实践中，信息沟通的成败主要取决于领导与下属之间全面有效的合作。但在很多情况下，这些合作往往会因下属的恐惧心理而形成障碍。在人们的传统观念中，上行沟通通常会被抑制，或者被管理层忽视，所以员工通常害怕进行上行沟通。一方面，如果领导过分威严，给人造成难以接近的印象，或者缺乏必要的同情心，不愿体恤下属，都容易造成下属的恐惧心理，影响沟通的正常进行。另一方面，由于下属自身的畏惧心理，向上沟通时可能会"知而不言，言而不尽"，影响信息沟通。上行沟通的具体障碍如下。

① 在上行沟通的过程中，下属因地位、职务的不同，有一定的心理距离和障碍。

② 下属往往害怕领导打击报复，因而不愿反映真实情况。

③ 管理层次过多，下属的意见不能及时反映到上面。

④ 上行沟通的渠道不畅通，下属缺乏下情上达的机会与途径。

⑤ 领导作风不民主，存在压制下属意见、打击报复等行为，致使下属敢怒而不敢言。

10.2.2 改善上行沟通的措施

上行沟通的特点是非指示性的，自由、参与、授权等方式能促进有效的上行沟通。上行沟通系统面临的主要挑战就是，鼓励员工提出自己的想法。为了更好地鼓励上行沟通,国内外很多知名的优秀企业都想方设法制定了各式各样的"沟通政策",用于保证有效的上行沟通。例如,制定完善的投诉程序;高层领导的开门政策、座谈会或热线电话;电子邮件或音频、视频对话;调查问卷和离职访谈;正式或非正式地参与决策;外聘独立的调查员。下面将重点讨论5项具体的措施。

1. 提问

管理者可以通过提出一些有意思的问题来鼓励上行沟通。这一措施向员工表明管理层对员工的看法感兴趣,希望得到更多的信息,重视员工的意见。问题有很多种形式,但最常见的是开放式问题和封闭式问题。开放式问题引入一个广泛的主题,以不同方式给人们反映问题的机会。相反,封闭式问题聚焦于一个较窄的主题,请接收者提供一个较为具体的答案。无论是开放式问题还是封闭式问题,都能很好地推动上行沟通。

2. 倾听

积极的倾听并不是简单地听,它不仅要用耳朵,而且要用心。有效的倾听有两个层次的功能——帮助接收者既理解字面意思,也理解对方的情感。好的倾听者不仅能听对方说的内容,而且能了解对方的感受和情绪。虽然许多人并没有丰富的倾听者技巧,但可以通过训练来学会倾听。

3. 与员工会谈

实现上行沟通的一个有效办法是与员工进行小组会谈。在这样的会议上,鼓励员工发言,让他们谈论工作中的问题、自己的需要,以及管理中促进或阻碍工作绩效的做法。与员工会谈可深入探究员工内心的问题,在此基础上采取相应的跟进措施,在一定程度上降低辞职率。

4. 开放政策

开放政策是指鼓励员工向他们的主管或更高级别管理层反映困扰他们的问题。通常,员工会先找自己的主管,如果主管不能解决他们的问题,再诉诸更高级别管理层。此政策的目的是消除上行沟通的障碍,但实施起来并不容易,因为在管理者和员工之间常常有真实的和想象的障碍。虽然管理者的门是敞开的,但员工心理上的障碍依然存在,使他们不愿意进门。

对管理者来说,更有效的政策是走出自己的办公室,与员工打成一片。这种做法可描述为走动式管理,管理者以此发起与大量员工的系统性接触。通过走出办公室,管理者不仅从员工中得到重要的信息,并利用这一机会建立支持性的氛围。这种做法使双方都受益。

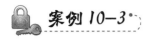

案例10-3

惠普公司的沟通政策

惠普公司的办公室布局采用美国少见的"敞开式大房间",惠普公司的每个人,包括最高主管,都是在没有隔墙、没有门户的大办公室里工作的。尽管这种随时可以见到的做法也有其缺点,但是惠普公司发现这种做法的好处远远超过其不利之处。"开放式管理"政策的目标是惠普管理哲学不可分割的一部分。而且,这种做法鼓励并保证了沟通交流不仅是自上而下的,而且是自下而上的。同时,为了打消企业内部因为等级差异而产生的沟通障碍,惠普公司要求对内不称头衔,即使对董事长也直呼其名。这样有利于沟通,有利于创造无拘束和合作的气氛。

(资料来源:崔佳颖,2010. 360度高效沟通技巧 [M]. 北京:机械工业出版社.)

5. 参加社团活动

非正式的临时举办的娱乐活动,可以为非计划性的上行沟通提供绝好的机会。这些自发的信息交流比绝大多数正式沟通都能更好地反映真实情况。在各个部门的联欢会、运动会等活动中,上行沟通并不是主要目的,但却是它们产生的宝贵的"副产品"。

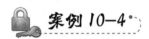

案例10-4

沃尔玛公司的"特色聚会"

沃尔玛公司的股东大会是全美最大的股东大会,每次股东大会,公司都尽可能让更多的商店经理和员工参加,让他们看到公司的全貌,做到心中有数。创始人萨姆·沃尔顿(Sam Walton)在每次股东大会结束后,都和妻子邀请所有出席会议的约2500名员工到自己家里举办野餐会,在野餐会上与员工聊天,大家一起畅所欲言,讨论公司的现在和未来。为保持整个组织信息渠道的通畅,他们还与各工作团队成员全面收集员工的想法和意见,通常还带领所有人参加"沃尔玛公司联欢会"等。

萨姆·沃尔顿认为让员工了解公司的业务进展情况,与员工共享信息,是让员工最大限度地做好其本职工作的重要途径,是与员工沟通和联络感情的核心。而沃尔玛公司也正是借助共享信息和分担责任,满足了员工的沟通与交流需求,达到了自己的目的:使员工产生责任感和参与感,意识到自己的工作在公司的重要性,感觉自己得到了公司的尊重和信任,从而积极主动地努力争取更好的成绩。

(资料来源:崔佳颖,2010. 360度高效沟通技巧 [M]. 北京:机械工业出版社.)

10.3 上行沟通的技巧

在企业管理的实践中,人们发现,能够得到重用和提拔的经理人,往往不一定是企业中最能干的人,但一定是最能得到领导信任的人。怎样与领导进行沟通,才能得到领导的信任和重用呢?

10.3.1 尊重权威

领导要有威信，否则就不能实行真正的领导。管理者的威信主要源自他的人格魅力，但下属对他的尊重，也是提升其威信的一个重要方面。

有的下属经常自以为比别人聪明，在与领导的沟通中，自觉或不自觉地流露出某种优越感，动辄与领导称兄道弟，或随便揭露他的短处，让领导感到很没面子，这种上行沟通的效果可想而知。

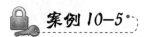

> "同人不同命，成败皆沟通"
> ——朱元璋的两个朋友
>
> 明朝开国皇帝朱元璋，少年时家里很苦，常和一些穷孩子一起放牛砍柴。后来朱元璋做了皇帝，他从前的一些穷朋友还过着很苦的日子，大家听说儿时的伙伴做了皇帝，都想找朱元璋沾点儿光，弄个一官半职。其中有两个与朱元璋小时候相处时间较长的朋友结伴而行，来到南京皇宫中见到了朱元璋。
>
> 第一个穷朋友当着朱元璋的文武官员的面开口说："还记得我们一起割草的时候吗？有一天，我们在芦苇里偷了些蚕豆放到瓦罐里去煮，没等煮熟你就抢蚕豆吃，把瓦罐都打破了，蚕豆撒了一地，你抓了一把撒在地上的蚕豆就往嘴里塞，却不小心连红草叶子也送进嘴了，结果一根草棒卡在喉咙里，卡得你直翻白眼，还是我出的主意，弄了一把青菜叶子放在手上一拍，塞到你嘴里让你咽下去，才把草棒吞了下去，不然，哪有今天啊！"
>
> 朱元璋一听，顿时变了脸，连忙叫武士把他推出去斩首。可怜他官没做成，却成了刀下之鬼。
>
> 朱元璋杀完那个穷朋友，又问同来的另一个穷朋友："你有什么说的？"
>
> 那人连忙答道："想当年，微臣跟随陛下东征西战，一把刀斩了多少'草头王'。陛下冲锋在前，抢先打破了'罐州城'，虽然逃走了'汤元帅'，但却逮住了'豆将军'，遇着'草霸王'挡住了咽喉要道，多亏了'菜将军'帮忙，不然，哪有今天啊！"
>
> 朱元璋听了，顿时心花怒放，夸奖道："这才是寡人的功臣哩！"随即降旨封他做了将军。
>
> （资料来源：崔佳颖，2010. 360度高效沟通技巧[M]. 北京：机械工业出版社.）

10.3.2 服从

作为一名下属，首先要有服从的态度。下属服从领导，是开展工作、保持正常工作关系的前提，是融洽相处的一种默契，也是领导观察和评价自己下属的一个尺度。一个团队中，如果下属不能无条件地服从领导的命令，在达成共同组织目标的过程中，就会产生一些不必要的障碍。所谓服从，也就是说，领导的命令必须服从，下属没有权力判断领导指令的对错，领导的对错只能由他的领导来裁定。下属绝不能自作聪明，认为领导的指令不正确、不合理，就不去执行（明显违法违规不在其列）。

项目10 上行沟通

领导的命令或决定有问题，下属去执行了，即使做错了，领导也不一定会责怪；但反过来情形就不一样了，如果下属没有按照领导的指示去做，即使做好了，领导也不一定满意。

张秘书哪里做错了？

"糟了！糟了！"王经理放下电话，就叫了起来，"那家便宜的东西，根本不合规格，还是原来林老板的好。"狠狠捶了一下桌子，"可是，我怎么那么糊涂，写信把他臭骂一顿，还骂他是骗子，这下麻烦了！"

"是啊！"秘书张小姐转身站起来，"我那时候不是说吗？要您先冷静冷静再写信，您不听啊！""都怪我在气头上，想这小子过去一定骗了我，要不然别人怎么那样便宜。"王经理来回踱着步子，指了指电话，"把电话告诉我，我亲自打过去道歉！"

秘书一笑，走到王经理桌前："不用了！告诉您，那封信我根本没寄。""没寄？""对！"张小姐笑着说。"嗯……"王经理坐了下来，如释重负，停了半晌，又突然抬头："可是我当时不是叫你立刻发出吗？""是啊！但我猜到您会后悔，所以压下了。"张小姐转过身，歪着头笑笑。"压了三个礼拜？""对！您没想到吧？""我是没想到。"王经理低下头去，翻记事本，"可是，我叫你发，你怎么能压？那么最近发南美的那几封信，你也压了？"

"我没压。"张小姐脸上更亮丽了，"我知道什么该发，什么不该发……""你做主，还是我做主？"没想到王经理居然霍地站起来，沉声问。张小姐呆住了，眼眶一下湿了，两行泪水滚落。颤抖着、哭着喊："我，我做错了吗？""你做错了！"王经理斩钉截铁地说。

张小姐被记了一个小过，是偷偷记的，公司里没人知道。但是好心没好报，一肚子委屈的张小姐，再也不愿意伺候这位"是非不分"的主管了。

她跑去孙经理的办公室诉苦，希望调到孙经理的部门。"不急！不急！"孙经理笑笑，"我会处理。"隔两天，公司果然做了处理，张小姐一大早就接到一份解雇通知。

（资料来源：职场秘笈：千万不能让老板靠边站.百度文库.（2019-3-31）[2019-12-25]. https://wenku.baidu.com/view/a772fbb34a73f242336c1eb91a37f11f1850dfa.html.）

一个自作主张的职员，哪怕有时是对的，也很难得到领导的欣赏。案例10-6中的张秘书，自认为"我知道什么该发，什么不该发"，自作主张地去评判领导的各项决策。甚至在自己领导面前说："我那时候不是说吗？要您先冷静冷静再写信，您不听啊！"这种口吻是典型的下行沟通的语气，言语中不经意地流露出"自己比领导还要更高明，还要更有远见"的自负心态。

张秘书已经犯了沟通的大忌。从一开始，王经理就已经被她的自作聪明触怒，而她还不自知，领导的气愤情绪在升级，她依然自说自话。她的语言伤害了领导的自尊心；她自作主张的行为，影响了领导决策的执行力。难怪王经理非常生气，斩钉截铁地说："你做错了！"

执行领导的决策，并不表示就是一个毫无主见的下属，也不表示将失去工作中的活力。下属表现在工作上的活力与干劲，一定要符合领导的要求。否则领导会认为你不够成熟，做事情不思考，自然也不敢把重要的工作交给你。在案例 10-6 中，虽然张秘书按照自己的想法处理了信件，替公司挽回了损失，但是她不遵从领导的决定，没有统一的大局观念。如果公司员工都像她一样没有制度的约束，做什么事情都随心所欲，这个公司用不了多长时间就会垮掉。

10.3.3 把握沟通时机

孔子说："言未及之而言，谓之躁；言及之而不言，谓之隐；未见颜色而言，谓之瞽。"用现在的话说就是：话题还没说到那儿，你就出来发表意见了，这叫毛躁；话题已经说到这儿了，你本来应该自然而然地往下说，可你却吞吞吐吐，遮遮掩掩，这叫有话不说；不看别人的脸色，一上来就说话，这叫"睁眼瞎"。

沟通的合适时机指已经具备沟通的客观环境条件，且双方都愿意进行对话的时候。尤其是与领导进行沟通，更要注意找准时机。例如，一位公司职员向领导要求加薪，但当时领导刚失去一笔生意，心情不好，于是婉言拒绝了他的要求。由于该职员再三坚持自己的主张，领导寸步不让，结果导致一场激烈的争论，最后该职员不得不辞职。因此，在领导情绪低落时，千万不要去打扰他；也不要赶在吃饭的时间去讨论，因为这时领导易分散精力和匆忙地做出决定；领导准备去度假或者度假刚回来，也最好不要去打扰。

把握沟通时机有以下 3 个关键之处。

（1）祝福要在当场表达

当领导达成某种成果时，最好当场坦率地加以称赞。如果你觉得时间很紧，没有及时祝福，想等以后方便时再祝福，很可能会被误认为嫉妒他人的成功，是没有自信的人。错过时机的恭喜，不仅无法传达你的心意，甚至会被当作讽刺或社交辞令。

（2）道歉要在事发当天

如果你与领导有了分歧，即使你认为自己没有错，但是在下班回家的时候，只要一句道歉："今天给你添麻烦了"，第二天，你们的关系就会大为不同。如果你把这件事情放着不管，你就错过和好的机会了。

（3）反馈要比期限还早

有些事情确实是要花时间去做的，但是迅速地响应，会增加领导对你的信赖。听到电话留言，或是收到传真的时候，应该回复一句："我知道了，详细情况明天再谈。"只要尽早给领导答复就可以了。

10.3.4 主动沟通

【为领导出谋划策】

作为下属，不仅工作态度要认真，更重要的是有良好的沟通能力，要争取让自己的才能得到领导的认可，受到领导的器重。通过主动沟通充分展示自己，让领导对你"刮目相看"，这样可以轻松打通你与领导之间良好关系的路径。

案例 10-7

受三任领导喜欢的安静

某公司有一位女职员安静，不显山、不露水，只是公司一位重要领导常过来找她聊聊天。这位领导虽不直接领导安静，但他是公司董事局的成员，他的意见可以直接影响到每一位员工的去留。因此，安静一直稳稳当当地做着一份工作。

后来，那位领导因为个人原因离开了公司，有些人便傻乎乎地认为安静这下没人"疼"了。事实证明根本不是那么回事，不管别人背后说什么，新领导上任3个月，便对安静青睐有加，常在大会、小会上表扬她。安静是个聪明人，自从得到第一次表扬后，她总是能在楼道里、饭厅里适时地与领导巧遇，看似有一搭、无一搭地说些工作上的想法。安静从不多说一句话，反正领导喜欢她，是谁都看得出来的，因为领导一见了她就显得心情特别好。安静工作上的成绩确实也是有目共睹的，当然是不是就真的到了领导认为的那么优秀的程度不好说。反正安静不仅得到了公司年度的最高奖励，并且领导有意提拔她为中层领导，但安静没答应。结果一年后，这位领导又调走了。第三任领导走马上任，征求了一些人的意见后，安静就升职为部门主任。因为前任领导的下属都帮安静说好话。这第三任领导跟前两任一样，见了安静就忍不住地高兴。有些人背后说安静能得到见解不同的三任领导的共同"喜欢"是性格所致。因为安静有"女人味"。这话背后的意思也许不那么高尚，但是那些不服气的人从此也不得不服了，让所有的领导都喜欢，安静能做到，你能吗？这是"智慧"。谁都知道安静的业务是不错，但不错的不仅有她一个人，为什么领导偏偏信任她呢？因为她会审时度势，会制造机会让领导了解自己，进而信任自己。

（资料来源：领导不可怕不要绕着走．百度文库．（2019-04-20）[2019-12-25].
https://wenku.baidu.com/view/7862e2be66ec102de2bd960590c69ec3d5bbdb9b.htm．）

中层干部是一个公司担任着重要职责的人，他既要上传下达，承担领导交付的任务，还要领导本部门的人往前冲，要替"自己"的人谋求"好处"，总之是件挺累心的工作。所以，中层干部尤其应该多与领导交流、沟通，应该让领导随时都知道自己和自己部门在做些什么，进展到了什么程度，做得好不好。所以，常跟领导"唠嗑儿"可以是他们工作的主要内容，而不仅仅是"拍马屁"那么简单。即便是作为一个普通员工，在见到领导的时候，多说一说工作上的事情，告诉领导你想了些什么、想怎么做，一来是表明你对工作很上心，领导自然会认为你是一位敬业的员工；二来他可能给你一些意见和建议，这对你的工作很有好处。毕竟，在一个以市场为导向的公司里，他能坐到领导的位置，就表明他有过人之处，值得学习。

另外，作为下属在与领导主动沟通时应该注意以下问题。

（1）讲真话

我们必须明白，领导最终爱听的始终是真话。因为领导是那个需要对业绩负全责的人，他所追求的是结果。只要对提高团队业绩有好处，即使是反对意见，领导从心底也是接受的。

对领导应该坦诚，不能只拣顺耳的话跟他说。这样表面上看起来不得罪领导，但实际上却很难得到领导的信任。作为一个下属，要取得领导信任，就是要在关键的时候说出你的判断。

有些人害怕惹领导不高兴，总是采取默不作声的态度。只有那些忠诚而有魄力的人，敢于与领导理论，这样才会对领导的决策有帮助，通常这种下属也会有不同常人的前程。

（2）敢于承认错误

有些人怕领导不满意，对自己的错误遮遮掩掩，这样的人是很难取得领导的信任的。长此以往，领导会认为你失职，并且觉得你是一个不能承担责任的人。你只要这样做过一次，他就会对你的诚实产生怀疑。

（3）及时汇报坏消息

有坏消息时，不要隐瞒领导。如果发现有问题，就要勇敢地提出来。不要采取事不关己的态度，可以将你的补救措施告诉领导，和他共同商讨解决问题的方法。

10.3.5 化解领导的误会

当下，随着工作节奏的加快及生存压力的增大，在职场中站稳脚跟变得越来越不易。而在职场中生存，作为下属，或许在不经意之间，你就可能被领导误解了。被领导误解是一件令人郁闷的事。遇到这种情况，如何消除领导对自己的误解呢？案例10-8中小韩的做法值得大家借鉴。

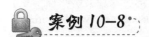

小韩如何消除领导的误解？

小韩在五年前还是基层车间的一名钳工。后来，厂宣传部调来了一位姓方的部长觉得小韩的文笔不错，便顶着压力将小韩调进了宣传部当宣传干事。从此，小韩对方部长的知遇之恩一直铭记在心。两年后，小韩在厂办当了秘书，成了厂办王主任的下属，精明的小韩很快就得到了王主任的喜欢。

没过多久，小韩忽然感到方部长和他渐渐疏远了。一了解，才知现在的领导王主任和从前的领导方部长之间有私人恩怨，因此，方部长怀疑小韩倒向了王主任那边。

其实，引发方部长对小韩误解的"导火索"很简单：在一个雨天，小韩给王主任打伞，没给方部长打伞。这还是很久以后方部长亲口对小韩说的，而事实上小韩从后面赶上给王主任打伞时，确实没有看见方部长就在不远处淋着雨，误解就此产生了。

一气之下，方部长在许多场合都说自己看错了人，说小韩是个忘恩负义的人，谁是他的领导，他就跟谁关系好。小韩其实根本不是这样的人，他也浑然不知发生的这一切。直到方部长在人前背后说小韩的那些话传到小韩耳朵里时，小韩才感到事情的严重性。

对此，小韩自有他的处理原则。

一是让时间做证。

正所谓"路遥知马力，日久见人心"，方部长在气头上说自己是忘恩负义的人，一定是自己在某一方面做得不好，现在向方部长解释自己不是那样的人，方部长肯定听不进去，自己到底是个什么样的人，还是让事实来说话，让时间来检验吧！

二是遵循"解铃还须系铃人"的法则。

方部长误解了自己,还得自己向方部长解释清楚,自己既是"系铃人"也是"解铃人",要化干戈为玉帛,还要靠自己用心努力去做才行。

有了解决问题的原则,小韩采取了以下6种方法努力消除方部长对他的误解。

(1)极力掩盖矛盾。每当有人说起方部长和自己关系不好时,小韩总是极力否认有这回事,他不想让更多的人知道方部长和自己有矛盾。小韩此举的目的是想制止事态的扩大,以利于缓和矛盾。

(2)公开场合注意尊重领导。方部长和小韩在工作中经常碰面,每次小韩都是主动和方部长打招呼,不管方部长什么态度,小韩脸上总是挂着微笑。有时因工作需要和方部长同在一桌招待客人,小韩主动说自己是方部长一手培养起来的,自己十分感激方部长,小韩此举的目的是表达自己始终没有忘记方部长的恩情,又怎么是忘恩负义之人呢?

(3)背地场合注重褒扬领导。小韩深知当面说别人好不如背地褒扬别人效果好。于是,小韩经常在背地里对别人说起方部长对自己的知遇之恩,自己又是如何感激方部长。当然,这些都是小韩的心里话。如果有人背地里说方部长的坏话,小韩知道后则尽力为方部长辩护。小韩此举的目的是想通过别人的嘴替自己表白真心,假如方部长知道了小韩背地里褒扬自己,肯定会高兴的,这样更有利于误解的消除。

(4)紧急情况"救驾"。平时工作中,小韩若知道方部长遇到紧急情况,总是挺身而出及时前去"救驾"。例如,有一次节日贴标语,方部长一时找不到人,小韩知道后,主动承担了贴标语任务。类似事情,小韩一直是积极去做。小韩此举的目的是想重新博得方部长的好感,让方部长觉得小韩没有忘记他,仍是他的下属,有利于方部长心理平衡,消除误解。

(5)找准机会解释前嫌。待方部长对自己慢慢有了好感以后,小韩利用同方部长一同出差开会的机会,与方部长很好地进行了交流。方部长最终还是被小韩的诚心打动,说出了对小韩的看法以及误解小韩的原因——"雨中打伞"的事。小韩听后再三解释当时自己真的没看见方部长,希望方部长不要责怪他。方部长也表示不计前嫌。小韩此举的目的是利用单独相处的机会弄清被误解的原因,同时让方部长在特定场合里更乐意接受自己的解释。

(6)经常加强感情交流。方部长对小韩的误解烟消云散之后,小韩不敢掉以轻心,而是趁热打铁,经常找理由与方部长进行感情交流,或向方部长讨教写作经验,或到方部长家中和他下棋打牌。久而久之,方部长更加喜欢这个昔日的下属了。小韩此举的目的是通过经常性的感情交流增进与老领导之间的关系。

功夫不负有心人。在小韩的不懈努力下,方部长对小韩的误解彻底消除了,反倒觉得以前说的话有点对不住小韩。从那以后,方部长逢人就夸小韩是好样的,两人的感情与日俱增。

(资料来源:职场:被领导误解后的两个处理原则、六个解决方法.360图书馆.(2013-12-02) [2019-12-25]. http://www.360doc.com/content/13/1202/22/10940644_334002953.shtml.)

10.3.6 巧妙应对问责

在沟通过程中,有时我们也会向领导发表反对意见。但是,说"不"需要巧妙表达。喜剧大师卓别林曾说:"学会说'不',生活将会美好得多。"因为不好意思明确表示拒绝,态度暧昧易让人产生误解,甚至产生适得其反的效果。因此,需要指正领导过错时态度要明确,有时可以直截了当,有时需要委婉表达,完全因人因事而定。

案例 10-9

晏子智劝齐王

齐景公酷爱打猎，非常喜欢喂养捉野兔的老鹰。一天，因侍臣烛邹不当心，一只老鹰逃走了。齐景公知道后大发雷霆，命令将烛邹推出去斩首。晏子知道此事后，急忙上堂对齐景公说："烛邹有三大罪状，哪能这么轻易就杀了呢？等我公布完他的罪状后再处死不迟。"齐景公点头同意了。晏子指着烛邹说道："烛邹，你为大王养鹰，却让鹰逃走了，这是你的第一条罪状；你使得大王为了鹰的缘故要杀人，这是你的第二条罪状；把你杀了让天下人都知道大王重鸟轻士，这是你的第三条罪状。"宣布完三大罪状后，晏子对齐景公说："好啦，大王，请处死他吧！"齐景公听了满脸通红，半天才说："不杀了，我懂你的意思了。"

（资料来源：经典人生哲理．手机搜狐网．（2017-08-14）[2019-12-25]. http://m.sohu.com/a/164430233_649824.）

晏子要坚持不能滥杀无辜的原则，如果选择很直接的批评方式，很可能达不到目的。晏子先是顺着齐景公的思路，宣布杀烛邹的理由，然后将不能杀烛邹的道理正话反说，娓娓道来，其高超的思维和语言艺术使齐景公幡然醒悟，并采纳了他的意见。

以下 6 种句型，在遇到领导问责时经常会用到。

① 以最委婉的方式传递坏消息句型："我们似乎碰到一些状况……"你刚刚才得知，一件非常重要的案子出了问题；如果立刻冲到领导的办公室里报告这个坏消息，就算与你无关，也会让领导质疑你处理危机的能力，弄不好还惹来一顿骂，把气出在你头上。此时，你应该以不带情绪起伏的声调，从容不迫地说出本句型，千万别慌慌张张，也别使用"问题"或"麻烦"这一类的字眼；要让领导觉得事情并非无法解决，而"我们"听起来像是你将与领导站在同一阵营，并肩作战。

② 领导传唤时责无旁贷句型："我马上处理。"冷静、迅速地做出这样的回答，会令领导直觉地认为你是一名有效率、听话的好下属；相反，犹豫不决的态度只会让领导产生不快。

③ 表现团队精神句型："安琪的主意真不错！"当别人想出了一条连领导都赞赏的绝妙主意时，你与其拉长脸暗自不爽，不如偷沾对方的光。方法如下：趁着领导听得到的时刻说出本句型。在这个人人都想争着出头的社会里，一个不嫉妒同事的下属，会让领导觉得你本性纯良、富有团队精神，因而对你赞赏有加。

④ 说服领导帮忙句型："这个报告没有你不行啦！"有件棘手的工作，你无法独力完成，非得找个人帮忙不可；于是你找上了那个对这方面工作最拿手的领导。怎么开口才能让领导心甘情愿地助你一臂之力呢？"戴高帽、灌迷魂汤"，并保证他日必定回报；而领导为了不负自己在这方面的名声，通常会答应你的请求。不过，将来有功劳的时候别忘了领导。

⑤ 巧妙闪避你不知道的事句型："让我再认真想一想，3 点以前给您答复好吗？"领导问了你某个与业务有关的问题，而你不知该如何作答，千万不可以说"不知道"。

本句型不仅可以暂时为你解围，也让领导认为你对这件事情很用心、很谨慎。不过，事后可得做足功课，按时给领导答复。

⑥ 不露痕迹地减轻工作量的句型："我了解这件事很重要，我们能不能先查一查手头上的工作，把最重要的排出个优先顺序？"有些工作你干不了，不如当面就推辞。首先强调你明白这项任务的重要性，然后请求领导的指示，为新任务与原有工作排出优先顺序，则不露痕迹地让领导知道你的工作量其实很重，如果非你不可的话，有些事就得延后处理。

思 考 题

1. 什么是上行沟通？上行沟通能起什么作用？
2. 上行沟通的障碍有哪些？如何改善上行沟通？
3. 上行沟通的技巧有哪些？
4. 如何化解领导的误会？

实 训 项 目

一、自我测试

1. 你的上行沟通能力

下列问题在于测试你和领导进行的沟通是否积极，包括正式沟通及非正式沟通。根据你面临的实际情况并依照你同意的程度进行选择。同意程度：1分——非常不同意，2分——不同意，3分——无意见，4分——同意，5分——非常同意。

① 尽管没有重要的事，我也会频繁地和领导沟通。
② 我会时常忙于和领导进行交谈。
③ 我时常赞美领导。
④ 我会关心领导的私人生活。
⑤ 我常和领导分享笑话及有趣的事情。
⑥ 我将领导视为自己的朋友。
⑦ 在社交聚会中，我会制造和领导互动的机会。
⑧ 我曾经和领导一同分享我们过去的经验。
⑨ 当领导遇到难题时，我会给领导鼓励并一起讨论。
⑩ 我曾询问领导对我在组织中工作的看法及建议。

⑪ 我会和领导分享我未来的人生规划。
⑫ 即使不需要，但我还是会找领导来帮忙。
⑬ 我常和领导沟通工作上的事。
⑭ 我在工作上遇到困难时，会寻求领导的帮助。

2. 你说服领导的能力

下列行为测试你说服领导的技巧。"一贯如此"得3分，"经常如此"得2分，"很少如此"得1分。

① 自始至终保持自信的微笑，并且音量适中。
② 选择领导心情愉悦、精力充沛的时候作为谈话时机。
③ 已经准备好了详细的资料和数据以支持我的方案。
④ 对领导将会提出的各种问题胸有成竹。
⑤ 语言简明扼要，重点突出。
⑥ 和领导交谈时亲切友善，能充分尊重领导的权威。

3. 自我测试参考答案

（1）"你的上行沟通能力"答案及评分标准。

50分以上：说明你的上行沟通积极性很高，能够非常主动地与领导进行沟通。

30～50分：说明你的上行沟通积极性一般，有时能够与领导主动沟通，但更多的时候是被动地等待领导与你沟通。

30分以下：说明你的上行沟通的积极性不佳，不善于与领导进行沟通。

（2）"你说服领导的能力"答案及评分标准。

14～18分：你能在工作中自觉地运用沟通技巧，你是一个非常受欢迎的人，你的领导很赏识你。

7～13分：你已经掌握了很多沟通技巧，并已经尝试着在工作中运用。你的领导认为你是一个有潜力的人，但还需不断努力。

0～6分：你应该抓紧时间学习一下和领导沟通的技巧，因为你现在和领导的关系很不融洽。适当地改善沟通技巧，可以帮助你充分发挥自己的才能，去争取更为广阔的发展空间。

二、案例分析

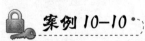

这样的上行沟通存在什么问题？

李明是一家公司的销售分公司经理。很长一段时期以来，李明的分公司总是达不到公司计划的要求，销售员人均销售收入低于公司平均水平，而且李明每月的报告总是迟交。等到年度中期报告后，总公司的总经理决定找他谈谈，并约定了时间。因为分公司离总公司很远，所以李明为了节约时间，选择了电话沟通。

在双方约好的电话沟通时间，总经理打来了电话，然而电话持续了没多久，李明的下属就来找他处理销售部的紧急事务，他不得不挂了电话。等他回来的时候，已经是两小时后，给总经理再打去电话，之前的谈话内容已经无法接上，沟通的效果很不好。

（资料来源：作者根据相关网络资料整理。）

【思考与讨论】案例中的上行沟通存在哪些问题？应该如何改善？

项目 11 下行沟通

1. 理解下行沟通的意义和作用；
2. 掌握下行沟通的障碍及其克服方法。

掌握下行沟通的基本技能。

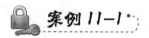

松下幸之助吃牛排

素有"经营之神"之称的松下幸之助有一次在一家餐厅招待客人，一行6个人都点了牛排。等6个人都吃完主餐，松下幸之助让助理去请烹调牛排的主厨过来，他还特别强调："不要找经理，找主厨。"助理注意到，松下幸之助的牛排只吃了一半，心想一会儿的场面可能会很尴尬。主厨来时很紧张，因为他知道请自己的客人来头很大。"是不是牛排有什么问题？"主厨紧张地问。

"烹调牛排，对你已不成问题。"松下幸之助说，"但是我只能吃一半。原因不在于厨艺，牛排真的很好吃，你是一位非常出色的厨师，但我已80岁了，胃口大不如前。"主厨与其他5位用餐者因惑得面面相觑，大家过了好一会儿才明白怎么一回事。"我想当面和你谈，是因为我担心，当你看到只吃了一半的牛排被送回厨房时，心里会难过。"

如果你是那位主厨，听到松下幸之助如此说明，会有什么感受？是不是觉得备受尊重？客人在旁边听见松下幸之助如此说，更佩服松下幸之助的人格并更喜欢与他做生意了。

（资料来源：如何赢得人心？从松下幸之助吃牛排谈起.人民网．（2002-08-15）[2019-12-25].
http://www.people.com.cn/BIG5/shenghuo/78/113/20020815/800540.html．）

11.1 下行沟通的意义及障碍

11.1.1 下行沟通的意义

下行沟通（Downward Communication），指的是对下属提供指导、控制，对业绩进行反馈、解释政策和程序等。由于在公司中的职位不同，领导可能与下属的观点不一致，这是两者相互沟通的严重阻碍。沟通双方的地位很大程度上取决于他们的职位，地位的高低对沟通的方向和频率有很大的影响。

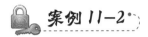

史蒂芬·盖瑟的教训

史蒂芬·盖瑟很早就获得了成功，可谓少年得志。20世纪80年代末期，他刚刚大学毕业，就担任一家大型投资公司的主管。他在洛杉矶西区拥有住宅，又开着一辆奔驰轿车，当时他只有25岁。他说："当时我自认为呼风唤雨，应有尽有，而且我在人前毫不掩饰那种自大的态度。"

"但是，1990年以后美国经济开始萎缩，有一天老板叫我进去对我说：'史蒂芬·盖瑟，你的能力没话讲，可是问题出现在你的态度上。公司没有人愿意与你配合，我恐怕不得不请你离开公司。'"

"真是晴天霹雳，像我这样的成功人士，居然被开除了。我以为'此处不留爷，自有留爷处'，要找一个高薪的主管职位不难，但是我大错特错了。"

"经过几个月求职的挫折，以前那种自大的态度已不存在，现在只剩下厚厚的一层恐惧了。生命中第一次我感到缺乏自信，恐惧紧紧地包围着我。由于我以前的那种待人态度，所以无人可以倾诉。我很孤独。"

从那以后，史蒂芬·盖瑟学会了谦虚。他开始聆听，开始关心除了自己以外的人。他渐渐地了解自己的问题所在，并开始帮助处境比他还糟糕的人。他敞开心扉，变得有人情味、可爱且容易沟通。

他回忆道："我换了一种态度去待人。我觉得自己变了。我的忧郁减轻了，心胸开阔了，我周围的人也注意到了。我的生活品质提升了，即使我已不再拥有豪宅与轿车。"

"3年后我又回到高层主管的职位，只不过这一次，我周围的同事都是我真正的朋友了。"

（资料来源：作者根据相关网络资料整理。）

下属不是管理者宣泄和鄙视的对象，而是并肩作战的伙伴。但是在职场上，下行沟通常常出现问题。管理者在处理各种矛盾时谴责、贬斥、误解下属，或者以"我是领导我怕谁"的态度对待下属，都会把事情弄僵。案例11-2中的史蒂芬·盖瑟的教训就是很好的例子。

11.1.2　下行沟通的障碍

在一家企业中，下行沟通通常存在五大障碍。

1.高高在上，目空一切

许多领导在与下属沟通时，最容易犯的错误就是高高在上。本来领导和下属之间就存在地位、身份上的不平等，有些做领导的还有意无意地扩大这种不平等效应，导致下属在领导面前唯唯诺诺，有话不敢讲，影响了上、下级之间的沟通。有一位私营老板，办公室将近200平方米，大班桌是最大的，大班椅也是最高的，可是在他的办公桌前只放着一把小座椅,下属每次来汇报工作或请示问题,都要毕恭毕敬地端坐在那里,这种俨然"审问"的环境很明显会影响沟通效果。

常见到许多领导在与下属沟通时心不在焉、摆架子,这些都是高高在上、居高临下的表现。高处不胜寒,居高临下,便无法听到不同的声音和见解。

2. 自以为是,不以为然

领导总觉得自己的思想和决策是对的,每当对待一个问题而自己已经有了一定的想法和见解时,就很容易关上自己的心门,不愿意甚至拒绝接受别人的意见。而当听到下属不同的意见和建议的时候,即使口头应承,可内心却根本不当回事,不以为然,我行我素。

3. 先入为主,先声夺人

常见到许多领导同下属沟通时,只见他面对下属如发表演讲滔滔不绝,口若悬河,容不得下属说话。同时,在沟通时对下属本身的能力存有成见,对下属的能力常产生怀疑,因此,下属的好建议便被忽视了。

4. 领导不善于倾听

倾听是沟通过程中最重要的环节之一,良好的倾听是高效沟通的开始。倾听不仅需要有真诚的同理心,还应该具备一定的倾听技巧。居高临下,好为人师;自以为是,推己及人;抓耳挠腮,急不可耐;左顾右盼,虚应故事;环境干扰,无心倾听;打断对方,变听为说;刨根问底,打探隐私;虚情假意,施舍恩赐。以上种种都是影响倾听的不良习惯,要注意避免。

5. 缺乏反馈和双向沟通

反馈是沟通过程中或沟通结束时的一个关键环节。管理者如不注意、不重视或者忽略了反馈和交流,沟通效果便大打折扣。没有反馈的沟通,就不是双向沟通,就无法达成共识。

其实下行沟通并不难,以下是成功沟通的 3 个基本点。

① 对沟通要有真诚的心态。
② 对下属保持开放的态度。
③ 主动创造沟通的良好环境。

11.2 下行沟通的技巧

11.2.1 关心下属、尊重下属

企业经营者应善待下属,把对人的管理放在首位。企业不应再把工人简单地当作劳动力的出卖者,而是当作为完成共同目标而分工不同的合作者,让他们积极参与企业的工作和重大决策，尊重他们的人格，只有这样，劳资双方才能在维护公司利益上取得共识。

人是企业中第一宝贵的因素。只有赢得了人心，才能使"士为知己者用"，从而最终赢得企业的成功。

由此可见，领导只要真正关心、尊重、理解下属，并为其提供成长发展的机遇，就能换来下属对自己的一片赤诚。

1. 微笑

一些领导常常以一种君临天下的姿态对下属耳提面命、指手画脚。有的领导一见到下属便面色端正，不苟言笑，担心自己如果"平易近人"了，会让下属"得寸进尺"，使自己的"威信"打折，影响自己的"权威"地位，因而不对下属"笑一笑"，不让下属"乐一乐"，自己"威风凛凛"，而下属当然只能正襟危坐，不敢多说，不敢多想，主动工作不敢做，创新工作怕出错。

其实，领导的工作态度与下属的工作效率息息相关，倘若领导始终能带着微笑与下属相处，用自己的笑容去影响、感染和激发下属的积极情绪，领导和下属就可以共同创造愉悦和谐、自主宽松、民主平等、积极向上的工作环境，工作效率就会与日俱增。因此，一位好的领导一定会带着微笑去见下属，用自己的笑容去关注每一位下属，肯定每一位下属，使下属的潜力得到充分的释放、能力得到更大的发挥，使领导与下属的合作进入最佳状态，切实提高工作效率。

2. 叫出他们的名字

记住下属的名字，甚至"外号"，使其有种被关注和被重视的感觉。

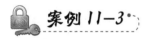

罗斯福叫出机械师的名字

克莱斯勒汽车公司为罗斯福制造了一辆轿车，当汽车被送到白宫的时候，一位机械师也去了，并被介绍给罗斯福，这位机械师很怕羞，躲在人后没有同罗斯福谈话。罗斯福只听到他的名字一次，但他们离开的时候，罗斯福找到这位机械师，与他握手，叫出他的名字，并谢谢他到华盛顿来。

（资料来源：卡耐基，2014. 人性的弱点 [M]. 天津：天津人民出版社.）

当然，记住下属的姓名，并不是一件轻而易举的事，需要下一点功夫，还得有一套方法，主要有以下几点。

（1）当对方介绍姓名时，要聚精会神，并记在心里

有的人虽主动问对方"尊姓大名"，但对方介绍时又心不在焉，对方还未走，就已经忘记了他是谁。有的人记忆力强，有的人记忆力差一点，这是事实。如果记忆力差，可以运用拿破仑三世的方法，说："对不起，我没有听清楚。"让他再说一遍，加深

记忆。还可以在逐字听的时候，一边用每个字组成一个词或者一个词组，来加深记忆。例如，你的下属名叫马胜长，就是马到成功的"马"，胜利在望的"胜"，长命百岁的"长"，这就会使人印象深刻。

（2）记住每个人的特征

人有许多方面的特征，有外形的特征，如眼睛特别大，胡子特别多，前额很突出等；有职业上的特征，如他最擅长某一技术，在某一技术、学识上有受人称道的雅号等；有名字上的特征，有的名字故意用些生僻的字，或者很少用来作名字的字，有的名字与某几个人的名字完全相同，这本来是没有特征的，但可以把"同名共姓"作为一个特征，再把他们区别开来，就容易记忆了。

（3）准备一个人名本

如果是尊贵的客人，切不可当面拿出人名本来，只能背后再记。但对下属，你可以说："我记忆力差，请让我记下来。"下属不但不会讨厌，还会产生一种自重感，因为你真心实意想记住他的名字。为了防止以后翻到名字也回忆不起来，除了记下名字以外，还要把基本情况，如单位、性别、年龄等记下来。这个人名本要经常翻一翻，一边翻一边回忆那一次会见此人的情景。这样，即使很长时间以后再碰到此人，你也可以叫出他的名字。

（4）多与下属接触

百闻不如一见。有不少的领导，一有时间就深入基层，同他的下属一起干活，或一起玩乐，或促膝谈心，或共商良策。这样的领导，不但能叫出下属的名字，连下属在想什么都能说得出来。

3. 对能干的下属给予肯定

【对能干的下属给予肯定】

与有成绩的下属分享喜悦，虚心听取他们的意见，生活中多聊天，关心他们的身体、家庭，适当参与集体娱乐活动，工作中耐心地指导、帮助他们，给予精神与经济上的支持，使其感受到自己的每一次成功和失败、进步与退步，你都在默默关注。

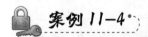
案例 11-4

鸭子只有一条腿

某王府有位著名的厨师，他的拿手好菜是烤鸭，深受王府里的人喜爱，尤其是王爷，更是倍加赏识。不过这个王爷从来没有给予过厨师任何鼓励，使得厨师整天闷闷不乐。有一天，王爷有客从远方来，在家设宴招待贵宾，点了数道菜，其中一道是王爷最爱吃的烤鸭。厨师奉命行事，然而，当王爷夹了一条鸭腿给客人时，却找不到另一条鸭腿，他便问身后的厨师说："另一条腿到哪里去了？"厨师说："禀王爷，我们府里养的鸭子都只有一条腿！"王爷感到诧异，但碍于客人在场，不便问个究竟。饭后，王爷便跟着厨师到鸭笼去查看。时值夜晚，鸭子正在睡觉。每只鸭子都只露出一条腿。厨师指着鸭子说："王爷你看，我们府里的鸭子不全都是只有一条腿吗？"王爷听后，便大声拍掌，鸭子被惊醒，都站了起来。王爷说："鸭子不全是两条腿吗？"厨师说："对！对！不过，只有鼓掌拍手，才会有两条腿呀！"

（资料来源：鸭子只有一条腿.随便看看吧.（2002-08-15）[2019-12-25].
https://www.sbkk88.com/gushihui/guanlixiaogushi/437230.html.）

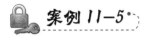

清洁工的单纯动机

韩国某大型公司的一个清洁工，本来是一个最被人忽视的人，却在一天晚上公司保险箱被窃时，与小偷进行了殊死搏斗。事后，有人为他请功并问他的动机时，答案却出人意料。他说，当公司的总经理从他身旁经过时，总会不时地赞美他扫的地真干净。

要使人们始终处于施展才干的最佳状态，唯一有效的方法，就是表扬和奖励，没有比受到领导批评更能扼杀人们积极性的了。在下属情绪低落时，激励奖赏是非常重要的。身为管理者，要经常在公众场合表扬佳绩者，以资鼓励，激励他们继续奋斗。一点小投资，可换来数倍的业绩，何乐而不为呢？

（资料来源：一没晋升，二没加薪，你让我怎么激励下属.搜狐网（2016-08-24）[2019-12-25]. http://www.sohu.com/a/111906535_465346.）

4. 创造良好的工作环境

整洁、富有吸引力、团结、合作的工作环境，使人心情舒畅，乐于工作。下属在工作中偶尔会出一些小问题，如果采取严厉责备的态度，就会造成双方的对立，下属心里受了委屈，对立的情绪很难消除，在今后的工作中心理上就有了排斥情绪。对下属没有了起码的尊重，领导和下属的关系就只有命令和无奈地接受，充满火药味的工作关系迟早会爆发危机。

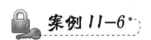

曹操的赏赐

三国时期，曹操为了统一北方，决定北上征服塞外的乌桓。这一举动十分危险，许多将领纷纷劝阻，但曹操还是率军出击，将乌桓打败，基本完成了统一北方的大业。班师归来，曹操调查当时有哪些人不同意北伐计划。

那些人以为要遭到曹操严惩了，一个个都十分害怕。不料，曹操却给了他们丰厚的赏赐。大家很奇怪：事实证明劝阻北伐是错误的，怎么反而得到赏赐呢？

曹操说："北伐之事，当时确实十分冒险。虽然侥幸打胜了，是天意帮忙，但不可当作正常现象。各位的劝阻，是出于万全之计，所以要奖赏。我希望大家以后更加敢于发表不同意见。"之后，大家更加尽心尽力地为他效劳了。

（资料来源：管理故事：曹操虽胜责己.美文网.（2017-06-26）[2019-12-25]. http://www.mw8.com/fanwen/ejmyini.html.）

对下属的建议，要听之，善之。实践证明自己错了，应当实事求是承认错误，绝不可文过饰非，诿过于人。

当领导，要扬人责己，以功归人，这样做才能众望所归，才能聚集天下英才。这样才能营造一个和谐的工作环境，增强团队的战斗力和凝聚力。

5. 宽恕其缺点，并给予帮助

案例 11-7

巴甫洛夫的批评和鼓励

一天，一名学生哭丧着脸走到著名生理学家巴甫洛夫面前，汇报自己一次重要的动物实验失败了。巴甫洛夫说："从你上次实验取得成功时的那种神气，我就知道你这次肯定要失败！"巴甫洛夫严肃地批评了这名沮丧的学生，但同时语重心长地鼓励他："你还年轻，别让骄傲控制了你。"巴甫洛夫还说："当我第一篇科学论文发表时，与其说是高兴，倒不如说有点沉重，因为我想到，在科学的崎岖小路上，要想取得一点点进步，也是不容易的。"

（资料来源：作者根据相关网络资料整理。）

6. 归功于下属

归功于下属就能换来信任与真诚，否则很可能导致离心背德，声名狼藉。管理者是组织者，无论成败都脱不了责任，要敢于承担责任，敢于承认自己的失误与错误。

7. 尊重下属

让下属有参与感。工作的计划、实施、改进，直到完成都应尽可能让下属参与其中，尊重他们的意见和建议，让他们尽可能地去实施。目的是要让他们产生"我很重要"的责任感、使命感、荣誉感，从而全力以赴去工作。

8. 在生活上予以关心

关心下属的生活，一是了解下属的一些具体困难并尽力帮助解决，以增加下属的归属感；二是让下属明白你对他没有恶意，让他知道，衡量一切的标准，就是工作好坏，没有别的标准。

11.2.2 激励下属

【怎样激励下属】

人都渴望被赞赏，一个人受到激励后，其心理处于兴奋状态，就会由被动转化为主动，由"要我做"转化为"我要做"。了解下属的需要，并针对情况予以激励，可以收到很好的效果。

案例 11-8

"我唯一可依靠的财产就是——你们"

1860年，林肯作为美国共和党候选人参加总统竞选，他的对手是大富翁道格拉斯。道格拉斯租用了一辆豪华富丽的竞选列车，车后安放了一尊大炮，每到一站，就鸣炮30响，加上乐队奏乐，声势之大，史无前例。道格拉斯得意扬扬地说："我要让林肯这个乡巴佬闻闻我的贵族气味。"

林肯面对此情此景，一点也不惧怕，他照样买票乘车，每到一站，就登上朋友们为他准备的耕田用的马拉车，并发表这样的竞选演说："有人写信问我有多少财产。我有一个妻子和三个儿子，他们都是无价之宝。此外，还租有一个办公室，室内有一张办公桌，三把椅子，墙角还有一个大书架，架上的书值得每个人一读。我本人既穷又瘦，脸很长，不会发福，我实在没有什么可以依靠的，唯一可依靠的就是你们。"

选举结果让道格拉斯大出所料，林肯获胜，当选为美国总统。

（资料来源：有人问林肯总统有多少财产，他的回答至今仍是经典. 搜狐网（2019-02-06）[2019-12-25]. http://www.sohu.com/a/293550182_556792.）

1. 激励的类型

激励可以分为物质激励和精神激励，更具体地划分，有以下7种激励方式。

① 薪酬激励。以物质利益为诱因，通过调节下属的物质利益来激励下属的方式与手段。

② 荣誉激励。把工作成绩与晋级、提升、选模范、评先进联系起来，以一定的形式或名义标定下来，主要的方法是表扬、奖励、经验介绍等。

③ 工作激励。满意于自己的工作是最大的激励。工作激励包括工作的适应性、工作的意义与工作的挑战性、完整性等。

④ 关怀激励。主要是给下属以生活上的关照。

⑤ 目标激励。根据人们物质和精神利益的正当需求，设置一定的目标作为一种诱因，作为人们对未来的期望，鼓励人们去追求、进取。

⑥ 参与激励。以让下属参与管理为诱因，调动下属的积极性和创造性。

⑦ 竞争激励。利用人们普遍存在的争强好胜的心理，结合工作任务，组织各种形式的竞赛，鼓励竞争，进而激发下属的工作热情。

2. 激励下属士气的十大法则

① 亲自向下属的杰出工作表达感谢，一对一地亲自致谢或书面致谢。

② 花些时间倾听下属的心声。

③ 对个人、部门及组织的杰出表现提供明确的回馈。

④ 积极创造一个开放、信任及有趣的工作环境，鼓励新点子和积极主动性。

⑤ 让每一位下属了解公司的收支情形，公司的新产品和市场竞争策略，讨论每位下属在公司所有计划中所扮演的角色。

⑥ 让下属参与决策，尤其是那些对其有影响的决定。

⑦ 肯定、奖励及升迁等，都应以个人工作表现及工作环境为基础。

⑧ 加强下属对于工作及工作环境的归属感。

⑨ 为下属提供学习及成长的机会，告诉他们在公司的目标下，管理者如何帮助其完成个人目标，建立与每位下属的伙伴关系。

⑩ 庆祝成功：无论是公司、部门或个人的优秀表现，都应举办表彰大会或相关活动。

11.2.3 宽容大度，善于纳谏

作为领导，不仅要对下属予以认可，而且要向他们显示自己的大度，尽可能原谅下属的过失。对于那些无关大局的事情，不要同下属锱铢必较，这是凝聚向心力的重要方法之一。

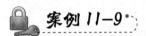

曹操烧书信

公元200年10月，官渡之战刚刚结束。曹操的军队在清理战利品时，发现了一大捆信件。一位官员抱着这些信件匆匆来向曹操汇报："丞相，袁绍仓皇逃跑的时候，扔下了不少东西。其中有一批信件，是京城和我们军营中的一些人暗地里写给袁绍的。"曹操接过来看了看，这些信大都是吹捧自己的敌人袁绍的，有的还表示要离开曹营投奔袁绍。

曹操手下的亲信十分生气，向曹操建议说："这还了得！应该把他们抓起来治罪。"

曹操微微一笑，说："去把这些信统统烧掉。"

众人一听，都愣了。有人轻声地问："那就不查了？"

"不查了。请你们想想，当时袁绍的兵力比我们强那么多，连我都感到不能自保，何况大家呢？"

于是，根据曹操的命令，那些信全部被烧光了。过去那些暗通袁绍的人才放了心，而且暗自惭愧，决心今后更加忠心于曹操。

（资料来源：作者根据相关网络资料整理。）

作为一名出色的领导者，就应该有从谏如流的气量，不但能听取不同意见，而且还能鼓励下属敢于提出不同意见，这于己于人都有好处。如果一味地固执己见甚至刚愎自用，就不可能与下属处好关系，整个团队也就无法步调一致。

从领导角度来说，是否善于听取下属的建议对于调动一个团队的整体积极性很重要。善于听取下属意见，下属才乐于、敢于进言献策。否则就不会有下属愿意顶着领导的压力，冒着被领导穿小鞋的风险去建言献策。

11.2.4 恰当批评

1. 批评是一门艺术

工作中,下属偶尔犯一些错误,给团队带来一定的影响,管理者当然要进行批评、指正,甚至追究责任,给予处分。但是"拉弓未必真放箭",在批评下属时应该掌握一定的方法与技巧。可是不少领导不懂这一点,下属犯了一点小错误,他就当众批评下属。被批评的人不仅听不进批评的内容,反倒会因当众被批评而感到屈辱,在这种屈辱感的强烈作用下,内心会愤愤不平。在这种情况下,是不可能平心静气地进行反省的。

其实,批评的目的是在适当的场合、通过适当的方式促使对方发生转变,而当众对其进行批评,是与批评的目的极不相符的,也根本不可能达到批评的目的。当对方受到这样的批评时,只会认为这是领导在有意给自己难堪,而且在某种程度上还会伤害下属的自尊心。

当你确实要批评下属时,必须注意当时的场合和氛围,在不伤和气,又给人面子的情况下进行批评,并注意批评的言辞不可过于激烈。这是管理者批评下属的原则和方法。

【批评的艺术】

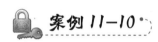

克利曼的批评方式

一天,克利曼照常来到公司,看到桌子上放着一份文件,文件上有很多错别字,而且办公室里很多东西放得很乱,同往常大不一样,明显是秘书没有尽到责任。这种事情出现以后,假如你是当时的克利曼,你会怎样做呢?是批评还是扣她的奖金,或是炒她的鱿鱼?当然,处理这个问题有很多种方法,让我们看一下克利曼是怎样做的。

克利曼对这个秘书一没有批评,二没有扣奖金,他只是用极温和的口气说:"平时你在整理文件时做得非常好,而且好像从来没有出现过错别字,办公室里的工作也做得非常好,这一切使我感到非常满意。但是今天好像有点不如从前了!"

只是这么简简单单的几句话,问题便解决了。第二天,办公室里的一切都变得非常有秩序,甚至比原来的还要好。

事后,克利曼了解到,事发的当天,秘书与她的家人发生了口角,心情不好,因此影响了工作。但通过克利曼一说,她心里有些内疚,明白家里的事情不应该影响到工作。克利曼这一招足以使下属认识到自己的错误,不会让同样的事情再次发生,从而体现了克利曼对下属的关心,也使下属对克利曼充满了感激之情。

(资料来源:打开心扉巧批评.新浪网.(2005-04-25) [2019-12-25].
http://edu.sina.com.cn/j/2005-04-25/1127112391.html.)

从这件小事中,我们看到克利曼巧妙地运用对比的方法批评下属的错误。管理者在遇到此类情形时，不妨借用一下克利曼的对比方法，效果一定不错。

2. 有效的批评方式

经过大量的实践检验，以下是 7 种颇有艺术性的批评方式，管理者应加以灵活运用。

（1）暗示式

如领导发现某位下属迟到了，就指着对方的手表问道："帮我看一下现在几点了？"这就是典型的暗示式批评。

（2）模糊式

如在员工大会上，领导为了整顿劳动纪律，便说："最近一段时间，我们单位的纪律总的来说是好的，但也有个别同志表现较差，有的迟到早退，有的上班聊天……"这里就用了不少模糊语言，如"个别""有的"等。这样既照顾了一些人的面子，又指出了问题所在。

（3）说服式

也就是说，领导在批评别人时，应设身处地替别人着想，如要考虑对方的实际情况和具体情况，同时，需要注意的是，对新员工的要求与老员工也要有所不同，对年轻员工的工作失误也不应只以自己的经验、能力去衡量。

（4）请教式

如领导对一位下属说："如果按你这种做法，这个计划都得重新制订吧？"这个时候，被批评者大多会自动修正自己的错误。

（5）安慰式

这种批评虽严厉，但一定要留有余地，批评之余别忘了给对方一些安慰。作为领导一定不要偏激，给下属留有余地。当下属承认错误的时候，适当安慰几句，这才是健康的上下级关系。

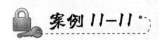

案例 11-11

大师的批评艺术

一次，年轻的莫泊桑向著名作家布耶和福楼拜请教诗歌创作，两位大师一边听莫泊桑朗读诗作，一边喝香槟酒。布耶听完后说："你这首诗，句子虽然疙里疙瘩，像块牛蹄筋，不过我读过更坏的诗。这首诗就像这杯香槟酒，勉强还能吞下。"批评既严厉，却又给了莫泊桑相应的余地。

（资料来源：作者根据相关网络资料整理。）

【三明治式的批评】

（6）三明治式

先表扬，再批评，最后鼓励，这种方式被称为三明治式批评，这种方式会使被批评者愉快地接受批评。这种现象就如三明治，第一层是认同、赏识、肯定对方的优点，中间这一层夹着建议、批评或不同观点，第三层又是鼓励、希望、信任、支持和帮助，使之回味无穷。这种批评法，不仅不会挫伤被批评者的自尊心和积极性，还会使他积极地接受批评，并改正自己的不足。

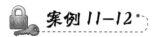
案例11-12

> **三明治式批评**
>
> 某企业老板鉴于给大客户提供的产品质量合格率下降的情况，找到生产部门的相关负责人谈话。以下是采用三明治式的批评方式进行的谈话内容。
>
> "以前产品质量合格率都在98.7%以上，而且公司以你为榜样。但是，近来大客户的3个大订单，都只有80%的合格率，这种合格率将使客户抛弃我们。这些客户虽然现在只占我们10%的销售额，但在未来的半年之内，可能会增加到30%，甚至达到公司整个销售额的半壁江山。因此，如果这些客户抓不住的话，两年以后，公司的整体销售额可能只能维持在今天的状况，而且没有其他的新的客户来。"
>
> "所以，我希望你回去好好检讨一下，为什么产品质量合格率会这么低。我相信，以你之前的那种精神和作风狠抓质量，合格率一定会上升的。"
>
> （资料来源：作者根据相关网络资料整理。）

（7）启发式

这是一种间接的批评，不直接批评人或事，而是针对错误用例证讲明道理，把批评寓于道理之中，让被批评者心领神会，意识到自己的问题，达到批评的目的。

3. 批评中的忌讳

（1）切忌恶语伤人

每个人都有自尊心，领导批评下属同样应在平等的基础上进行，态度上的严厉不等于言语上的恶毒，只有无能的领导才去揭人疮疤。因为这种做法除了让人勾起一些不愉快的回忆外，于事无补；而且除了使被批评者寒心外，旁观的人也一定不会舒服。同时，恰当的批评语言，还可以体现一位领导的心胸和修养。所以，批评下属时绝不可恶语相向，不分轻重。

（2）切忌捕风捉影，主观行事

上面已经谈到，领导批评下属，要使下属达到心悦诚服，没有以权压人，以势压人之感，很重要的一条就是要做到实事求是。这就要求领导心胸豁达，最忌讳神经过敏、疑神疑鬼、听信流言、无中生有，必须牢记"没有调查，就没有发言权"。

（3）切忌喋喋不休，没完没了

有效的批评往往能一针见血地指出问题的实质，使下属心悦诚服，而絮絮叨叨的指责却会增加下属的逆反心理，而且即使他能接受，也会因为你缺乏正确的语言而抓不住错误的症结。所以，如果下属能自我反省，承认错误，就不应苛求。

（4）切忌针对个人，伤及自尊

正确的批评应该做到"对事不对人"，这也是一条被无数事例所验证的法则。虽然错误与犯错误的人密不可分，但对事不对人的批评更容易为下属所接受。

11.2.5 离职沟通

1. 离职沟通的重要性和原则

【坦诚的离职面谈】

离职沟通即与要离职的员工进行的沟通。离职沟通的重要性在于：一方面可以更清楚地了解员工离职的原因，以便以后加强、改善企业管理；另一方面，以真诚友好的方式与离职员工交流，能够改变员工对企业的看法，以致离职后不会对企业进行负面宣传，破坏企业形象。

做好离职员工的沟通是很有必要的，因为离职无外乎两种：一种是被企业辞退，另一种是因对企业不满而自愿离开。

被企业辞退的员工，大部分是因为他不适合在企业工作，因此做好沟通工作很必要，可以指出其在工作中的不适因素，并对其突出表现加以肯定，鼓励他在以后的工作中扬长避短，努力工作；对于自愿离开企业的员工，大多会在离职后抱怨发泄对企业的诸多不满，甚至诋毁企业的声誉，这样必定会给企业造成一定的名誉损失。

如何做好员工离职前的沟通工作呢？首先，要做好面谈的准备，要选择轻松、明亮、愉快的空间，准备好离职人员的基本材料、考核记录，并事先与该员工周围的同事进行沟通，以便正确掌握离职的真正原因，并确定企业挽留员工的底线与方案。其次，掌握面谈的技巧，一般而言，离职者会忐忑不安，一定要营造缓和的气氛，才能与其进行真正的沟通；面谈过程中，应该随时察言观色，设法表示对离职者观点的同意，专注倾听其所抱怨的人或事，我们要多听少说，适当时提问，并做出必要的解释，适时表达希望挽留人才，当其产生防卫心理时，应及时关心他的感受，不要唐突地介入问题，并真诚地感谢他的建议；要将面谈的重点记下来，便于以后的企业管理。最后，做好面谈的分析，针对离职者提出的建议和离职原因提出改进措施和建议，并向领导汇报，以便管理者制定相应的人力资源管理策略。

2. 注意事项

（1）切忌"恋人"变"仇人"

当员工在企业服务时，企业、员工双方关系良好，甚至可以像恋人一样亲密无间；但是一旦员工离职，有些企业就想方设法尽可能地克扣员工，并有意甚至故意设置种种障碍，想一解心头之恨，最终导致企业与员工之间的关系像是仇人一样，完全没有了昔日的美好。

（2）规避离职员工对企业的负面影响力

据调查，一个人的社会关系可以延伸到250人。如果企业视一位离职员工像仇人一样，该员工还会对这个企业心存感激吗？如果员工离职后，都不愿意再谈起这个雇主，不愿意与原企业接触,这不是很失败吗?他可能会在亲朋好友面前发表对企业的负面评论。因为离职员工和企业已经没有利益关系了,又深入了解企业,所以说法有很强的说服力。

(3)重视离职档案管理

企业必须建立规范的员工离职档案并进行分类管理、保密管理,以便定期维护。或许这个员工仍会成为企业的有用资源。

(4)离职沟通不能走形式

重视离职沟通,可以确保员工离职后不损害企业的利益。

11.3 处理下属之间的矛盾

人与人之间的矛盾是普遍存在的。在一个企业里,下属之间的冲突必然会给工作带来严重影响。处理下属之间的矛盾,是管理者经常遇到的事情,也是管理的一部分。那么应该如何处理下属之间的矛盾呢?

11.3.1 不偏不倚

在处理具体矛盾时,管理者必须做到冷静公允、不偏不倚。

单位的领导是下属之间矛盾的最后仲裁者,这个仲裁者要保持权威,必须以公平的面目出现。偏袒会使另一方产生成见,不偏不倚才能团结所有的人。

当然,不偏不倚是建立在维护公司利益的基础上的,公司的利益就是衡量谁是谁非的最高标准。

11.3.2 折中调和

领导在处理下属之间的矛盾时,常常有这样的情况:矛盾双方都有道理,但是失之偏颇,很难明确判断谁是谁非。此时调和、息事宁人是最好的解决方法。

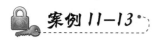

鲁迅讲的故事

鲁迅曾经讲过一个故事:大家都闷在一个黑屋子里,一部分人无法忍受,扬言要掀掉屋顶,而另一部分人坚决反对,认为与其挨雨淋,还不如维持现状,于是大家选择折中,决定开一扇窗户。

11.3.3 "冷处理"与"调离"

处理下属之间的矛盾,需要很高的水平,若处理得好,可以化干戈为玉帛;若处理不当，矛盾会升级至白热化，此时领导就会感到非常棘手。

1. 保持镇静

下属之间出现摩擦时，领导自己首先要保持镇静，如果自己火冒三丈，无异于火上浇油。不妨进行"冷处理"，不紧不慢之中给人以此事不值一提的感觉，人们更相信你会秉公处理，这样效果比较好。

2. 处理公事纠纷，先稳定下属情绪

如果下属因为公事而发生矛盾，此时不能急于同时向两人问话，因为此时双方矛盾正处于顶峰，此时来谈，双方一定会在你面前大吵一顿，让你也卷入"战争"。很可能谁先说一句话，就会造成争论不休。细节问题也难以确定谁是谁非。不妨倒上两杯茶，请他们坐下喝完，让他们先回去，然后分别接见。

分别接见时，请他们平心静气地把事情始末讲述一遍，最好不要插话，也不要妄加批评，着重在淡化事情上下功夫。细节上也不必证明谁说得对，不可明确支持某一方。

不妨这样说："事情嘛，我已经清楚了。双方没有必要吵得这么凶，事情过去了就不要再提了，关键是你们要从大局出发，以后不计前嫌，精诚合作。"经过一段时间冷静之后，双方都有所收敛。这么说，双方就有了台阶可以下。

3. 处理私事纠纷，也慎重处理

如果矛盾纯属私事，也应该谨慎处理，切不可袖手旁观，因为私事上的矛盾也会影响工作。对于私事本身，没必要明察秋毫。因为许多私事看似简单，实则十分微妙，越处理越复杂，甚至会牵扯进来很多旁人。

不妨这样说："我不想知道你们之间的那些事情，但基于工作我要你们通力合作，不允许工作受到私事的影响，希望你们清楚这一点。"有时可以把他们调离，不见面时间长了，矛盾自然会减弱甚至消失。

处理这样的问题，切忌偏袒和自己私人关系较好的一方，一定要公私分明。只有这样才能显示你的公平，赢得下属的信任。

思 考 题

1. 什么是下行沟通？下行沟通的作用是什么？
2. 如何激励下属？如何批评下属？
3. 下行沟通的技巧有哪些？
4. 如何调解下属之间的矛盾？

实 训 项 目

测试你是否是独裁型领导

请对以下问题回答"是"或"否"。

1. 对于咖啡厅、餐厅这一类的生意你是否喜欢?
2. 把决定或政策付诸实施之前,你认为有向员工说明其理由的价值吗?
3. 在管理下属时,与其监督他们,还不如通过规章制度进行管理。
4. 你的下属最近录用了一位新员工,你不介绍自己而先问他的姓名。
5. 你让下属追求流行风气吗?
6. 你一定会把目标及方法在下属工作之前就对他们进行提示。
7. 你认为与下属过分亲近会失去他们对你的尊敬,所以还是远离他们比较好,对吗?
8. 你知道大部分的人都希望星期三去郊游,但是从许多方面来判断你认为还是星期四去比较好,但你认为这个不要自己做主。
9. 无论你想要下属做一件多么小的事情,你一定自己先以身作则,以便他们跟随你做。
10. 你觉得把一个人撤职是件很轻松的事情。
11. 你认为越能够亲近下属,就越能够好好领导他们,对吗?
12. 你的下属挑你做的一个方案的毛病,而这个方案是你花了不少时间来拟定的,你虽然并不生他的气,但是因方案问题依然没有解决而坐立不安。
13. 你赞成处罚犯规者是防止犯规的最佳方案吗?
14. 当你对某一情况的处理方式受到批评时,你认为与其宣布自己的意见是决定性的,不如说服下属请他们相信你更好。
15. 下属在上班时间为了他们的私事而去约会,你是否允许这样?
16. 每位下属都应该对你抱有忠诚之心,你是这样认为的,对吗?
17. 你认为与其自己亲自解决问题,不如任命解决问题的人,对吗?
18. 在一个团体中会发生不同意见是正常的,你赞同这个观点吗?

评价标准

如果1、4、7、10、13、16道题选择的"是"最多,说明你有成为独裁型领导的倾向。
如果2、5、8、11、14、17道题选择的"是"最多,说明你有成为民主型领导的倾向。
如果3、6、9、12、15、18道题选择的"是"最多,说明你有成为放任型领导的倾向。

项目 12　客户沟通

1. 掌握客户沟通的意义和形式；
2. 掌握客户沟通的原则；
3. 掌握客户沟通的禁忌。

1. 掌握客户沟通礼仪的运用能力；
2. 掌握客户沟通的技巧。

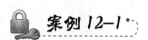

李朋超以诚待客拓市场

李朋超是浙江金融职业学院市场营销专业2013届毕业生，2012年当他还是在校生的时候，就创办了"校中店"——"音乐之声"琴行。他一直秉持"顾客是我们真挚的朋友"的宗旨，把生意做得红红火火。毕业后他在杭州市下沙高教园区创办了"品忆琴行"，主要经营乐器的销售和培训业务，生意越做越大。

李朋超的第一家店开在下沙某高校附近。琴行刚开业的时候，生意特别好，于是有竞争对手采取恶意竞争手段，对客户夸大承诺。

有一天，李朋超不在店里，让店员照料生意。不久来了一位顾客说想学吉他，还说另一家琴行承诺学一期可以达到6级水平。店员为了让这位顾客留下，就给人家承诺一期学下来可以达到8级水平。晚上李朋超回去的时候得知这件事后，非常生气，说："学一期怎么能够达到6级或8级水平？正常也就达到4级水平。你自己教吉他难道不知道吗？怎么能够采用这样不真诚的方式进行营销呢？"李朋超还说，"顾客是我们的朋友。只要你把他们当作朋友，真诚地和他们沟通和讲解，他们才会相信你、相信'品忆琴行'，才会在我们这里消费的。"店员听后，认识到了自己的错误。

从此以后，不论竞争对手采取何种策略，店员都是以真诚的态度对待客户，绝不夸大其词。结果生意越来越好，超过了很多竞争对手。

（资料来源：作者根据真实事件原创。）

【思考与讨论】这个故事对你有什么启示？

12.1 客户沟通概述

12.1.1 客户沟通的意义和形式

客户沟通不但包括业务沟通，而且包括个人的情感沟通。客户沟通不仅是企业领导、销售人员和客户服务人员的工作，也是公司每一位员工的本职工作。与客户建立真诚、信任和尊重的关系，有利于公司的发展，也有利于自身的发展。而我们和客户之间的桥梁是沟通。懂得倾听客户的话语，从客户的话语中可以得知对方是否真正理解了我们的意思；懂得如何说，使客户的尊严得到了维护，并且拉近与客户之间的距离。

1. 客户沟通的意义

客户沟通的意义主要体现在以下几方面。

① 沟通是为了销售或促进销售。
② 沟通是为了更好地了解客户需求。
③ 沟通是为了更好地化解与客户之间的矛盾。
④ 沟通是为了更好地巩固客户及开发客户。
⑤ 沟通是为了更好地与客户建立永久性合作关系。

2. 客户沟通的形式

（1）电话沟通

电话沟通是最常见的且经济又实惠的沟通方式。业务上的电话沟通不要过长，控制在4~6分钟为佳，既要给客户留下印象，又要能说明事情，还不能让客户觉得烦。电话沟通一定要文明礼貌，用词到位。文明礼貌能让客户感到温馨，又容易接受你所提的问题。用词不恰当，就无法达到你所预期的效果。没有特别原因，电话沟通一般不要谈与工作无关的事。与客户电话沟通时应让客户先挂电话，这是基本的商务礼仪。

（2）上门回访沟通

上门回访沟通是最有效的沟通方式之一。上门回访要注意的是个人形象。个人形象体现了对回访的重视程度、回访人的个人素养及专业度。要学会倾听，做客户忠实的听众。沟通其实是在推销自己。要让客户觉得你是一个有智慧、有才学、有诚意的人。只有让客户接纳自己，才是沟通的良好开始。

（3）活动沟通

活动沟通是最有人情味的沟通，如打篮球、联谊活动、登山等。

（4）QQ 或微信沟通

QQ 或微信沟通是一种较休闲的沟通方式。

（5）电子邮件沟通

电子邮件沟通是一种成本低廉而又高效的沟通方式，有时可以代替当面沟通。

（6）礼物沟通

礼物沟通包括送贺年卡、日历及其他一些小礼物。

12.1.2　不同客户的沟通需求

1. 领导和高管

领导一般比较务实。他与你沟通纯粹是工作上的沟通。除身份对等或个人工作魅力以外，他一般不想在你身上花费太多的时间。

高管往往是企业中实力派的代表，所以他不仅有学历而且有经验、有能力。他看重的往往是物超所值这个原理，所以你一定要做到让他觉得"物超所值"。这在企业管理中称为三赢或三得利，即企业双方得利，还有他个人得利。

2. 事业单位与私营企业

客户从性质上可以分为事业单位客户与私营企业客户。

事业单位客户：重人际。他在乎你的身份和地位，一旦认为你是一个不起眼的角色，他就不想和你交往，不想再和你沟通。

私营企业客户：重实务。因为他们工作的不确定性，所以他们一般看重眼前。如果你让他们觉得除了眼前的工作以外，没有别的利益，他们的工作积极性就会下降，沟通就变得困难。

客户不同，需求也不同，沟通的导向也不同，沟通方式自然也不同。

12.1.3　沟通立体化

由于不同的人有不同的时间安排，不同的人有不同的生活习惯，有的人不喜欢接电话，有的人喜欢聊微信或 QQ，有的人喜欢运动，而有的人可能更喜欢面对面地聊天。

这就要求我们在适合的时间，以正确而有效的方式与客户进行沟通，多渠道、多方式、立体化地与客户进行沟通。这样才能使我们与客户更快更好地建立关系，成为长期的客户，成为真正的朋友。

12.2 与客户沟通的原则

与客户打交道免不了要进行交流,因为彼此有利益往来,所以必须要注意交流的方式。初次见面,应尽量给对方一个良好的印象,自我介绍要得体,所用的语言要符合本人的身份,既不能自我炫耀,又不能自我贬低,而是要保持自我本色。

12.2.1 语言表达简明得体

与客户交流时,语言表述简明得体很重要。语言简明会使对方有兴趣和耐心听你讲话,如过分啰嗦则容易使对方产生厌烦感。除了语言简明,说话得体也很重要,不得体的语言会使对方不高兴,甚至造成尴尬的局面。为了能够与客户进行成功的交流,我们一定要注意语言的表达方式。

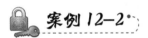

> **外长失言**
>
> 本杰明·富兰克林(Benjamin Franklin)卸任后,托马斯·杰斐逊(Thomas Jefferson)担任了美国第三任总统,这之前他曾是驻法大使。一天,杰斐逊去法国外长的公寓拜访,他们见面之后相互介绍了一番。外长看了看杰斐逊,不假思索地说:"听说您原来是美国驻法大使,现在代替了富兰克林先生当了总统?"
>
> "是接替他,没有人能够代替得了他。"杰斐逊很不高兴地回答。
>
> "是接替,很抱歉。"法国外长知道自己说错了,急忙纠正。
>
> (资料来源:作者根据相关网络资料整理。)

12.2.2 制造轻松和谐的谈话氛围

在与客户交谈的时候,由于双方关系的特殊性,常常导致双方的谈话气氛僵滞,不够轻松、和谐。这时,完全可以寻找其他话题。例如,把一些怪诞的奇闻、有趣的事件当作话题,这样既活跃了气氛,又淡化了彼此的陌生感。

另外,也可以聊一些与日常生活有关的话题,如孩子上学等。家常话并不都是一般的寒暄,它更能引起人与人之间心灵上的共鸣,进而使双方达到心灵上的沟通。

12.2.3 在客户面前要不卑不亢

在人际交往中,说话恭敬、对人客气是一种美德,但是过分的客气和过分的恭维往往会令对方反感。对客户也是这样，即使你想套近乎，也要不卑不亢，才能有好的效果。

1. 切忌过分的恭维

在客户面前，缺乏诚意、千篇一律的客气话，并不能引起对方的好感，特别是听惯了恭维话的大人物，更是如此。他们早已听腻了久仰大名之类的话，你的恭维绝不会增加他对你的好感。

如果你不多加思考，一见到特殊人物就忘乎所以，什么话好听说什么，极尽吹捧之能，恨不得把对方捧到天上，那么你就犯了大忌了。

听惯了恭维话的人早就不把这些话放在心上了；相反，对于过分恭维他的人还会产生一种轻视感，认为对方"不值钱"，从而影响了你在对方心目中的形象，降低了你在对方心目中的地位。

2. 巧用幽默破解僵局

与客户交往的过程中，难免意见不合，产生分歧，双方都坚持自己的立场，于是就出现了僵持的局面。这是我们谁都不愿看到的事情。

既然发生分歧是与客户交往时避免不了的，我们就应该试着去化解分歧。在双方因分歧而僵持不下时，不妨说个笑话，用一段幽默的语言缓和一下紧张的气氛。僵局是谁也不愿意面对的，多数时候客户都愿意见好就收，破解僵局是双方都渴望的。

3. 显得稳重而有风度

大家都知道，给客户的第一印象很重要。你的言谈举止能透露出你的文化素质、知识水平及品格情操等。因此，在与客户交往的时候，要特别注意自己的言谈举止，应尽量显得稳重而有风度。稳重会增加客户对你的信任，风度会增加客户对你的好感。

4. 时刻不忘自己的身份

客户是一种很特殊的交往对象，它与朋友、同事等都不同。要想搞好与客户的关系，必须时刻注意在客户面前的特殊身份，该说什么话，该做什么事，都不能任意妄为，否则你就可能失去客户。

客户是与我们的事业密切相关的，与客户沟通的成功与否，将直接影响到我们的事业发展。因此，我们有必要多动脑筋，掌握与客户沟通的最佳方式与原则，从而更好地与客户沟通。

12.3 客户沟通的礼仪

12.3.1 称谓上的礼仪

无论是打电话沟通还是当面沟通，彼此之间都需要相互称呼，这就产生了称谓上的礼仪要求。称谓千万不要出错，这是客户沟通的基本要求。

有人认为一个简单的称谓不用讲究什么礼仪，其实不然。如果在称谓方面就使对方产生了不悦，那么接下来的沟通就很难产生积极的互动作用。因此，你必须熟悉并掌握与客户沟通时在称谓方面的礼仪。

1. 熟记客户姓名

至少在开口说话之前要了解客户姓名的正确读法和写法。读错或者写错客户的姓名，看起来似乎是一件小事，却将使整个沟通氛围变得很尴尬。如果在见面之前对客户的姓名读音存疑，最好认真查一下字典，确定准确无误的读音之后再与客户联系。如果对客户名片上印着的姓名不能确定，不妨有礼貌地直接向客户询问，而不要想当然地瞎猜。

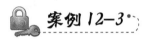

> **失当的玩笑**
>
> 　　一位销售代表走进一家老客户的公司时，看到客户的办公室里有一位年届五十的中年人。当时办公室里的人都称呼该中年人为"老杜"，而且其他客户以为这位销售代表见过此人就没有进行介绍，因此在向"老杜"敬烟时，这位销售代表半开玩笑地说："老杜同志其实不老嘛！太年轻有为了！"
>
> 　　说完这话时，一位与该销售代表比较熟悉的客户使了一个眼色。后来，销售代表才明白，原来那位"老杜"是客户公司从外地挖来的部门经理，因为与其他部门经理年龄相差悬殊，所以大家都叫他"老杜"。虽然这种称谓不会令"老杜"感到尴尬，可是销售代表的说法也不太恰当。
>
> （资料来源：作者根据相关网络资料整理。）

2. 了解清楚客户的职务、身份

任何时候，如果不能确定客户的职务或身份，你可以通过他人介绍或者主动询问等方法弄清这一点。当你把客户介绍给他人，或者与客户进行沟通时，还需要在了解清楚客户职务、职称的基础上注意以下问题。

① 称呼客户职务就高不就低。有时客户可能身兼多职，此时最明智的做法就是使用让对方感到最被尊敬的称呼，即选择职务更高的称呼。

② 称呼副职客户时要巧妙变通。如果与你交流的客户身处副职，大多数时候可以把"副"字去掉，除非客户特别强调。

12.3.2 握手时向客户传达敬意

握手作为一项最基本的社交礼仪，其传达的意义可以非常丰富，可是如果不掌握握手的礼仪与技巧，那就只能代表一种程式化的程序。利用握手向客户传达敬意，引起客户的重视和好感，这是那些顶尖高手经常运用的方式。要想做到这些，需要注意以下几点。

1. 握手时的态度

与客户握手时，必须保持热情和自信。如果以过于严肃、冷漠、敷衍了事或者缺乏自信的态度同客户握手，客户会认为你对其不够尊重或不感兴趣。

2. 握手时的装扮

与人握手时千万不要戴手套，这是必须引起注意的一个重要问题。

3. 握手的先后顺序

关于握手时谁先伸出手，在社交场合中一般都遵循以下原则：地位较高的人通常先伸出手，但是地位较低的人必须主动走到对方面前；年龄较大的人通常先伸出手；女士通常先伸出手。

要注意的是，无论客户年长与否、职务高低或者性别如何，都要等客户先伸出手。

4. 握手时间与力度

原则上，握手的时间不要超过 30 秒。如果面对的是异性客户，握手的时间要相对缩短；如果面对的是同性客户，为了表示热情，可以紧握对方双手较长时间，但是时间不要太长，同时握手的力度也要适中。作为男性，如果对方是女性客户，需要注意 3 点：第一，只握女客户手的前半部分；第二，握手时间不要太长；第三，握手的力度一定要轻。

12.3.3 名片使用讲究多

名片虽小，但是在与客户沟通过程中的影响却不容忽视。如果不注意使用名片时的礼仪，那么本来可以起到"自我延伸"作用的名片，就可能会成为横在你与客户之间的一堵厚墙。而在接受客户的名片时，一些人不讲究礼仪的做法常常会令客户感到不满。使用名片时的礼仪看似细微，可是良好的客户关系往往就在这些细节中微妙地得以体现。

要把与客户交换名片看作一件很重要的事情，因为你的稍许懈怠可能都会被客户理解为自己不被重视。

除了人们通常了解的双手向客户奉上名片、使客户能从正面看到名片的主要内容、双手接住客户递过的名片、拿到名片时表示感谢并郑重地重复客户姓名或职务之外，与客户交换名片时，还应该注意一些其他事项。

1. 善待客户名片

最好事先准备一个像样的名片夹，在接到客户名片后慎重地把名片上的内容看一遍，然后再认真放入名片夹中。既不要看也不看就随便塞入名片夹，也不要折损、弄脏或随意涂改客户名片。

2. 巧识名片信息

除了名片上直接显示的客户姓名、身份、职务等基本信息之外，你还可以通过一些"蛛丝马迹"了解客户的交往经验和社交圈等。例如，客户名片上印有的公司电话号码前是否有区号，如果没有，那么很可能说明他们通常只在本区域内活动；如果客户公司的电话号码前有区号，但没有"86"这一代表我国的国际长途区号，那就说明客户的业务往来大多属于国内范围。

通常客户的名片上不会印有住宅电话，如果上面有住宅电话，不妨用心记住，这将有助于今后更密切地展开联系。

3. 对名片进行分类

这主要包括两方面的工作。

① 对自己的名片进行分类。这主要是针对身兼数职的人而言的。如果由于工作关系头衔较多，不妨多印几种名片，面对不同的客户选择不同的名片。

② 根据自身需要对客户的名片进行分门别类。这样既可以在你需要时方便查找，也会使你的名片夹更加整齐、有效。

12.3.4　不可忽视地方风俗和民族习惯

如果你要去拜访外地的客户，或者知道客户不是本地人，那就需要了解清楚客户所在地是否具有某种特别的礼仪要求，或者客户所在地的风俗习惯，或所属民族的特殊习惯等。例如，如果得知客户是回族，那在谈话时就注意不要提他们特别忌讳的事情，吃饭时要尽可能地选择清真饭店。

12.3.5　以客户为谈话的中心

一定要把客户放在你一切努力的核心位置上。时刻以客户为中心，摆正自己与客户之间服务与被服务的关系。不要以你或你的产品为谈话的中心，除非客户愿意这么做。

这是一种对客户的尊重，也是赢得客户认可的重要技巧。此时，你必须摆正自己的位置，即明确自己扮演的角色和行动目标——满足客户的需求，为客户提供最满意的产品或服务。

这就需要你在与客户沟通的任何时候务必以对方为中心，放弃自我中心论。例如，当你请客户吃饭的时候，应该首先征求客户的意见，他爱吃什么，不爱吃什么，而不能凭自己的喜好，主观地为客人点菜。

如果客户善于表达，那就不要随意打断对方说话，但要在客户停顿的时候给予积极回应，如夸奖对方说话生动形象、很幽默等。如果客户不善于表达，也不要只顾着自己滔滔不绝地说话，而应该通过引导性话语或者适当的询问让客户参与到沟通过程中。

12.3.6 相互交流时的礼仪

与客户进行交流时，要注意说话和倾听的礼仪与技巧，无论是说话还是倾听都要全神贯注，说话时要关注客户的反应，倾听时要注意客户传达的信息。要在说与听的同时，让客户感到被关注、被尊重。

1. 说话时的礼仪与技巧

① 说话时始终面带微笑，表情要尽量柔和。
② 沟通时看着对方的眼睛。
③ 保持良好的站姿或坐姿，即使和客户较熟也不要过于随便。
④ 与客户保持适当的身体距离，距离太远显得生疏，距离太近又会令对方感到不适。
⑤ 说话时，音高、语调、语速要合适。
⑥ 语言表达必须清晰，不要含糊不清。
⑦ 想要引起客户特别注意的地方，要加以强调。
⑧ 如果客户没听清你的话，应耐心加以解释，并为自己没有说清楚而表示歉意。

2. 听客户谈话时的礼仪与技巧

① 客户说话时，必须保持与其视线接触，不要躲闪也不要四处观望。
② 认真、耐心地聆听客户讲话。
③ 对客户的观点表示积极回应。
④ 即使不认同客户观点，也不要与之争辩。

项目12 客户沟通

12.4 客户沟通的技巧

12.4.1 给客户留下良好的印象

在现实生活中,人们都有一种共识,就是喜欢和有修养、会说话、会办事、有分寸的人打交道。在与客户交流时,如果能给客户留下良好的印象,自然就容易沟通了。那么,怎样才能给客户留下良好的印象呢?

1. 仪容整洁

与客户交流时,仪容整洁是关键。保持整洁的仪容会使客户对你产生好感,同时也会让自己心情舒畅,信心百倍。

2. 衣着大方

见客户时,穿着打扮一定要得体大方,给人以耳目一新的感觉,不要奇装异服。男性一般以西装为主,其他配饰(皮包、手套等)不要过于华丽或寒酸。

有一位著名企业家对职场着装总结出10条建议,不妨参考一下。

① 业务员应当穿西装或轻便西装。
② 业务员的衣着样式和颜色要保持大方稳重。
③ 切忌佩戴一些代表个人身份或宗教信仰的东西。
④ 不要戴太阳镜或变色镜,这是不礼貌的装束。
⑤ 可以佩戴代表公司的标记,使客户相信公司的信誉。
⑥ 可以携带一个公文包,使客户相信你的言行和能力。
⑦ 带上一支比较高级的圆珠笔(或钢笔)和一个精致的笔记本。
⑧ 不要脱去上装,以免削弱你的权威和尊严。
⑨ 见客户时,忌食辛辣及气味不好的食物。
⑩ 可以喷洒一些淡雅的香水,会给客户一种舒服的感觉。

3. 言谈得体

得体的言谈可以弥补一个人外表的欠缺,尤其在和客户沟通时,要注意谈话应速度适中、语音适量、身体略微前倾、面带微笑,这样才能给人一种亲切、谦虚的感觉。可遵循以下原则。

① 进门之前,先按门铃或轻轻敲门,得到允许才能进门。
② 看见客户时,点头微笑。
③ 客户未坐定前,自己不要先坐。

④ 递送名片时，要用双手。
⑤ 切忌随手摆弄客户名片。
⑥ 谈话时态度温和而又积极。
⑦ 坐姿端正，身体略微前倾。
⑧ 认真倾听客户讲话，眼睛要看着对方。
⑨ 客户起身离席时，要同时起身致意。
⑩ 与客户初次见面时，应先向对方表示打扰的致意；告辞时，感谢对方的交谈和指点。

4. 保持风度

与客户沟通时要保持良好的君子风度。
① 不与客户起争执。
② 不贬低同行推销人员、公司或产品。
③ 始终保持笑容和耐心。
④ 举止文雅。

与客户交往时，要保持良好的卫生习惯，不乱丢果皮、纸屑，不随地吐痰；不在客户面前擦鼻涕、掏耳朵、修指甲、打哈欠、跷二郎腿等。

12.4.2 首次和客户接触的技巧

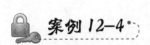

【家装顾问首次接触客户的谈话艺术】

> **失败的推销**
>
> 业务员小王早早地来到了一家烟酒店，希望能拜访一下这家店的老板。由于是第一次见面，小王进店之后，与老板寒暄了几句，说明了来意，顺便花了3分钟时间介绍了公司的产品，本来还想继续说下去，但是看到老板很不耐烦的样子，也就不好意思再说了。于是，小王赶紧接着说："老板，我这次来拜访您，主要是向您推荐一下我公司的最新产品，价位88元，零售可以卖到98～108元，而且公司还有促销，力度很大，买一箱赠送价值50元的可乐，您看，要不来一箱试试看？"老板只是轻描淡写地说了一句："哎呀，现在业务员比顾客还要多呀！你看，我这哪儿有地方摆放啊？等有地方再说吧！"说完，指指堆满白酒的货架，示意小王自己去看。小王看了一眼，的确是这样，到处都是酒啊！无奈之下，小王向老板告辞后，走出了这家烟酒店……
>
> （资料来源：作者根据相关网络资料整理。）
>
> 【思考与讨论】小王沟通失败的原因是什么？

1. 自我介绍

在进行自我介绍时不要怯场，态度不卑不亢，既要有自信，又要尊重对方。自信是成功的关键。

自我介绍时要介绍自己的全名，不可给自己冠以先生或女士等称呼，也不能介绍自己的头衔，可以告诉对方自己从事的职业。鉴于我国的国情，如果你想让对方了解你的职务情况，以便于对方称呼，可以通过递送名片的方式来解决。

不能只介绍自己的名字，还要向客户提供有用的信息，这样双方就比较容易继续下面的话题，不至于太尴尬。同时这些信息还可以向客户起到暗示作用，为将来的业务交往作铺垫。例如，"张总，您好！我是××银行的张小盛，一直从事客户服务工作。这是我的名片。"简洁明了，表意清晰，给人以干练、清新的感觉。

2. 确定适合的谈话主题

要根据以往对客户信息资料的了解，确定一个谈话的主题。客户一般处于被动交流的地位，因此，你要尽快把谈话的主题引到客户感兴趣的事情上来。

要避免过多谈论具体产品，那样很容易给别人造成推销的印象。可以以自己的职业为主线，选择一些相关的话题。

可以就地取材。客户案头上的东西就很有用，它能够泄露主人的性格、爱好和个人风格。悄悄留意一下上面摆放着什么，摆放的位置等，对你选择一个合适的话题会有很大的帮助。

要避开敏感性话题。敏感性的话题很容易引起争议，会破坏和谐的气氛，造成客户心理上的抵触。不要谈论关于宗教和哲学方面的问题。更不可谈论涉及客户隐私的话题，如客户的身体状况、年龄、收入等。

最好选择一些容易引发评论和讨论，并能拓展到别的领域的话题。

3. 与客户第一次交谈的技巧

（1）学会说套话

套话通常是与较为陌生的人见面后，为避免冷场而作的过渡，例如，"今天的雪真大，车子不敢开太快"，既利用套话作了很好的开场，又解释了自己此刻才到达的原因，还让客户意识到自己是冒雪而来，对这种执着的精神表示认可。如果是通过别人介绍认识的，在第一次见面时，谈论双方共同熟悉的人是一种效果最好的套话，例如，"王齐正让我代他向您问好。"双方很快就有了共同的话题，不至于因陌生而无话可说。

（2）少说多听

通过有意识地引导，让客户多说，自己做一个倾听者。不要打断客户的话，与客户交谈的时候，眼睛应注视对方的鼻翼处，切忌东张西望。

（3）善于提问

在倾听的过程中，不时向客户提问，提出的问题要新颖且易于回答，激发客户谈话的动力，表明你对客户的谈话很感兴趣。例如，当客户提到自己是杭州人时，你可以问："西湖一定很美吧？我还从来没有去过那里呢。"客户有可能会兴致勃勃地向你介绍他的家乡，这对他来说应该如数家珍。

（4）不要泛泛空谈

与客户谈话忌说大话空话，不要泛泛空谈实际的主题，应表现出诚恳、稳重的风格，给客户以踏实的感觉。

（5）不要就某一问题谈得太深入

如果谈论的话题太深入，会给自己带来不利影响：一是有可能暴露自己对这一问题的知识匮乏；二是有可能造成与客户对问题看法的不一致；三是有可能偏离自己的最终目的。

（6）不要固执己见

与客户意见有分歧时，可以选择巧妙地引开话题，切忌与客户斤斤计较，甚至发生争执。

（7）谈话方式要与客户的个性和情绪相适应

有的客户比较保守，你就不要表现得很随便。对性格较外向的客户，可以适时表现一点幽默，但切不可过分，因为目前你们只处于认识阶段，而不是要马上建立友谊。

4. 向客户告别的技巧

一般第一次会面时间不要太长，选择恰当的时间和方式向客户告别，会给客户留下好感。

（1）当客户有其他客人到来的时候应提出告别

当客户有其他客人来访时，除非你与客户的交谈非常紧急和重要，否则即使你与客户的话题没有谈完，也应立即向客户告别。同时不要忘记向客户的新客人微笑致意以示礼貌。

（2）当与客户的话题结束时，应主动提出告别

当与客户的话题结束时，应主动提出告别，防止出现谈论的空白，同时也避免客户提出新的话题令你措手不及。

（3）当对方有倦怠情绪时，应提出告别

当你感到客户不再想继续话题的时候，要及时提出告别，不论是什么原因导致客户倦怠，这样做都是恰当的。

（4）与客户告辞时不要拖泥带水

告别时的语言要简洁。对客户起身送别表示感谢，并婉拒客户送出室外。

12.4.3 推销时的开场白

要达到特定目的，最重要的首先是讲好开场白。推销人员与客户的接触中，最难的就是开篇一席话，既要创造良好的推销气氛，又要尽可能多地了解对方，洞察对方的内心世界，有针对性地开展推销活动，这确实是交际中的难点。下面是优秀营销人员常用的10种开场白。

1. 用利益吸引对方

人们在购买某种商品时首先考虑的是能给自己带来什么利益。因此，用利益吸引对方很容易奏效。利益接近法符合客户购买商品时的求利心理，直接告诉客户购买推销品所能获得的实际利益或经济利益，诱发客户的兴趣，使推销话题顺利进行。但是，营销人员必须实事求是，讲求推销信用，不可浮夸，更不能无中生有，欺骗客户。

2. 真诚地赞美

"常胜"营销人员，要先经过大脑的思考，再开口赞美。不但要有诚意，而且要选择与推销产品有关的主题与目标。赞美之词应该发自内心，符合实际，才能达到应有的效果。

3. 自我介绍法

这种方法是营销人员通过自我介绍来接近客户。自我介绍，主要是通过自我口头介绍及出示身份证件或递上名片来达到接近客户的目的。

其作用在于以求得对方的了解和信任，消除其戒心，为推销会谈创造宽松的气氛。尽管这种方法不一定能使客户对推销的产品感兴趣，但在与对方初次见面时却是不可缺少的。

4. 提及有影响力的第三人

这是一种迂回战术，因为每个人都会"不看僧面看佛面"。大多数客户对亲友介绍来的营销人员都很客气。这种方法尽管很实用，但是一定要确有其人其事，不能瞎编。否则一旦暴露，结果会很尴尬。为了取信于客户，最好能出示推荐人的名片或推荐信。

5. 用产品吸引客户

这是营销人员直接利用推销的产品引起客户的兴趣和注意进而转入面谈的一种方法。这种方法的最大优点就是让产品做自我推销，让客户接触产品，通过产品自身的吸引力，引起客户的注意和兴趣。

6. 列举著名的公司或人

列举著名的公司或人，可以壮大自己的声势，尤其是当所举之例中的人或企业正为客户所熟悉、喜欢、敬仰或羡慕时，效果就会更显著。

7. 问题接近法

运用这种开场白时，所问的问题必须能跟客户的兴趣直接相关，并能够导入你的推销活动。在运用问题接近法时，所提问题应是对方最为关心的。

提问必须明确、具体，不可含糊不清、模棱两可，否则便难以达到接近的目的。

8. 好奇接近法

这是利用客户的好奇心理达到接近目的的方法。在与客户见面之初，营销人员可通过各种巧妙的方法来唤起其好奇心，引起其注意和兴趣，然后把话题转向所推销的产品。

现代心理学表明，好奇是人类行为的基本动机之一，人们的许多行为都是由于好奇心驱使的结果。好奇接近法正是利用了人们的好奇心理，引起买方对推销品的关注，促使推销面谈顺利进行。

9. 实地演习展示

这是一种最能引起客户注意的方法，在商品展览会上经常使用。实地演习展示实际上是把产品示范过程戏剧化，以增加对客户的吸引力，使之产生兴趣，为推销会谈铺平道路。

10. 做客户的参谋

营销人员要受到客户的欢迎，就要经常动脑筋、出主意、想办法，为客户提供一些新奇的建议和设想，也就是所谓的"高招""点子"，这样会赢得客户的好感。当然，在为客户提供建议和设想时，如果能够巧妙地把客户的需要和本企业的产品联系在一起，促成交易，就更好了。

如果你对行业的知识非常熟悉，那优势就更明显了。因为这样你就更容易得到客户的尊敬与好感，还可以成为客户的参谋。

12.4.4 妥善处理客户的异议

俗话说，"挑剔的顾客才是真正的买主"。客户难免会提出这样或那样的不同意见。面对客户提出的种种异议，该怎样做呢？

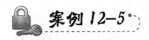

打断客户说话是大忌

我们来看下面的一段对话。

营销人员："×××先生，通过观察贵厂的情况，我发现你们自己维修花的钱比雇用我们的费用还要高，是这样的吧？"

客户："我也认为我们自己维修不太划算，我承认你们的维修服务不错，但是毕竟你们缺乏电子方面的……"

营销人员："对不起，请允许我插一句……不过有一点我想说明一下，任何人都不是天才，修理汽车需要特殊的设备和材料，比如真空泵、钻孔机、曲轴……"

客户："是的，不过，你误解了我们的意思，我想说的是……"

营销人员："我明白您的意思，就算您的下属绝顶聪明，也不能在没有专用设备的条件下干出有水平的活儿来……"

> 客户:"现在等一下,×××先生,只等一分钟,让我只说一句话,如果您认为……"
> 在这段对话中,营销人员几次三番打断客户的话,这是推销中的一大忌。如果采用上述这种对话方式,推销是没有任何希望的。
> （资料来源：张铁成, 2008. 你是能说会道的人全集[M]. 北京：新世界出版社.）

1. 认真倾听法

必须记住：让客户充分表达他的异议,即使你知道他下一句要说什么,也不要试图打断他。对客户要有礼貌,要认真听他所说的,尽力做出反应,给予巧妙的而非狡诈、装腔作势的回答。没有一个买主会喜欢自作聪明的营销人员,除非营销人员表现出对买主及其问题有兴趣,否则他永远不会赢得买主的信任。

运用认真倾听法时,营销人员可以在适当的时候,以恰当方式提出异议。记住：千万不要打断客户的话,先让客户清楚地陈述自己的意见,再诚恳地解答对方提出的问题。

2. "是的,但是"法

当营销人员聆听完客户的购买异议后,可以用"是的,但是"或"是的,不过"来作答。这种方法又叫迂回否定法,它是先肯定对方的异议,然后再诉说自己的观点,毫无疑问这是使用最为广泛的方法,因为它比其他方法更适合于各种不同的情况和不同的客户。

这种方法的理论依据是,几乎所有人都讨厌听到"不对,我根本看不出你的话有什么道理",或"这你可说错了",或"在你看来可能是那样,但事实毕竟是事实",或"根本不是像你讲的那样"这一类的话。几乎所有人都讨厌他人对自己的观点进行直截了当的反驳。

经验表明,大多数客户在提出反对意见时,都多少带有一些偏见,其看法有一定的片面性,或者干脆就是为了表现自己,以证明自己有许多观点和看法。但是,无论如何,营销人员对客户的这种看似无理的异议也不能迎面进行攻击,而应先肯定对方的看法,使客户的相关需求得到满足。你可以说："您讲得相当正确,经常都是这样,但是,这种情况有点特殊……"你也可以说："您讲的话一点也不假,但您是否想到了另一层……"或"我毫不奇怪您最初会产生这种感觉,我当初也是这么想的,但后来我又仔细地研究了一段时间,这才发现……"

3. 问题引导法

问题引导法是指在客户提出异议后,营销人员并不以陈述句的形式摆出事实,而是通过向客户提问题,引导客户自己排除自己的疑虑,自己找出答案。

营销人员在提问时,可以采取"5W1H"起头,即"Why, What, Where, When, Who"与"How",也就是问"为什么、是什么、何处、何时、何人"与"怎么样"这

6个方面，按当时情形斟酌使用，这可以说是应对异议的又一良方。

有人说，在营销人员使用的词汇当中，有一个词最有价值，这就是"为什么"。因为"它可以迫使潜在客户说话，它能带给你消息；它可以迫使你仔细听对方说话；它可以迫使你摆脱困境，给你提供考虑问题的时间；它可以迫使潜在客户认真验证自己提出的理由。"

有许多常见的异议都可以用"为什么"来应对。

假设你推销的是打字机，当客户提出异议："你的机器的确妙不可言，我也想得到它，但就是觉得花500美元买打字机太不值得。"你可以反问："您怎么会这么想？"或问："这东西的利润率每年超过100%，不知您为什么不愿意为它投资500美元？"

若推销的是吸尘器，当客户提出异议："你的机器太重！"你可以反问："您为什么说它太重呢？"

若推销的是丝袜，客户提出异议："我想我妻子可能不太喜欢这种丝袜。"你可以反问："为什么她会不喜欢呢？"

营销人员通过问"为什么"，引导对方逐步说出自己的真实想法，然后就可以想办法说服对方，从而达成交易。

4. 优点补偿法

优点补偿法是先承认买主所提的异议是合理的，然后指出某些可以补偿的优点。例如，买鞋的客户可能会说鞋的皮子质量不是最好的，店员可以承认这一点，但同时巧妙地指出，若是最好的皮子价格就会高得多。

优点补偿法的理论基础是："人不可能把什么好处都占全。"十全十美的东西是不存在的，所有的产品都有局限性和缺点。面对买主提出的合理异议，营销人员若一味设法否定和回避的话，效果往往不一定好，此时最明智的办法就是拿出可能补偿的优点去抵消他列举的缺陷。

当客户提出"产品不保修，我不敢买"时，营销人员可以讲："是的，我们这种产品不提供保修服务，原因是降低了售价，从中扣除保修费用，质量又是可靠的。"

当客户提出"我很怀疑这东西质量有问题"时，由于是积压品，营销人员可以讲："这是处理商品，质量上都有点问题，所以价钱很便宜。"

当客户提出"交货期太长了"时，营销人员可以讲："是有这个问题。如果您希望提前交货，因为生产上要增加成本，售价要提高一些。"

5. 顾左右而言他法

顾左右而言他法，又叫装聋法，即对某些异议故意忽略，保持沉默、置若罔闻的一种处理方法。一般来讲，营销人员应热情回答各种问题，帮助客户认识自己的需要，了解产品，但这并不意味着必须回答所有问题。在某些特定场合下，这种方法也很有效。

案例 12-6

顾左右而言他法

顾先生是一家家具店的老板。有一次,一对夫妇到他的店里挑选家具,当他们发现看中的家具价格相当高时,那位夫人对顾先生说:"我们要回家研究一下!"顾先生马上看着那位先生问道:"您是打算把这些家具带回去呢?还是我们给您送到家?"先生问夫人:"你说呢?"只听这位夫人说:"哎呀,让他们送到家需要花钱呀,还是我们自己带回去好。"

(资料来源:张铁成,2008. 你是能说会道的人全集 [M]. 北京:新世界出版社.)

但是,在以下两种情况下,最好不使用这种方法:第一,不理睬会使客户产生被轻视的感觉,从而引起不满的时候,不要故意忽略;第二,不解释会引起客户疑心的时候,还是耐心解释为妙。

12.5 客户沟通中的十大禁忌

在与客户谈话过程中,要注意哪些说话技巧呢?沟通要有艺术,良好的口才可以助你事业成功,良性的沟通可以改变你的人生。因此,与客户交流时,要注意管好自己的口,用好自己的嘴,要知道什么话应该说,什么话不应该讲,避免踏入沟通雷区。在与客户沟通过程中,应该注意以下十大禁忌。

1. 忌争辩

与客户沟通时,要记住,你不是来参加辩论会的,要知道与客户争辩解决不了任何问题,只会招致客户的反感。

你首先要理解客户对你的产品或企业有不同的认识和见解,允许人家发表不同的意见;如果你刻意地去和客户发生激烈的争论,即使你占了上风,赢得了胜利,把客户驳得哑口无言、体无完肤、面红耳赤、无地自容,你痛快了,但你得到的是什么呢?是失去了客户、丢掉了生意。所以,时刻不要忘记你的职责和身份。

2. 忌质问

与客户沟通时,要理解并尊重客户的思想与观点,要知道人各有志,不能强求。他不买你的产品,说明他有原因,切不可采取质问的方式与客户谈话。用质问或者审讯的口气与客户谈话,是不懂礼貌、不尊重人的表现,会伤害客户的感情和自尊心。如果你想赢得客户的青睐与赞赏,切忌质问。

3. 忌命令

与客户交谈时，微笑要多展露一点，态度要和蔼一点，说话要轻声一点，语气要柔和一点，要采取征询、协商或者请教的口气与客户交流，切不可采取命令或批示的口吻与人交谈。

人贵有自知之明，要明白你在客户心里的地位，你需要永远记住一条——你不是客户的领导，你无权对客户指手画脚、下命令或下指示。

4. 忌炫耀

与客户沟通谈到自己时，要实事求是地介绍自己，稍加赞美即可，万万不可忘乎所以，得意忘形地自吹自擂，自我炫耀自己的出身、学识、财富、地位，以及业绩和收入等。这样就会人为地造成双方的隔阂和距离。要知道人与人之间，"脑袋与脑袋是最近的；而口袋与口袋却是最远的"，如果你过分炫耀自己的收入，对方就会感到，你向我销售产品是来赚我钱的，而不是来给我送保障的。

记住：你的财富，是属于你个人的；你的地位，是属于你单位的（暂时的）；而你的服务态度和服务质量，却是属于你的客户的（永恒的）。

5. 忌直白

与客户打交道时，要掌握与人沟通的艺术，客户成千上万、千差万别，有各个阶层、各个方面的群体，他们在知识和见解上都不尽相同。在与其沟通时，如果发现他在认识上有不妥的地方，也不要直截了当地指出。俗语道："打人不打脸，揭人不揭短"，切不可过于直白。

康德曾经说过："对男人来讲，最大的侮辱莫过于说他愚蠢；对女人来说，最大的侮辱莫过于说她丑陋。"所以，一定要看交谈的对象，做到言之有物，因人施语，要把握好谈话的技巧。

6. 忌批评

与客户沟通时，如果发现他身上有些缺点，我们也不要当面批评和教育他，更不要大声地指责他。要知道批评与指责解决不了任何问题，只会招致对方的怨恨与反感。与人交谈要多用感谢词、赞美语；要多言赞美，少说批评，还要掌握赞美的尺度和批评的分寸；要巧妙批评，旁敲侧击。

7. 忌独白

与客户谈话时，就是与客户沟通思想的过程，这种沟通是双向的。不但我们自己要说，同时也要鼓励对方讲话。通过他的话语，我们可以了解客户个人的基本情况，如工作、收入、投资、配偶、子女等。双向沟通是了解对方的有效工具，切忌营销员一个人唱独角戏，个人独白。

如果自己有强烈的表现欲，一开口就滔滔不绝、口若悬河，只顾自己酣畅淋漓，一吐为快，全然不顾对方的反应，结果只能让对方反感、厌恶。

8. 忌冷淡

与客户谈话时，态度一定要热情，语言一定要真诚，言谈举止都要流露出真情实感，要热情奔放、情真意切。

俗语道："感人心者，莫先乎情"，这种"情"是真情实感，只有你用自己的真情，才能换来对方的感情共鸣。

在谈话中，冷淡必然带来冷场，冷场必定使业务泡汤，所以切不可态度冷淡。

9. 忌生硬

与客户说话时，声音要洪亮，语言要优美，要抑扬顿挫、节奏鲜明。要切忌说话语调没有高低之分，语速没有快慢之分，没有节奏与停顿，生硬呆板，缺少朝气与活力。

10. 忌轻易发问

一般情况下，以下问题不要轻易发问，除非对方愿意主动告诉你。

① 不问学历。学历不代表能力。
② 不问具体住址。一般而言，工作与家庭无关。
③ 不问健康状况。健康状况影响工作与晋升。
④ 不问现状收入。收入不代表地位。
⑤ 不问以前是做什么的。英雄不问出处。
⑥ 不问婚姻状况。这属于个人隐私。

思 考 题

1. 客户沟通的意义是什么？
2. 客户沟通可以分为哪几种类型？
3. 客户沟通的忌讳有哪些？
4. 如何给客户留下好印象？
5. 客户沟通的原则包括哪些内容？

实 训 项 目

一、案例分析

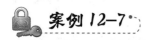

林忠再尊重客户获双赢

　　林忠再是一名律师，2007年10月创办浙江君策律师事务所。2014年10月，杭州一家从事能源开发的科技公司需要回收一大批货款的尾款，该公司的老总担心林律师工作成效，就提出先收几笔尾款试试看，承诺如果效果好，就把所有工作都委托林律师代理。

　　林忠再认为，这些业务工作烦琐却收益不大，但自己应该争取每个潜在的客户，就同意建立代理关系。经过认真细致的调研和分析，林忠再竭尽全力帮助客户收回了尾款。科技公司对此非常满意。但是科技公司老总提出由于多种原因，需要把一部分工作分离出来给其他人员办理。林忠再律师认为，尊重客户的选择比自己的不悦更加重要，就很客气地终止了双方的代理关系。之后，科技公司的老总仍旧多次就其他相关法律问题咨询林忠再律师，林忠再律师也依旧遵守执业操守和纪律，认真解答法律问题。

　　科技公司把其他一部分尾款委托其他人办理之后，由于多种原因造成尾款回收效果不理想，最后又联系林忠再律师请求继续建立委托代理关系。林忠再律师考虑到客户需求的重要性，且认为客户再次提出建立代理关系是基于对自己的信任，就同意了客户的请求。之后，客户还多次给林忠再律师介绍其他客户。

　　林忠再律师认为，应该真诚对待每一位客户，尊重客户的需求，因为每一位客户都是自己最好的代言人。

（资料来源：作者根据实际事件原创。）

【思考与讨论】
1. 林忠再律师是以什么方式赢得客户尊重，获得双赢的？
2. 这个案例给我们什么启示？

二、情景模拟

　　情景模拟：外出拜访客户——会务销售
　　情景：拜访阿布公司王总，洽谈公司系列会议，且年会在本酒店举行。你是首次拜访王总。
　　实训目标：通过拜访客户实训，提高销售沟通能力。会做准备工作（客户资料收集、对客户的了解、个人形象管理）；会心态调整（通过深呼吸、握紧拳头、冥想等自我激励方式，让自己充满自信）；会合乎礼仪地敲门、打招呼、入座等；会开场白（寒暄、同步法则运用、铺垫、转入正题);会询问;会聆听(微笑、眼光交流、点头、欠身、记录、复述);会 FAB 介绍;会有效促成;会化解异议;会跟进。重点是熟悉工作流程、心态积极、有亲和力。

实训内容:各种准备工作;敲门前的心理调整与形象管理;敲门、打招呼、礼仪动作、寒暄;开场白、询问、聆听、记录;复述、介绍;促成、异议化解。

实训设施:模拟的办公室(简易的办公桌椅、茶杯、名片)。

项目 13 会议沟通

 知识目标

1. 掌握会议沟通的目的和类型；
2. 能够进行有效的会议组织。

 能力目标

1. 掌握会议沟通的技巧；
2. 了解会议沟通的注意事项。

 案例 13-1

张经理的沟通策略

张经理在实践中深深体会到，只有运用各种现代科学的管理手段，充分与员工沟通，才能调动员工的积极性，才能使企业充满活力，在竞争中立于不败之地。

首先，张经理直接与员工沟通，避免中间环节。他告诉员工自己的电子邮箱，要求员工，尤其是外地员工大胆反映工作中的实际问题，积极参与企业管理，多提意见和建议。他自己则在每天上班时先认真阅读来信，并进行处理。

其次，为了建立与员工的沟通体制，公司又建立了经理公开见面会制度，定期召开，也可因重大事情临时召开，参加会议的员工是员工代表、特邀代表和自愿参加的员工。每次会议前，员工代表都广泛征求群众意见，在公开见面会上提交经理解答。2011 年 12 月，调资晋级工作刚开始时，在员工中议论较多，公司及时召开了会议，厂长就调资的原则、方法和步骤等做了解答，使部分员工的疑虑得到消除，保证了这项工作的顺利进行。

（资料来源：管理者在沟通中的作用．圣才学习网．（2010-05-06）[2019-12-25]. http://guanli.100xuexi.com/SpecItem/SpecDataInfo.aspx?id=3BD40E8D-EF50-404D-9B52-B97ADF1D14AA.）

【思考与讨论】张经理与员工在沟通方式上所做的选择有何特点？

邮件属于一对一沟通，能更好地了解员工个人的想法，帮助员工解决问题；开会属于一对多沟通，方便传达公司高层的意图，使相关的政策更清晰、更透明，消除员工的疑虑。

项目13 会议沟通

13.1 会议沟通的目的和类型

会议，是指在遵守一定的国家法律和遵循一定的会议规则的前提下，围绕一定的议题，三个人或以上在一起共同商讨问题、商议议题，以便达到互通资讯，或交流思想，或得出结论，或达成协议，或做出决议、决定等的有目的、有组织、有领导的活动。

会议是现代社会普遍运用的一种沟通手段和办公方式，也是日常生活和工作中必不可少的一项沟通活动。"会议沟通"是一种成本较高的沟通方式，沟通的时间一般比较长，常用于解决较重大、较复杂的问题。

13.1.1 会议的目的

会议可能因特殊原因而召集。例如，2008年5月12日发生在我国四川的汶川大地震，这一场始料不及的天灾造成了难以估算的生命和财产损失，中央政府和各地区领导部门为此就召开了一系列紧急的会议，这些会议原本不在计划之内，但会议目的却相当清晰，那就是要协同各省市、各地区、各部门共同研讨抗震救灾的办法和对策，部署、协调各地区、各部门迅速展开救灾救援的工作。由于会议召开得及时而有效率，使得整个抗震救灾工作开展得有条不紊，在国际上也赢得了许多的赞许和帮助。一般而言，会议的目的可概括为以下7个方面。

1. 开展有效沟通

通过会议进行充分交流，集思广益。实现有效沟通是会议的一个主要目的。例如，某市的科研交流会、跨企业的技术交流会等。

2. 传达资讯，资源共享

通过会议通报一些新决定、新决策，使更多的人了解来自总部或其他部门的相关资讯，也可利用开会汇集资源，以期相互帮助、相互促进、共同进步，如学术报告会等。

3. 监督员工，实施管理

许多公司和部门召开的常规会议、工作例会等，其实是实施管理的手段之一。通过这类会议，领导层可以及时了解、跟进工作的进度，可以及时掌握、了解员工的工作状况，可以及时调整、部署下一阶段的工作任务等。

4. 协调矛盾，达成协议

人们经常会借助会议这种"集合"的、"面对面"的形式，来协调上、下级之间的紧张关系或员工之间的矛盾冲突，最终使大家统一思想，达成共识。例如，商务谈判会议、班级组织的班会、部门工作会议等。

5. 集思广益，开发创意

许多新点子、新方案、新产品的诞生，最初往往源于人们在一起的谈论交流。在现今的广告行业、IT 行业中，人们习惯通过举行专题研讨会或研发会去启迪思维、开阔视野，从而去开发新的产品、开拓新的市场、捕捉新的商机。例如，某些大公司下设的研发部，其部门常常召开的工作会议就是让大家畅所欲言、集思广益，探讨和论证各种灵感与构思的可行性的会议。

6. 激励士气，团结一致

这种会议是为了使公司上下团结一心，朝着一个方向共同努力而召开的。一些单位的年初员工大会或者年底总结会议通常具有这一特性。例如，××公司关于 2023 年度先进集体及个人表彰大会、××学校关于开展迎评促建工作的动员大会等。

7. 联络感情，塑造形象

一些部门或团体为了和社会各界保持良好的关系和沟通，又或者为了塑造良好的公众形象，赢得社会对企业的信赖和支持，它们会定期召开会议或举办活动，以此向外界传播自己的企业文化，塑造良好的公众形象。例如，××××等五校联谊会、××企业的新闻发布会等。

13.1.2 会议的类型

无论何种性质的会议，目的都是要通过信息交流和研讨，达成共识，解决问题，得出结论。按不同的标准，会议可以被分为不同的种类。以下是 6 种常见的会议分类的方法。

1. 按会议的规模划分

小型会议：出席的人数少则几人，多则几十人，但是一般不超过 100 人。例如，各单位内部召开的日常工作会议就属于这种类型。

中型会议：出席人数在 100~1 000 人。

大型会议：出席人数在 1 000~10 000 人。

特大型会议：出席人数在 10 000 以上。例如，重大节日庆典、大型表彰庆祝大会等。

当然，以上标准也是相对而言的。例如，对于一个只有 300 人的小型社会组织来说，开一个全体员工的会议也可算是大型会议了。

2. 按会议的内容和性质划分

决策性会议：属于组织研究战略发展问题以及经营管理中决策重大事项的会议。这种会议一般在集团领导内部举行。例如，部门经理会议、公司董事会等。

纪念性会议：指为纪念重要历史人物、重大事件或节日而召开的会议。例如，纪念中国人民抗日战争暨世界反法西斯战争胜利74周年座谈会等。

动员性会议：对群众进行思想动员，号召人们为了某个目标而共同努力的会议。例如，某系统召开的"支援边疆"誓师动员大会、某高校师生开展"三下乡"活动的动员大会等。

研讨性会议：指围绕自然科学和社会科学的理论发展以及社会政治、经济、生活中出现的各种问题进行研究讨论的会议。例如，各种专题的学术报告会、各专业（行业）年会等。

3. 按会议召开的时间划分

定期会议：指按照相关法律或制度规定必须定期召开的会议。例如，人民代表大会和各级政协会议、公司年会、股东大会等。

不定期会议：指根据实际工作需要随时召开的各种会议。例如，紧急电话会议、股东临时大会等。

4. 按会议的举办单位划分

公司类会议：公司类会议的主题通常是管理决策、协调分工和技术（产品）研发等。具体可分为销售会议、经销商会议、技术（产品）研发会议、各部门管理者会议、董事会会议、股东会议、全体员工大会等。

社团协会类会议：如行业协会、专业和科学协会、教育协会、技术协会等。就我国的现状来说，社团协会类会议是最具发展潜力的会议类型，因为协会的成员多为业内成功管理人员。社团协会类会议通常伴有展览会。

其他组织会议：这类会议的典型代表是政府机构会议，其中，省市县级的中小规模的政府机构会议数量不计其数，是一个非常可观的会议市场。在西方国家，工会会议则是比较重要的会议市场。

5. 按会议的技术手段划分

传统型会议：指与会者必须在约定时间内聚集到约定地点来举行的传统的开会方式。

现代化会议：指充分利用现代化通信网络和高科技手段召开的电子会议。例如，电话会议、视频会议、卫星会议等。新型的会议形式，解决了空间距离给各与会者带来的不便，使身处异地的人们也能照常举行会议，大大节省了参加会议路途花费的时间和场地租用成本。

6. 按会议的形式划分

正式会议：具有非常明确的目的，需要做许多准备，如会议的议事日程和材料的准备、与会者的选定、会议地点等。正式会议具有很强的严肃性和权威性。但是，正式会议在时间的准备、人力的投入和经济成本与期望的会议效果之间往往很难成正比。

非正式会议：与正式会议的不同之处在于无须像正式会议那样有繁杂的准备工作。非正式会议具有两个明显的特征：即时召开和形式随意。非正式会议对地点的选择也不是很严格，可以是在经理的办公室、户外、饭店或酒吧等地方。一般来讲，非正式会议的规模都比较小，多用于了解情况或征询意见，或就某事先打招呼、听听反应等。目前许多组织都非常重视非正式会议，以便了解到更多的真实信息。

13.2 有效的会议组织

会议已经成为组织管理中广泛开展的活动。一些管理者认为，自己 2/3 的时间都用于开会，那么，这众多的会议有多少是有效的、成功的会议呢？有人对一些会议的效益是这样概述的：会而不议，议而不决，决而不行，行而不果。由此我们可以看到某些会议效率低下，甚至无效。要召开一次成功的会议，无疑要进行有效的会议组织。从会议的过程来看，有效的会议组织应从会议准备、会议召开和会后跟踪 3 个阶段进行。

13.2.1 会议准备

在会议准备阶段可以遵循 5W1H 的原则，即为什么（Why）、什么主题（What）、谁参加（Who）、在什么地方（Where）、在什么时间或时限（When）和如何开会（How）。

1. 确定会议的目的和目标

会议的基本性质是群体性的沟通，召开一次会议不仅涉及众多的人员，还要付出相当的经济成本。因此在确定是否开会之前，首先要审视会议的必要性，如果能够采取其他更经济、更节约时间的方法来解决问题，就不必开会。一旦决定开会，就必须明确会议的目的和目标，以及所需要的时间。

2. 确定会议的议题

会议议题是指会议要集中讨论的问题。会议的议题是根据会议的目的和目标来确定的，一般会议的议题不宜太多，3~5 个为宜。而且应尽量使议题之间存在一定的相关性，并根据其相关程度和优先次序安排好会议议题的顺序，使议题紧紧相扣、前后连贯、层次分明。

3. 确定与会人员

在确定了会议的目的、目标和议题之后，就可以确定哪些人来参加会议。主要考虑与会议议题相关的人员来参加会议，同时要考虑到与会人员的职位和工作性质。与会人员的多少决定了会议的规模，适当控制会议规模也是决定会议效益的重要因素。同时，还要决定会议的主持人、会议记录人员和会议工作人员。

规模较大而且需要讨论、审议有关议案的会议，需要对与会人员进行分组，分组的目的是方便会议讨论、审议等活动。常用的分组方法：按与会人员所在的单位分；按与会人员所在的行业或系统分；按与会人员所在的地区分；按提出的不同议题分。

会务组在落实了与会人员后，应及时编印与会人员名单，并尽可能在开会签到时把与会人员名单一并分发到各与会者手中。

4. 确定会议的地点

会议地点的确定不仅要考虑与会人员的多少，而且要考虑会议的性质和功能。在会议地点的选择上，要综合考虑以下因素。

① 既考虑与会人员的便利和舒适，又考虑避免不必要的干扰。
② 根据会议规模选择合适的会议场所。
③ 会场既便于会议主持人对会议的掌控，又便于与会人员的参与和交流。
④ 根据会议的议题和功能，布置适当的会场环境，合理安排座位。
⑤ 准备和检查会场的设备，保证设备运行良好。

5. 确定会议的时间和时限

确定会议的时间和时限是会议准备的一项重要工作。在确定会议的时间方面，要考虑以下3个方面。

① 通知开会的时间。一般要提前告知与会人员参加会议的时间，并且让与会人员做好参加会议的准备工作。除非遇到非常紧急的事情，才临时通知开会。
② 开会的时间。一般开会的时间选择要考虑到与会人员的工作安排，通常都会以会议通知的形式提前告知，让与会人员安排好工作。
③ 开会需要的时间，也就是时限。一般会议的时限都安排在2～3小时。长时间的会议一般都会在会议内容和形式上穿插安排，以避免与会人员精力不集中，或产生疲劳。

6. 制订会议计划

会议计划主要包括会议名称、会议议题、会议议程、会议日程、会议程序、会议通知。

（1）会议名称

会议名称一般由 4 个部分组成：会议主办机构的名称、会议的主题（或内容）、会议的性质或类型、会议的时间或范围。例如，"××有限公司 2023 年新春产品发布会"，其中"××有限公司"是会议的主办机构，"新产品"是会议的内容，"2023 年新春"表明会议主题的时间或范围，"发布会"表明会议的性质或类型。

（2）会议议题

通常，会议议题必须体现出会议目的和会议主题。一次会议的议题应当安排适宜，确保与会人员能够充分讨论和发表意见，确保谁能够高效率地利用时间。

会务人员安排会议的议题有以下技巧：一个主要议题和一至两个小议题搭配安排；将同类性质的议题同时提交一次会议讨论；适当准备一些后备议题，以便在会议进展顺利、时间充裕的情况下进一步讨论。

（3）会议议程

会议议程是会议目的、内容和主题思想的载体，对于提高会议效率起着非常重要的作用。会议议程的主要内容安排和格式，会根据组织或个人风格的不同而有所区别，但是其主要内容应该包括：会议名称，会议召开的日期及具体时间，会议地点，会议需要的时间，与会人员，会议承办单位或主持人，会议主题内容，会议预期的目的，会议召开的背景信息，讨论确定下次会议议程（会议承办单位、时间、地点等），会议的附录资料等。

（4）会议日程

会议日程是指以"天"为单位，对会议议程的各项内容做出具体的时间安排。会议日程一般采用表格形式，故常被称为会议日程表。会议日程表的基本内容必须包括具体时间、具体内容和会议地点，以及当次会议（活动）的主持人（或负责人）。

（5）会议程序

会议程序是指一次会议（或活动）的内容按照先后顺序一次安排下来的操作流程。一般会议的主持人应持有一份程序表，以便据此来操作整个会议或活动的进程。

（6）会议通知

会议通知是将会议议程的主要内容以通知的文本形式发送给与会人员。

文本写作时要特别注意的是，语言简洁明确、层次清晰，多用精确语言，不用含糊语言，以免产生歧义。

13.2.2 会议召开

无论会议前的准备工作多么完美，但如果在会议进行时不能有效地控制会议，也不能取得良好的沟通效果。会议召开一般都是按照事先拟定好的会议议程进行。会议召开过程可以分为 3 个阶段：会议开始、按照会议议程召开会议和会议结束。

1. 会议开始

会议主持人应准时宣布会议开始，让与会人员感到会议组织者的工作效率和领导能力；说明会议的目的，强调会议的主题和会议的重要性；介绍参加会议的主要人员和与会人员，说明会议规定，提醒与会人员需要注意的相关事项。

会议主持人在会议开始时要营造与会议主题相适应的会议气氛，向每位与会人员表示欢迎，使与会人员尽快进入会议状态，投入会议之中。

2. 按照会议议程召开会议

会议主持人一方面要控制好每一项议题的时间，另一方面要能圆满完成各议题，要根据会议的性质和目的控制会议的气氛和形式。如果是交流或讨论信息，会议主持人既要调动与会人员积极参与，又要防止冷场或个别人控场；如果是传播信息或贯彻落实事项，会议主持人要控制会场秩序，鼓励与会人员倾听，并做好笔记。无论何种形式，会议必须紧扣会议目标和主题，防止离题，或流于无端的争论，或心不在焉、思想开小差等现象的发生。

会议召开期间，要安排好会议记录和工作人员的服务。在举行一些大型会议或长时间的会议时，需要成立会务组，必要时还要准备一定的应急预案，以防止突发事件的发生，如停电、设备故障、与会人员身体不适等。

会议在进行过程中，会务工作人员应及时收集、掌握会议的最新动态，随时把会议的进展情况、与会人员的建议和要求向会议主持人汇报；同时应及时把主持人的安排意见及有关领导人的意图传达贯彻下去，保证上下沟通渠道畅通、信息传达交流及时。

3. 会议结束

会议议程进行完毕后，会议也就结束了。会议结束之前，主持人必须就会议做出总结。总结的内容主要包括：对会议进行简要的评估；对会议形成的决议进行确认；同与会人员达成共识；对会后需要落实和实施的有关事宜做进一步的明确，并提出检查和监督的要求；感谢与会人员到会合作。

13.2.3 会后跟踪

会后跟踪是会议结束后执行会议决议、完成会议各项事宜的关键，也是提高会议效益的必要措施。会后跟踪一般包括会场善后工作、会后文书工作、会议总结、会议经费结算工作，以及会后的催办、反馈与落实工作等。

1. 会场善后工作

会场善后工作是把会议中的讨论决定布置下去贯彻执行的先决条件。如果是内部会议，则会场的善后工作就简单得多。如果是外借会场，则需与租借方结算会议开支费用，归还会议所借物品并清理会场，将会场中公司自带的东西拿走，包括会标、通知牌和方向标志等物品。

2. 会后文书工作

会后文书主要有以下两种：会务文书及会议案卷。会务文书是会议活动中使用的书面文字材料的总称；会议案卷是在会后整理的包括会议正式文件、参阅文件、发言稿、讲话记录等材料的案卷。工作人员要做好会后文书清退、收集、立卷、归档等相关工作。

3. 会议总结

会议总结是机关团体、企事业单位对自身某一阶段或某一项工作进行总的回顾，找出内在规律，以指导未来实践而使用的公文。目的是通过对自身工作中的优、缺点进行回顾分析，吸取经验教训，并把感性认识上升到理性认识的高度，以便做好今后的工作。

4. 会议经费结算工作

会议召开之前，会务工作人员应制定会议经费支出预算，经领导人审核批准后，到财务部门预支会议费用。会议结束后，会务工作人员与财务人员应按照会议经费预算计划进行会议开支的财务决算。一切会议都应遵循勤俭节约的原则，在保证会议正常进行的前提下，尽量减少不必要的开支。超过会议经费预算指标，又无正当理由的开支，不予报销。会议经费经领导审核后，报单位财务部门结算。

5. 会后的催办、反馈与落实工作

会议决定或决议的事项，如果需要通知有关部门办理或知晓的，工作人员应负责催办，同时应将在实际贯彻执行中所得到的结果、引起的反应以及造成的影响等情况反馈给主管领导。会后反馈可以用书面或口头催询的方式。会后的催办、反馈与落实工作是会后工作的一项重要内容，也是整个会务工作的重要组成部分。

13.3 会议的主持

13.3.1 会议主持人的角色要求

1. 会议主持人的角色

有人说："会议的主持人如乐队的指挥。"这句话只说对了一半。会议的主持人固然有如乐队的指挥那样具有举足轻重的作用，但是担当会议的主持人却比担当乐队的指挥更加困难，因为前者在主持会议过程中需要扮演多种角色，而后者在主持演奏过程中则始终扮演同一角色。会议主持人所扮演的角色有以下几类。

（1）提供信息

在这一类会议中，主持人所扮演的角色是信息的提供者。主持人不但要让与会者了解信息的内容，还要避免他们对信息产生误解或曲解。为了达到这个目的，主持人应尽量避免以单向说教的方式垄断整个会议，最好是能留出一些时间（如10%的时间）解答与会者的疑问。在这种情况下，主持人又扮演了解说者的角色。

（2）培育训练

在这一类会议里，主持人所扮演的角色是传道、授业、解惑的教师。主持人的参与程度要视课程的性质，以及与会者对课程的熟悉程度而定。例如，课程本身颇为深奥，而且与会者对该课程相当陌生，则主持人的参与程度以占会议总时间的75%~90%为宜。但若课程本身很适合采取专案讨论或角色扮演等方式进行，即使与会者对该课程不甚了解，主持人的参与程度以占会议总时间的50%为宜。再如，与会者对课程相当熟悉，而且课程本身又适合广泛的讨论，则主持人的参与程度以占会议总时间的20%为宜。

（3）宣传政策

在这一类会议中，主持人为使与会者接受新政策，首先，他必须扮演提供者的角色，将他所要宣传的政策做一番叙述；其次，他必须扮演媒介的角色，鼓励与会者对他所提供的政策产生兴趣；再次，他必须扮演解说者的角色，对与会者的疑问提供解答；最后，他必须扮演说服者的角色，设法使与会者心悦诚服地接受方针政策。在这一类会议中，主持人的参与程度以占会议总时间的50%~70%为宜。

（4）解决问题

在这一类会议中，主持人最重要的任务在于引领与会者探索问题最佳解决途径。他通常需要做到下列5件事：阐释问题的内涵、问题发生的背景及解决问题的重要性；以解说者角色，鼓励所有与会者参与问题解决；以控制者角色，将会议导入实现目标途径，以避免时间浪费以及无谓的意见冲突；以与会者角色（即脱离主持人身份而成为与会者之一）提出自己的见解；恢复主持人身份，总结会议的成果及指明未来方向。在这一类会议里，主持人的参与程度以占会议总时间的40%~60%为宜。

（5）收集信息

在这一类会议中，主持人除了扮演陈述者与媒介两种角色，以阐明会议目标及鼓励与会者提供信息外，最重要的便是扮演聆听者角色，以搜集与会者所提供的信息。因此，主持人的参与程度，应以不超过会议总时间的20%为宜。

由以上阐述可知，主持人在不同的会议中，需要扮演不同的角色，甚至在同一个会议中，也要扮演多种不同的角色。因此，除非主持人能够恰如其分地扮演各种角色，以及适当地进行角色转换，否则他将难以实现会议目标。任何一场会议极少为单一目标而召开，它通常是为实现多种目标而召开的。在这种情况下，主持人所要扮演的角色将更多，角色转换更加频繁。

2. 会议主持人的素质

在任何一场会议中，主持人均要扮演多种角色，以及进行多次角色转换。由此可见，要成为优秀的会议主持人并不是一件容易的事。会议主持人应具备以下的素质。

（1）思维清晰敏锐

尽管会议主持人没有必要成为参加会议的人群中思维最清、最晰敏锐者，但他若想获得与会者的尊敬，他的思维至少应比大多数与会者更加清晰敏锐。只要会议主持人能在会议前做足准备，他的思维能力一定可以大大提高。

（2）善于言语表达

会议主持人应具有较高的语言掌控能力，以便将自己的思想观念准确无误地表达出来。他必须能够以语言推动讨论，疏导与会者的思维方向，以及在会议的各个阶段总结所取得的成果。

（3）分析能力良好

会议主持人必须懂得如何澄清问题，透视问题的每一个层面，指出每一种见解的利弊得失，分辨事情的轻重缓急。

（4）对事不对人的态度

会议主持人必须使每一位与会者的意见都能被其他与会者所关注。即使会议主持人本人对某些与会者的某些观点有所偏爱或厌恶，也不应以他的个人好恶影响其他人对事情的判断。当他想提出个人观点时，必须告诉与会者他是站在个人立场上发言，而非以会议主持人的身份说话。

（5）公正

会议主持人在会议中绝对不应有袒护的行为，这种行为不但会阻碍进一步的讨论，而且将使与会者（甚至包括被袒护者在内）对他失去信心。

（6）耐性

有些与会者在发表意见时往往词不达意，也有些与会者则可能因感到胆怯而回避发言。面对这一类与会者，会议主持人应主动提供协助与鼓励，要做到这一点，会议主持人需要具有足够的耐心。

（7）能灵活地应对"挑刺"人物

在与会者之中，难免会有少数"挑刺"人物存在，如有高度偏见者、喜爱垄断发言者、脾气暴躁者等。会议主持人必须能够在不冒犯他们的前提下，有效地对付他们。

（8）沉着坚定并能够自我约束

为了激励与会者的信心，会议主持人除了应表现热情与果敢的态度之外，还须保持沉着坚定并能够自我约束。会议主持人应避免过度地暴露自己的个人主张。例如，随意发表自己的意见、垄断发言或理论说教等。

（9）具有幽默感

幽默感对消除紧张气氛以及让会议顺利进行具有很大的作用。会议主持人在运用时应特别注意避免轻浮或浅薄的话语。

13.3.2 会议主持人的沟通技巧

一名优秀的会议主持人总是经常提出他们简短的意见以指引会议讨论的进程，如"让我们试试""这是一个好的思路，让我们继续下去"等。事实上，如果我们仔细观察，就会发现优秀的会议主持人最常用的引导方式是提问题，针对目前所讨论的问题引导性地提问，会使与会者的思路迅速集中到一起，提高会议效率。

常用的问题大致可以分为两类：开放式问题与封闭式问题，其特点如图13.1所示。

图13.1 开放式问题与封闭式问题的特点

开放式问题需要我们花费更多的时间和精力来思考并回答，而封闭式问题则只需用一两句话就可以回答了。例如，"小王，你对这个问题怎么看？"这就是开放式问题。而"小王，你同意这种观点吗？"这就是封闭式问题。作为一名有经验的会议主持人，应该善于运用各种提问方式。

而表13-1中则是4种常见问题的类型及特点，主持人可以根据会议的具体情况有选择地进行提问。

表13-1 常见问题的类型及特点

问题类型	问题特点
棱镜型问题	把别人向你提出的问题反问给全体与会者。例如，与会者："我们应该怎么做呢？"你可以说："好吧，大家都来谈谈我们应该怎么做。"
环型问题	向全体与会者提出问题，然后每人轮流回答。例如，"让我们听听每个人的工作计划，小王，由你开始。"
广播型问题	向全体与会者提出一个问题，然后等待一个人回答。例如，"这份财务报表中有3个错误，谁能够纠正一下？"这是一种具有鼓励性而没有压力的提问方式，因为你没有指定人回答，所以大家不会有压力
定向型问题	向全体与会者提出问题，然后指定一人回答。例如，"这份财务报表有3个错误，谁能够纠正一下？小王，你说说看。"这种提问方式可以让被问及的对象有一定的准备时间

如果说成功的会议有什么秘诀，那就是自由而公开的讨论。几乎每位下属都希望有机会自由提问和讨论组织内部的重大事件的决策内容，相互交流切磋彼此的思想。

1. 提问有利于打破会议僵局

在会议中，提问的最主要目的是引出话题，以利于沟通顺利进行。一旦沟通开始，主持人可借提问来实现下列 8 种目的。

① 收集资料。例如，"你可否简要地谈一谈此次你在东南亚考察市场的所见所闻？"

② 透视对话者的动机与意向。例如，"哪些因素促使你决定放弃此次晋升机会？"

③ 提供资料。例如，"你是否了解公司对所有编制内的员工均提供子女教育津贴？"

④ 鼓励意见参与。例如，"你对构想中的作息时间变动持什么样的看法？"

⑤ 确定自己对对话者的话语及感受的理解程度。例如，"让我总结一下你对这个问题的看法……我这个总结是否与你的看法一致？"

⑥ 鼓励对话者对某一问题进行思考。例如，"你认为加大促销力度在当前是不是一种明智的举措？"

⑦ 测定意见是否趋于一致。例如，"这次加工资的幅度与你期待中的幅度有无差距？"

⑧ 言归正传。例如，"由于加班费的调整带出了许多相关问题的讨论，不知各位对我先前所提及的加班费调整幅度还有什么意见？"

2. 对会议主持人的提示

一般都认为会议主持人的工作就是在会议中组织、激发和引导会议的思考和进程。在某些方面，非正式的圆桌讨论把主要责任放在会议主持人肩上。由于讨论的质量取决于与会者态度的相互影响，所以会议主持人必须既敏感又灵活。一般可以运用以下原则和技巧提高主持人的讨论能力。

① 做好准备，会议主持人应对讨论主题的背景有充分的了解。

② 事先思考，以便发现可能出现的问题和反对者可能采取的论点。

③ 通过事先计划来防止干扰。假如打进的电话必须接，就要考虑在另外的地方开会；要检查材料和视听设备，以保证一切顺利。

④ 评估你的听众，不可低估他们的才智，也不可高估他们知识的丰富程度。

⑤ 了解每一位与会者，充分考虑与每位具有特殊个性的与会者的交流方式。

⑥ 为了让与会者感觉轻松，你应表现为小组的一员，而不是做有威胁性的局外人。幽默和插话能起到很好的作用，但当这种情况达到一定程度时，会议主持人要向小组及时提醒会议的目的。

⑦ 和听众一起平等合作，避免操纵他人。

⑧ 用通俗的语言讲话，不要总想表现得高人一等。

⑨ 明确会议的目的。用简洁而明确的话陈述问题，以使与会者确切了解会议内容。

⑩ 引导会议按规定的议程进行，始终要围绕中心议题展开。

⑪ 要遏制操纵会议的任何倾向。

⑫ 避免材料不足，如果缺少的资料对讨论本身确实是必不可少的，在紧急情况下，可以考虑暂时休会。

⑬ 不断核对反馈的信息，要问一下："这些有道理吗？"要确认与会者正在以与你相同的目的行动。

⑭ 用黑板记录小组成员的论点，这样可以避免离题，也可以帮助你归纳和做出结论。

⑮ 鼓励小组的全体成员参加讨论。

⑯ 鼓励在友好协作的基础上进行生机勃勃的讨论。

⑰ 扮演公平的调解人来缓和激烈的争论，或引导其他与会者介入讨论，以使争论主角冷静下来，或者宣布一段极短暂的休息，要创造性地利用不同意见。

⑱ 在还有其他观点需要聆听时，要限制某一个观点的发表时间。

⑲ 随时提防注意力的分散，并保持会议的活跃。假如与会者开始烦躁不安，要设法让他们参加会议行动。

⑳ 要有节制地使用直接问句，这种问句会产生一种学校教室的气氛，从而阻碍自由表达的气氛。但直接问句可以让跑题的讨论回到正题，使漫不经心或腼腆的人介入讨论，缩短冗长独白，主持人意识到有某些意见与已经发表的观点相反的时候，应设法激发辩论。

㉑ 要有耐心，要记住交流意见是需要时间的，当想法新奇或是有许多言外之意有待探索时，尤为如此。

㉒ 要预先考虑到对与会者可能提出的意见的抵制。

㉓ 在任何会议闭幕以前，都要做出总结，归纳会议成果或着手行动。

3. 应该避免的一些问题

当会议不能实现与会者的期望时，指责通常指向会议的主持人。常见的情况是主持人方式有缺陷——主持人垄断会议或其他原因。主持人如果能学会避免如下事项，可以更有效地进行讨论。

① 避免使与会者为难。你也许想责备某一个人，但是这种行动会使得所有的与会者产生自卫心理。

② 避免代替小组思考。有些主持人往往想走在小组的前头，做总结或回答问题，而不是鼓励讨论。

③ 避免以错误的方式叙述事情。主持人的粗心或具有个人色彩的陈述很容易造成小组之间的对立，平淡的陈述容易抑制讨论。

④ 避免透露主持人认为能接受的答案或解决办法。表面上，职员倾向于按照他们想象的管理部门的希望来做出反应。假如目的是客观地思考和真诚地双向交流，那就要避免偏颇错误的想法。

⑤ 避免引起离题讨论。要委婉地要求小组成员时刻把握会议的主题。当人们关注于细节性讨论时，最好用提问的方式把他们引回到正题。

⑥ 避免傲慢地对待关键问题或与会者。不同的人以不同的形式吸收信息，要核查反馈的信息，以确定会议的成效。

⑦ 避免尚未得出结论或者尚未开始积极行动就休会。要使结论为大家共同理解，并且将之付诸行动。

13.3.3　会场控制

最好的控制便是避免丧失控制。主持人控制会议的最佳举措，便是预防各种问题的发生。一旦无法避免问题的发生，则主持人应采取正确的应对办法。

1. 与会者发难

（1）原因

对会议目标或讨论主题不清楚；过度关心某些问题；基于某些迫切的需要而在无意中离题。

（2）预防

澄清会议的目标与讨论的主题。

（3）补救

主持人应具有高度的敏感性，以分辨离题的发言；以未能澄清会议目标或讨论主题而当众致歉。举例来说，主持人应宣称："您的发言有点偏离主题，那一定是因为我没有将会议目标或讨论主题诉说清楚。请允许我再把会议目标及目前的讨论主题复述一次……"

主持人可以有技巧地问发言离题者，他的发言究竟与讨论主题或会议目标有何关系。运用这种技巧的时候，主持人在态度、措辞、语气及面部表情上，均应刻意避免令离题的与会者感到主持人是在讽刺他或挖苦他。也可以巧妙地将离题者的言论挡在一边。譬如主持人可这么说："刚刚您提到的这个问题显然非常重要，但是它跟我们的会议目标及讨论主题似乎并没有太大关系。假如您不介意，我希望将它留在会后详谈。"

2. 与会者分心

（1）原因

对会议目标及讨论主题不清楚；感到沉闷无聊；会议中所涉及的某些问题或意见触发与会者相互交谈；外界环境干扰；对会议内容缺乏兴趣。

（2）预防

澄清会议的目标与讨论的主题；令与会者感到会议有益且有趣；慎选会议时间及地点。

（3）补救

尽管主持人能够确定与会者的交谈与讨论中的主题毫无关系，主持人也应先假定他们的交谈与讨论中的主题有关；然后问交谈者愿不愿意说出他们的看法，以便令其他与会者也能分享他们的看法；或者作短暂的停顿，甚至是稍作休息，如多数的与会者都分心，则暂停会议，等造成分心的原因消失了再续会。如少数的与会者分心，则主持人可不予理会，也可就本身的发言作短暂的停顿。

3. 与会者争议

（1）原因

对会议目标或讨论主题不清楚；对会议过程中的某些问题有不同的看法或感受；借会议互相发泄彼此之间的不满，甚至借会议而相互挑衅。

（2）预防

澄清会议的目标与讨论的主题，以避免离题的争论；事先强调这样的观念——真正重要的是"什么是对的"，而非"谁是对的"。这种观念有助于避免题内的争论。

（3）补救

若争论是离题的，则立刻制止，并复述会议的目标与讨论的主题。若争论是题内的，第一，先强调"什么是对的"远比"谁是对的"更加重要，然后将注意力集中在论点本身；第二，征求沉默的与会者的意见；第三，主持人表明自己的观点或立场。

4. 与会者拒绝参与

（1）原因

怯场，感到气氛不好；不喜欢主持人对待某些与会者的态度，如令某些与会者感到难堪；会议缺乏实效。

（2）预防

创造和谐的气氛，切忌令与会者感到难堪。

（3）补救

若与会者因感到沉闷而拒绝参与，则主持人应给予鼓励；若与会者因怯场而拒绝参与，则主持人应设法排除该种心理障碍；若与会者人数众多，则采取分组讨论的方式进行。

主持人可将与会者分成若干组，每组原则上不超过 6 人。每组选定一位组长主持主题的讨论，每组另选定一位成员负责讨论结果的记录工作。分组讨论结束之后，由各组指派一位成员，代表该组向全体与会者报告讨论成果。按这种方式进行，与会者拒绝参与讨论的现象将一扫而空。其原因如下。

① 分组讨论时人数较少，与会者怯场的程度可大幅降低。

② 各组需要轮流向全体人员报告讨论成果，这含有竞争的成分在内。因此在荣誉感的驱使下，各组成员将会比较认真地进行主题的讨论。

③ 代表各组发言的人的心理负担可以大大减轻，因为他所发表的意见无论是好还是坏，成熟还是不成熟，都不是他本人的意见，而是全组人的意见。

5. 与会者情绪变化

（1）原因

会议逾时；与会者有其他事情要办；会议缺乏实效。

（2）预防

设定会议的结束时间，并准时结束；如会议可能无法按预定时间结束，则事先言明；选择符合与会者希望的会议时间；让会议具有实效。

（3）补救

结束会议并安排续会的时间；休息；以小故事、挑战性问题或节奏的改变，重新引起与会者的兴趣。

6. 少数人垄断会议

（1）原因

多数人并不积极参与；少数人思维敏捷，善于表达且对会议表现出热忱；少数人好表现。

（2）预防

开会之前鼓励所有与会者都积极参与；如已知某人可能垄断会议，则事先与他沟通并请他节制；报名发问；要求轮流发言。

（3）补救

① 巧妙地阻止。例如，告诉垄断者："您的宝贵意见我们已经听了很多，而且我们也都能够领会您的意思。让我们也听听其他与会者是否有其他看法，好不好？"

② 把工作指派给喜欢垄断会议的人去做。

③ 故意将视线避开垄断者，以免令他误认为主持人仍想听取他的意见。

思 考 题

1. 会议的基本概念、特征、功能是什么？
2. 会议议程一般包括哪些内容？会议议程对会议起着怎样的作用？
3. 会议主持人在会议管理中应该承担的主要职责和任务是什么？
4. 你如何看待"会而不议，议而不决"的现象？

实 训 项 目

一、挑选对策

请你根据左栏的问题，从右栏挑出相应的对策，将问题及相应的对策用直线连接起来。通过该练习学习如何更好地控制会议。

问题　　　　　　　　　　　　　　　　　　　对策

① 你想令讨论热烈。　　　　　　　　　　　　A. 请每位与会者总结其他人的发言。

② 你想打断某项讨论。　　　　　　　　　　　B. 问小组一个开放式的问题。

③ 几个与会者在开小会。　　　　　　　　　　C. 询问小组的反馈意见。

④ 两位与会者就一个观点争执。　　　　　　　D. 问小组一个具体的问题。

⑤ 与会者问了你一个难以回答的问题。　　　　E. 把问题转回给小组。

⑥ 你想调查对一个观点的支持程度。　　　　　F. 问与会者一个具体的问题。

⑦ 你想知道自己是否是一个成功的会议主持人。G. 请某位与会者总结讨论。

二、准备会议提纲

假如要以"创新创业"为主题，召开一次班级会议，请你为这次会议准备一份筹备提纲，要求包括会前、会中、会后各个环节要注意的事项。

三、拟定议程

GD公司是浙江一家合资食品公司，它在我国食品市场的份额为25%。目前只有3家外资企业在我国生产和销售食品，其中GD公司排名第三。

作为GD公司的总经理，总公司给你施加了很大的压力，要求你尽快扩大GD公司在国内的市场份额。你已经向你的销售及营销部总监下达指令，要求他们在一周内向你递交一份关于扩大市场份额的建议。同时，你也考虑就销售及营销部总监的建议召开一次评估会，并希望这次会议的范围能够大一些，由此可以从与会者那里听到更多的意见。

现在，你的任务是决定此次会议的规模和参会人员、会前的准备、会议的类型和方式，以及会议的时间和地点等，并在此基础上拟定一份会议议程。

项目 14 电话沟通和网络沟通

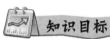

1. 掌握电话沟通的概念；
2. 掌握网络沟通的概念。

1. 掌握电话沟通的基本技能；
2. 掌握网络沟通的基本技能。

2016年第一网红：papi 酱

papi 酱本名姜逸磊，毕业于中央戏剧学院导演系，被网民评为"2016年第一网红"。

papi 酱在不到半年的时间迅速蹿红，微博粉丝人数已经超过 800 万，微信公众号文章的阅读量已超过 10 万人次。她的口头禅是"我是 papi 酱，一个集美貌与才华于一身的女子"。papi 酱通过在网上上传原创短视频，以一个大龄女青年形象出现在公众面前，对日常生活进行种种犀利的吐槽，幽默的风格赢得不少网友的追捧。

2015 年 10 月开始，她开始利用变音器发布原创短视频内容。在那之后，papi 酱在各大内容平台的人气都一路高涨，短短两个月的时间迅速积累了几百万粉丝。

在《2016 微信公开课 PRO 版》刷爆朋友圈后，papi 酱也迅速发了一个关于微信的吐槽视频——《微信有时候真让我崩溃》；2 月 6 日 papi 酱适时推出了《马上就要过春节了，你准备好了吗?》，吐槽春节期间"讨人嫌"的亲戚们，这条推送累计阅读量超过 10 万人次。

2016 年 3 月，真格基金、逻辑思维、光源资本和星图资本分别投资 500 万元、500 万元、100 万元和 100 万元，占股分别为 5%、5%、1% 和 1%，papi 酱团队持股 88%，papi 酱获得共计 1200 万元融资，估值 1.2 亿元左右。

（资料来源：作者根据相关网络资料整理。）

【思考与讨论】
1. papi 酱迅速走红，体现了网络沟通的什么特点？
2. papi 酱走红事件对我们有何启发？

14.1 电话沟通

【电话沟通小技巧】

14.1.1 电话沟通技巧

现代社会，各种高科技的手段拉近了人与人之间的距离，即使远隔天涯，通过现代通信技术也可以近若比邻。事实上，电话是世界上最普遍、最迅捷的信息交流工具之一，也是现代社会常用的沟通媒介。

虽然人人都能使用电话，但并非人人都能正确有效地使用，而使用不当将会影响沟通效果。电话不仅能反映接打电话者的情绪、文化素养和个人品质，同时也能反映一个组织的员工素质和组织形象。因此，应多动脑筋，千方百计地让对方从声音中感受到你的热情友好。要想给对方留下诚实可信的良好印象，学习和掌握基本的电话沟通技巧是很有必要的。

1. 接打电话的基本技巧

电话机旁边应准备记事本和笔，可以及时记录；拨打电话前应先整理电话内容再拨电话，这样能防止丢三落四；还要注意态度友好，微笑通话；要使用适当的语速和语调，不能连珠炮似的快速通话，也不能一字一顿地说话；不使用简略语或专用语，以免让人费解；对于重点内容要重复几遍，以使对方加深印象。

2. 接打电话的程序

电话铃一响，应尽快接，最好不要让铃声响过三遍。拿起电话应先自报家门："您好，××公司。"避免说："喂，你好，……"询问时应注意在适当的时候，根据对方的反应委婉询问。一定不能用很生硬的口气说"他不在""打错了""没这人""不知道"等不标准的用语。电话用语应文明、礼貌，态度应热情、谦和、诚恳，语调应平和，音量要适中。特别要注意声调、语速和表达的准确度。接电话时，对对方的谈话可进行必要的重复，重要的内容应简明扼要地记录下来，如时间、地点、联系事宜、需解决的问题等。电话交谈完毕时，应尽量让对方结束对话，若确实需要自己来结束，应解释、致歉。通话完毕后，应等对方放下话筒后，再轻轻地放下电话，以示尊重。接听电话的程序，如图14.1所示。

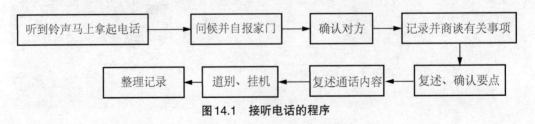

图14.1 接听电话的程序

拨通电话后首先说明自己的姓名、身份。必要时，应询问对方是否方便，在对方方便的情况下再开始交谈。通话完毕时应道声"再见"，等对方放下电话后再轻轻放下电话。拨打电话的程序，如图14.2所示。

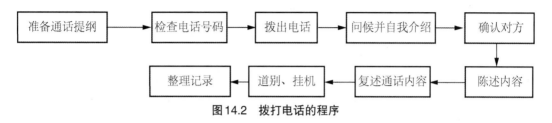

图14.2　拨打电话的程序

3. 接打电话的注意事项

（1）选择恰当的通话时间

恰当的时间是指不会干扰他人的休息和工作的时间，如早晨8点之前，晚上9点之后，中午12—14点，一般不拨打他人的电话。周末休息时间一般不打公事电话，遇有特殊情况应予以说明并致歉。

（2）用语要简洁

正常情况下，采用"通话三分钟"原则，啰嗦容易忽略通话内容的重点，占用他人过多的时间是不礼貌的。可使用简单、直接的语言，如"是的""好的""谢谢您"等。咬字要清楚，如辨清"黄"和"王"、"老"和"脑"等发音相近的字。

（3）拨错电话要致歉

拨错电话是难免的，如果拨错电话就一定要注意向对方道歉。拨错电话浪费了他人的时间，不道歉是有违礼仪要求的。

（4）代接电话要记录

接到代接或代转的电话，要注意尊重对方的隐私，不能打听对方不愿说的事情。注意准确记录来电者的单位、姓名、来电时间、通话要点、电话号码、回电时间等内容，及时告知对方要找的人。常将"请""谢谢""对不起"挂在嘴边，常用"您"取代"你"，不单独说"讲""说"等带有命令的字。

4. 正确使用移动电话

移动电话又称手机，其便捷、高效的特点受到人们的普遍青睐。许多手机使用者常常忽视手机使用时应注意的事项，难免会影响自身形象。

（1）要遵守公共秩序

遵守公共秩序，即在公共场所通电话时要顾及他人。不要在开会时间、听课时间使用手机，否则会让人觉得工作、上课不专心，或分散他人注意力。在某些特定的公共场所，如剧院、音乐厅、图书馆、会议室、课堂等严肃、安静的场合，应将手机关闭或调至静音，以免手机铃声突然响起，影响他人，同时也影响自己的形象。

（2）要注意通话方式

有他人在场的情况下，通话时，说话声音要轻，特别是公共场合不能旁若无人地大声说话，更不能高声喊叫。若有条件，可找一个僻静的场所接听，以免干扰他人。

由于无线通信的质量还不稳定，有些场合手机信号不佳，很多人习惯对着手机大声说话，其实这毫无必要，只需要保持打固定电话时的声调即可。

（3）要自觉维护安全秩序

做到在驾驶汽车时不使用手机，否则会造成安全隐患，且违反交通法规；也不要在病房、加油站等地方使用手机，免得手机信号干扰仪器的精准度，或引发火灾、爆炸等；乘飞机时应关闭手机。

5. 应对特殊事件的技巧

（1）听不清对方的话语

当听不清楚对方讲话时，进行反问但不失礼，且必须方法得当。如果惊奇地反问："咦？"或怀疑地回答："哦？"对方会觉得不被信任，从而非常愤怒，对你印象不佳。但如果客气地反问："对不起，刚才没有听清楚，请再说一遍好吗？"对方一定会耐心地重复一遍，丝毫不会介意。

（2）接到打错了的电话

有一些人接到打错了的电话时，常冷冰冰地说："打错了！"最好能这样告诉对方："这是××公司，你找哪位？"如果自己知道对方所找公司的电话号码，不妨告诉他，也许对方正是公司潜在的顾客。即使不是，你热情友好地处理打错了的电话，也可使对方对公司抱有初步好感，说不定就会成为公司的客户，甚至成为公司的忠诚支持者。

（3）遇到自己不知道的事

有时候，对方在电话中一直谈自己不知道的事，而且没完没了。遇到这种情况，我们往往迷失在对方喋喋不休的陈述中，很长时间都不知对方到底找谁，待电话讲到最后才醒悟过来："关于××事呀！很抱歉，我不清楚，××才是负责人，请稍等，我让他来接电话。"碰到这种情况，应尽快理清头绪，了解对方的真实意图，避免被动。

（4）接到领导亲友的电话

领导对下属的评价常常会受到其亲友印象的影响。打到公司的电话，并不局限于工作关系。领导的亲朋好友，常打来与工作无直接关系的电话。但他们对接电话的你的印象，会在很大的程度上左右领导对你的评价。

例如，当接到领导夫人找领导的电话时，假如你忙着赶制文件，时间十分紧迫，根本顾不上寒暄问候，而是直接将电话转给领导。当晚，领导夫人就会对领导说："今天接电话的人，不懂礼貌，真差劲。"简单一句话，便会使领导对你的印象一落千丈。可见，领导的亲朋好友对领导下属的一言一行非常敏感，期望值很高，应时刻严格要求自己。

（5）接到投诉电话

接听投诉电话，应保持平和的态度，多听少说，尤其不能推脱责任。要避免向投诉者表露自己的不耐烦情绪，避免与投诉者纠缠以往的不愉快，避免向投诉者陈述组织内部的运作细节和内部人员之间的矛盾。对于确实因本单位、本部门造成的工作失误或产品质量问题，而带给对方不满或不便，无论是否与你有直接关系，都应该给予对方真诚的道歉，并同时认真做好记录，按程序逐级反映。

（6）能使工作顺利的电话

迟到、请假由自己打电话；外出办事，随时与单位联系并告知去处及电话；延误拜访时间应事先与对方联络；用传真机传送文件后，以电话联络；同事家中电话不要轻易告诉别人。借用其他单位电话应注意：通话时间一般不要超过10分钟；遇特殊情况，必须长时间接打电话时，应先征求对方的同意和谅解。

14.1.2 电话沟通的基本礼仪

1. 重要的第一声

当我们打电话给某单位，若一接通，就能听到对方亲切、优美的招呼声，心里一定会很愉快，与对方对话便能顺利展开，对该单位也会有较好的印象。在电话中只要稍微注意一下自己的行为，就会给对方留下完全不同的印象。同样说"你好，××公司"，但声音清晰、悦耳，会给对方留下好的印象，对方对你所在单位也会有好印象。因此要记住，接电话时，应有"我代表单位形象"的意识。

2. 要有喜悦的心情

打电话时我们要保持良好的心情，这样即使对方看不见你，但是从欢快的语调中也会被你感染，给对方留下极佳的印象。由于面部表情会影响声音的变化，所以即使在电话中，也要抱着"对方看着我"的心态去应对。

3. 清晰明朗的声音

打电话过程中绝对不能吸烟、喝茶、吃零食，即使是懒散的姿势对方也能够"听"得出来。如果你打电话的时候，正躺在椅子上，对方听你的声音就是懒散的、无精打采的；若坐姿端正，所发出的声音也会亲切悦耳，充满活力。因此打电话时，即使看不见对方，也要当作对方就在眼前，尽可能注意自己的姿势。

4. 迅速准确地接听

办公桌上往往会有两三部电话，听到电话铃声，应准确迅速地拿起听筒，最好在三声之内接听。若长时间无人接电话或让对方久等，会给对方留下不好的印象。即便电话离自己很远，听到电话铃声后，附近没有其他人，也应该用最快的速度拿起听筒。如果电话铃响了较长时间才拿起话筒，应该先向对方道歉。

5. 认真清楚地记录

随时牢记"5W1H"技巧，这些资料在工作中都是十分重要的，对打电话、接电话具有相同的重要性。电话记录既要简洁，又要完整。

6. 了解来电话的目的

每个电话都十分重要，不可敷衍，即使对方要找的人不在，切忌只说"不在"就把电话挂了。接电话时也要尽可能问清事由，避免误事。首先应委婉地探求对方来电目的，如自己无法处理，也应认真记录下来，既不会误事又能赢得对方的好感。

7. 挂电话前的礼貌

要结束电话交谈时，一般应当由打电话的一方提出，然后彼此客气地道别，说一声"再见"，再挂电话，不可只管自己讲完就挂断电话。

14.2 网络沟通

网络沟通是通过基于信息技术（IT）的计算机网络来实现信息沟通的活动。目前，国内常见的网络沟通形式有即时通信（QQ、微信等）、微博、电子邮件、网络论坛和博客等。

网络沟通应常记在心的原则有：①尊重别人，尊重他人的隐私，不要随意公开私人邮件、聊天记录和视频等内容；②尊重他人的知识，人都会有犯错误的时候，不要好为人师，不要自诩高人一等；③尊重他人的劳动，不要剽窃、随意修改或张贴别人的劳动成果，除非他人主观愿意；④尊重他人的时间，在沟通提问之前，先确定自己无法解决，且对方是正确的人；⑤自信，但是要注意谦虚，做好细节，不要刻意放低身段，但是如果对某方面不熟悉，不要冒充专家，发送消息前，要仔细检查语法和用词，不要故意挑衅或使用脏话。

14.2.1 即时通信礼仪

即时通信（QQ、微信等）相对比较随意、轻松，但是在职场上使用时，还是要遵循不少礼仪，以便树立良好的职业形象。其礼仪主要包括以下几方面。

① 对于客户、领导或其他不是非常熟悉的尊者要先有称呼再用表情，不可以单独用表情取代称呼，但寒暄可以简短些。

② 在得到对方允许后再发离线文件。

③ 不能不经对方允许就发很大的视频或文件。
④ 不能发一些不太健康的图像以表示娱乐。
⑤ 不能不明对方是否在线就随便截图发送过去。
⑥ 一定要回复对方的留言。
⑦ 如果你很忙,就不要显示在线。
⑧ 不要打扰忙碌的人。
⑨ 尽量及时回复别人的信息。
⑩ 不要在 QQ 上设置自动回复。
⑪ 发网址的时候附上标题或简介。随意发送链接地址是一种很粗鲁的行为,属于强制推送内容给对方,而且容易让别人的计算机感染病毒。
⑫ 不要刨根究底,必要时使用聊天记录。
⑬ 退出那些被你屏蔽已久的 QQ 群。
⑭ 别忘记在 QQ 或微信上备注对方姓名(及单位职务等)。
⑮ 因公 QQ 应避免在非工作时间使用,除非事先有过约定。
⑯ 内容发送要注意及时性,在发送内容之前,要"三思而后行"。
⑰ 要注意礼貌。
⑱ 学会正确使用状态说明。
⑲ 不要传播谣言、不可靠或恶俗的东西。

14.2.2 电子邮件沟通礼仪和技巧

1. 礼仪

① 主题应当明确,不要发送无主题和无意义的电子邮件。
② 邮件的开头要恰当地称呼收件人;如果对方有职务,应按职务尊称对方;不熟悉的人请使用恰当的语气、适当的称呼和敬语,不宜直接称呼其名,对级别高于自己的人也不宜称呼其名。
③ 电子邮件开头结尾最好要有问候语。最简单的开头写"Hi",中文写"你好";结尾写"Best regards",中文写"祝你顺利"。
④ 注意电子邮件正文拼写和语法的正确,避免使用不规范的语言和表情符号。使用简单易懂的主题以准确传达你的电子邮件的要点。
⑤ 由于电子邮件容易丢失,因此应当小心查询,而不是无理猜测并在心里暗暗责怪对方。在自己做到及时回复电子邮件的同时,不要对他人回复电子邮件的时效性做过分期许。
⑥ 不要随意转发电子邮件,尤其不要随意转发带附件的电子邮件,除非你认为此邮件对于别人的确有价值。在计算机病毒泛滥的今天,除非附件需要,否则应该避免 Word、PPT 附件,多使用 PDF 附件。在电子邮件正文中应当包含附件的简要介绍。电

子邮件要使用纯文本或易于阅读的字体,不要使用花哨的装饰,最好不要使用带广告的电子邮箱。

⑦ 如果不是工作需要,尽量避免群发电子邮件。尤其不要参与发连环信的活动,群发电子邮件容易使得收件人的地址相互泄露,因此最好使用邮件组或者暗送。两个人所商量事情牵涉第三方时,应该将电子邮件抄送给第三方。

⑧ 在给不认识的人发送电子邮件时,先介绍一下自己的详细信息,或者在签名中注明自己的身份,没有人愿意和自己不明底细的人讨论问题。

⑨ 如果对方公布了自己的工作邮箱,那么工作上的联系请不要发送到对方的私人邮箱,没有人愿意在和朋友们联系的邮箱中看到工作上的问题。

⑩ 及时回复电子邮件,有针对性地进行回复,回复不得少于10个字。

2. 写电子邮件的技巧

(1) 标题

① 标题要提纲挈领,切忌使用含义不清的标题。
② 标题要简短,不宜冗长。
③ 标题要能反映电子邮件的内容和重要性。
④ 一封电子邮件尽可能只针对一个主题,不在一封电子邮件当中谈及多件事情。
⑤ 可适当使用大写字母或特殊符号来突出主题。
⑥ 回复对方电子邮件时,可根据回复内容需要更改标题。

(2) 正文

① 电子邮件正文要简明扼要,行文通顺。
② 注意电子邮件的论述语气。
③ 电子邮件正文多用1、2、3、4之类的序号。
④ 每一封电子邮件都要将信息交代完整。
⑤ 尽可能避免拼写错误和错别字,注意使用拼写检查。
⑥ 合理提示重要信息。
⑦ 合理利用图片、表格等形式来辅助阐述。
⑧ 不要轻易使用表情字符。
⑨ 如果电子邮件带有附件,应在正文里提示收件人查看附件。附件文件应按有意义的名字命名。正文中应对附件内容做简要说明,附件数目不宜超过4个,数目较多时应打包压缩成一个文件。如果附件是特殊格式的文件,应在正文中说明打开方式。如果附件过大,应分割成几个小文件分别发送。
⑩ 只在必要的时候才使用英文发电子邮件。
⑪ 尊重对方的习惯,不主动发电子邮件。
⑫ 对于一些信息量大或重要的电子邮件,建议使用中文。

⑬ 选择便于阅读的字号和字体。

14.2.3 微博、博客与网络论坛礼仪和技巧

微博、博客与网络论坛礼仪和技巧如下。

① 表明自己的身份，遵守"面对面"原则。

② 不要分享敏感信息，避免争议话题。

③ 遵守国家法律，遵守社会公德，别指望免责声明。

④ 进行必要的隐私设置。

⑤ 尊重别人的劳动，不要随意转载，或者否定对方的知识层次。不要自诩高人一等，或使用侮辱性质的词句。

⑥ 不要做鉴定师和价值判断人，不要断章取义，不要留下一句"鉴定完毕"等鉴定式语言，不要抓住对方的某一句话进行评论，要认真阅读后发言。

⑦ 说出理由，但不要说出不文明用语。

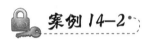

微红牛：五环变四环，"神文案"的正能量

红牛围绕"能量"诉求深入人心。俄罗斯索契冬奥会是一次全球性体育盛会，吸引了全球的目光，而在2014年2月8日凌晨的开幕式却出现了戏剧性的一幕，奥运五环有一个环没有打开。敏感的企业开始抓住机会进行借势营销，红牛也借势推广其"能量"诉求，吸引体育爱好者的目光。

"五环变四环，打开的是能量，未打开的是潜能"，五环变四环是一次失误，是不完美和瑕疵，社交媒体上对此出现了很多的"负能量"话语。红牛翻转网友"负能量"认知，从"能量""潜能"正能量的角度出发，对这次事件给出正面、积极的看法，并对产品功能进行了很好的传播。

（资料来源：关于微博营销的一些事.城外圈广告平台[EB/OL].（2016-06-17）[2019-12-25]. https://www.cwq.com/Article/1009.html.）

【思考与讨论】微博是当前网络沟通中的一种重要方式，试对这种沟通方式进行评价。

14.2.4 网络沟通的特点

网络改变了人们的生活和思维方式，使人与人之间的关系出现了新的特点，给人际关系带来了新的冲击。它扩大了人与人之间的交往范围，使人际交流能够双向互动或多向互动，交流更直接、更快捷，但它同时也产生了负面影响。"虚拟社区"概念提出者霍华德·莱茵戈德（Howard Rheingold）是较早把网络沟通作为独立的对象进行系统观察和研究的学者之一。他提出，网络沟通将从3个相互联系的方面对现实生活产生影响。首先，在媒介饱和年代，网络沟通将重新塑造人们的个性和情感；其次，传统的人际关系建立在一对一的交流基础之上，而网络沟通提供的是多对多模式，因而也将对群体观念和人际

关系构成挑战；最后，则是对民主社会的影响，网络沟通挑战了权力集团对传播媒介的垄断。

1. 优点

网络提供了人际交往的特殊空间，正是这种特殊性，决定了网上人际交往不同于现实社会生活的新特点。把握这些新特点，有助于人们正确、健康地扩大交往空间，建立新型的人际交往关系。相对于传统沟通方式而言，网络沟通具有以下优点。

（1）开放性与多元性

网络化的交往超越了时空限制，消除了"这里"和"那里"的界限，拓展了人际交往的范围，使人际关系更具开放性。随着网络技术的发展，基于网络的沟通方式层出不穷，人们可以通过互发电子邮件代替传统信件；可以用一些即时通信工具代替打电话，如QQ、微信等，与对方进行视频沟通。

（2）自主性与随意性

网络中的每一个成员都可以最大限度地参与信息的制造和传播，这就使网络成员几乎没有外在约束，而更多地具有自主性。同时，网络是基于资源共享、互惠互利的目的建立起来的，网民有权决定自己干什么、怎么干，但由于缺乏必要的约束机制，网民必须"自己管理自己"。

（3）间接性与广泛性

网络改变人际交往方式，突出的一点，就是它使人与人面对面的交流变成了人与机器之间的交流，带有明显的间接性。这种间接性也决定了网络交流的广泛性，基于网络的沟通行为比传统的打电话或写信、发电报具有更加广阔的使用范围。鼠标一点，你可能连接上世界上任何一个拥有互联网的角落，世界真正成了一个村落。

（4）非现实性与匿名性

网络社会的人际交往和人际关系的定义，已经突破了传统人际交往和人际关系的内涵。在网上，人们可以"匿名进入"，网民之间一般不发生面对面的直接接触，这就使得网络人际交往比较容易突破年龄、性别、相貌、健康状况、社会地位、身份、背景等传统因素的制约。

（5）平等性

由于网络没有中心，没有直接的领导和管理结构，没有等级和特权，每个网民都有可能成为中心，因此，人与人之间的联系和交往趋于平等，个体的平等意识和权利意识也进一步加强。人们可以利用网络所特有的交互功能，互相交流、制造和使用各种信息资源，进行人际沟通。

（6）沟通成本低廉性

现在除了在购置计算机、网络支持等方面一次性投入较大外，网络建成后的每一次信息交流相比其他的传统沟通方式都更为便捷和成本低廉。以要与某人商量一件事为例,进行一次面对面的交谈将包括交通费、路上往返的时间等;打电话包括电话费;要传送某资料还需要打印和传真费。而利用网络你只需登录QQ或微信,连接视频和传送文件,就类似于面谈,完成整个过程不仅节约了你收拾好资料物品再出门打出租车的时间,而且对于宽带包月的用户来说,上网费用几乎可以忽略不计。

2. 缺点

(1) 失范性

网络世界的发展,开拓了人际交往的新领域,也形成了相应的规范。除了一些技术性规则(如文件传输协议、互联协议等),网络行为同其他社会行为一样,也需要道德规范和原则,因此出现了一些基本的"乡规民约",如电子邮件使用的语言格式、在线交谈应有的礼仪等。

(2) 人际情感的疏远

网络的全球性和发达的信息传递手段,使人与人之间的交往没有了空间障碍,同时也使现实社会中人与人之间的情感更加疏远。人们面对面交流的机会越来越少,沟通行为趋向单一化,即更多地依赖于网络。沟通方式的单一化损失的不仅仅是情感,还有正义感、良知和公德心。

(3) 信任危机

网络虚拟化的人际交往方式,使得许多网民往往抱着游戏的心态参与网上交往,致使网上的信任危机甚于现实社会。与此同时,一些网民在现实生活中遇到挫折时,又会采取"宁信机器,不信人"的态度,沉溺于"虚拟世界",不愿直面现实生活。

针对这些缺点,我们应采取以下措施:建立健全法律制度,树立良好的网络道德观,树立正确的人际交往观,树立正确的价值观。

思 考 题

1. 简述网络沟通的主要形式。
2. 网络沟通时要注意哪些礼仪?
3. 你如何看待网络沟通的利与弊?
4. 简述电话沟通的技巧。
5. 简述规范接听电话的程序。

实 训 项 目

一、案例分析

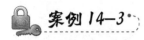

姜经理的电话沟通技巧

"陈先生吗？您好！我姓林，是大大公司的业务代表。您是成功人士，我想向您介绍……"

陈先生直率地说："对不起，林先生。你过誉了，我正忙，对此不感兴趣。"说完就挂断了电话。

小林放下电话，接着又打了半个小时，每次和客人刚讲上两三句，客人就挂断了电话。

姜经理问他："小林，你知道为什么客人不肯和你见面吗？"

小林想，约见客人难，大家都知道，我约不到，有什么奇怪。

姜经理见他不吱声，便解释起来："首先，你应该说明来意，是为会面而打电话的。其次，捧场话讲得太夸张不行。你开口便给对方戴了个'成功人士'的大高帽，对方会立刻产生一种抗拒感。和陌生人见面，太夸张的奉承让人觉得你是刻意推销，也容易给人急功近利的感觉。最后一点也是最重要的，电话是方便我们约见客人。你想介绍产品，见面是最佳途径。在电话里，有些事是说不透的，就算客人肯买，难道立刻成交？"

姜经理说完亲自示范给小林看。

"邹先生？您好！我姓姜。我们没见过面，但可以和您谈一分钟吗？"他有意停一停，等待对方做出反应。

对方说："我正在开会！"

姜经理马上说："那么我半小时后再给您打电话好吗？"

对方毫不犹豫地答应了。

姜经理对小林说，主动挂断与被动挂断电话的感受不一样。尽可能主动挂断，可以减少失败感。

半小时后，姜经理再次接通电话，说："邹先生，您好！我姓姜。您叫我半个小时后来电话……"他营造出一种熟悉的回电话的气氛，以缩短距离感。

"您是做什么生意的？"

"我是大大公司的业务经理，专为客人设计一些财经投资计划……"

邹先生说："教人赌博，专搞欺骗？"两人都笑了。

"当然不是！"姜经理说，"我们见见面，也许不会立刻做成生意。但看过资料后印象会深些，今后你们有什么需要服务的，一定会想到我啊！"

邹先生笑了笑，没说什么。

"这两天我在您附近工作。不知您明天还是后天有时间？"姜经理问。

"那就明天吧。"

"谢谢！邹先生，上午还是下午呢？"

"下午吧！4点。"邹先生回答。

"好！明天下午4点见！"姜经理说。

姜经理放下电话，小林禁不住拍手称赞。

【思考与讨论】

1. 姜经理与小林两人各自打电话的方式有什么不同？
2. 姜经理用了哪些电话沟通技巧？

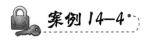

一个业务电话

某晚，有一位推销员从睡梦中突然醒来，因为他想到还有一个业务电话未打，于是他马上起身穿好衬衣，打好领带，拿起电话。他老婆觉得甚是奇怪，就问他："老公，你打个电话还穿得那么整齐干吗？你要出去啊？"他回答："我穿好衣服打电话，表示我对顾客的尊重，虽然顾客看不到，但我想顾客能感觉到我对他的尊重。所以，我一定要穿好衣服打这个电话。"

（资料来源：作者根据相关网络资料整理。）

【思考与讨论】从这个案例中你得到了什么启示？

二、应对突发事件

在电话沟通活动中，你曾遇到过什么样的突发事件？你是如何应对的？有何改进计划？请填写在下表中。

突发事件	以前如何应对	改进计划
① 听不清对方的话语		
② 接到打错了的电话		
③ 遇到自己不知道的事		
④ 接到领导亲友的电话		
⑤ 接到顾客的索赔电话		
补充：		

项目 15 当众发言

1. 了解当众发言的准备工作；
2. 了解当众发言内容的组织；
3. 掌握当众发言方式的运用；
4. 熟悉当众发言辅助手段的运用。

1. 能够为当众发言做好准备并敢于讲话；
2. 能够把握发言的内容，突出发言主题，内容丰富有序；
3. 能够把握发言方式，生动得体地表达；
4. 能够借助各种辅助手段强化发言主题。

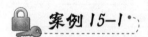

陶行知先生的开场白

有一次，陶行知先生在武汉大学演讲。他走上讲台，不慌不忙地从箱子里拿出一只大公鸡。台下的听众全愣住了。陶先生从容不迫地又掏出一把米放在桌上，然后按住公鸡的头，强迫它吃米，可是大公鸡只叫不吃。他又掰开鸡的嘴，把米硬往鸡嘴里塞。大公鸡拼命挣扎，还是不肯吃。最后陶先生轻轻地松开手，把鸡放在桌子上，自己向后退了几步，大公鸡自己就吃起米来了。

这时陶先生则开始演讲："我认为，教育就跟喂鸡一样。先生强迫学生去学习，把知识硬灌给他，他是不情愿学的。即使学也会食而不化，过不了多久，他还是会把知识还给先生的。但是如果让他自由地学习，充分发挥他的主观能动性，那效果一定会好得多！"台下一时间掌声雷动，为陶先生形象的演讲开场白叫好。

（资料来源：作者根据相关网络资料整理。）

【思考与讨论】陶行知先生这个开场白方式让你感受到了什么？

15.1 做好当众发言准备

15.1.1 当众发言的类型

当众发言就是指在较正式的场合，按照预定的主题当众完整地表述自己的意见和看法的发言。现代社会交流沟通日益频繁，当众发言的能力已成为职场沟通交流中不可缺少的才能。掌握了当众发言的技巧，能使你在更大程度上影响人们的态度和行为，从而满足自己的工作需要，达到工作目标。

当众发言的具体内容包罗万象，根据当众发言的目的，大体可以分为三类。

1. 告知类发言

告知类发言又称叙述类发言，目的就是向听众传授知识或传递信息。例如，解释一个概念；报告一次事件；向新员工介绍公司情况，以帮助他们适应公司工作；销售经理在公司会议上向大家介绍公司目前的业绩等。

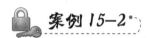

奥运会女子体操传统项目介绍
目的：告知。 具体目标：告知听众，让他们明白女子体操中的四个传统项目。 核心想法：这四个传统项目分别是自由体操、跳马、平衡木和高低杠。

（资料来源：卢卡斯，2002.演讲的艺术[M].李斯，译.海口：海南出版社.）

2. 说明类发言

说明类发言是向听众说明某个事物，并分析情况。例如，介绍产品的构造和使用的操作程序；对两个或两个以上的产品、概念、政策或活动进行对比的解释或讨论型发言；深入分析某一方面的情况，以便于做出决策或采取措施的分析型发言。

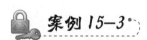

某集团收购某公司的报告
目的：说明。 具体目标：向集团财务委员会说明这家公司的运营状况。 核心想法：这家公司目前的财务状况、增加销售的潜力、债务结构及其他影响委员会决策的因素。

（资料来源：王建民，2015.管理沟通实务[M].4版.北京：中国人民大学出版社.）

3. 说服类发言

说服类发言的目标是转变或加强听众的观点，以便使听众支持发言者的观点，或采取发言者期望的行动。例如，公司部门经理说服公司管理层采纳他的某项建议的劝导性发言；用激动人心的语言激发员工的热情与干劲，朝着一个既定的目标努力的激励性发言。

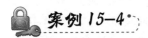

案例 15-4

鼓励大家多使用共享单车出行

目的：说服。

具体目标：说服听众，让他们相信共享单车是城市短途出行最好的交通工具。

核心想法：骑自行车是城市短途出行的最佳交通方式，因为它比步行或跑步快，不必担心堵车，也不必担心停车难，没有污染，而且有益于人的身心健康。

（资料来源：卢卡斯，2007. 卢卡斯的演讲艺术 [M]. 李斯，译. 哈尔滨：北方文艺出版社．）

15.1.2 当众发言的准备

1. 确定发言题目

确定发言题目是进行发言前的首要任务，这不仅是发言者所关心的，也是听众所关注的。发言题目不仅与发言的形式有关，而且与发言的内容、风格有关。一个新颖而富有吸引力的题目，不仅在发言前就能激发听众的兴趣，而且会在发言后给观众留下深刻的印象，甚至可能成为一个名句而广为流传。

发言题目应是大多数人都普遍关心的问题，必须符合听众的兴趣，满足听众的需求。一般来说，选择发言题目应该注意以下几点。

① 题目能够概括发言的基本内容或主题。
② 题目要带有发言者的独特见解，新奇醒目，吸引听众。
③ 题目切忌冗长、深奥或空泛。

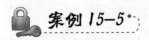

案例 15-5

《超级演说家》第二季冠军刘媛媛演讲题目

1.《丑女莫作怪》（2014 年 5 月 2 日比赛）
2.《面对不成功的人生》（2014 年 5 月 30 日比赛）
3.《年轻人能为世界做点什么》（2014 年 6 月 20 日比赛）
4.《请不以结婚为目的地恋爱吧》（2014 年 6 月 27 日比赛）
5.《不作，不会活》《寒门贵子》（2014 年 7 月 11 日总决赛）

（资料来源：安徽卫视《超级演说家》第二季。）

2. 分析听众

（1）分析听众的需求

分析听众就是根据听众的需求和喜好来组织发言的内容和方式，这样能够更好地达到发言的预期目标，这是整个准备过程中最为重要的环节。

（2）分析听众的组成

听众包括首要听众和次要听众。首要听众是指亲自来参加并听你发言的听众。次要听众又称隐蔽听众，是指那些没有听到你的发言，但会受到听你发言的人影响的一批人。

（3）分析听众的方法

① 听众是谁？听众的基本统计资料，包括年龄、性别、受教育程度、职业、所属组织、团队成员和规模等。

② 听众了解多少？关于发言的主题，听众了解的情况如何？听众需要了解的新信息有哪些？

③ 听众的感觉会如何？听众对你的信息感兴趣程度会如何？听众的期望和喜好是什么？你所要求的行动对听众来说是否容易做到？

④ 怎样激发听众？通过听众的利益进行激发：强调内容中可能使听众受益的要点，可以包括具体的好处、事业发展的机会及自我满足或团体利益。通过可信度激发听众：听众对发言主题的关注程度，取决于发言者本身和信息的可信度因素。通过信息结构激发听众：如别开生面的开场、强劲有力的结尾、主题内容的结构技巧等。

【思考与讨论】

1. 青年听众和中老年听众各有什么特点？
2. 不同性别的听众，他们的关注点有什么不同？

3. 收集材料

（1）收集材料的来源

① 直接获取。发言者通过自身的观察、调查和体验获取的材料。

② 间接获取。通过图书、报刊、互联网、数据库等途径获取的资料。要对这类资料进行核对甄别，避免引起争议，影响发言效果。

（2）过滤收集到的信息

① 根据听众的期望和感觉进行信息过滤。

② 根据发言的目标进行信息过滤。

（3）材料的使用

① 对于选中的资料要进行归类，规划出用哪些资料说明哪个问题。

② 资料的使用顺序要合理。

③ 资料的使用要多样化，避免单纯使用一种类型的材料，使听众疲劳。

④适当穿插一些趣味材料,以吸引听众的注意力。

4. 撰写发言稿提纲

组织好发言的信息,就把材料变成提纲的形式,以便在发言过程中按归纳的要点依次表述。

发言提纲包括:①总体目标和中心思想;②开场白;③过渡词句;④主题要点;⑤结论和结束语。另外,什么时候停顿或一些提示语也可以写进提纲。如在提纲里,可以将重点词句加上特别的标记予以强调,也可以在相应位置注明"重复""稍缓""大声"等。

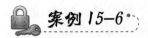

案例15-6

某洋快餐在中国的销售状况分析

目的:告知。

具体目标:告知该投资公司产品品质出现问题,以及受到市场环境的影响,导致在中国销售额下跌。

开场白:(略)

核心思想:
1. 某洋快餐触犯有关法规且客户不喜欢
 1.1 某洋快餐在佐料中的有害添加剂被媒体曝光
 1.2 某洋快餐使用变质原材料被媒体曝光
2. 中国的洋快餐风潮已过
 2.1 新的流行趋势是吃中餐而非西餐
 2.2 西式快餐被视为对健康不利的食物
3. 竞争对手的产品更让客户喜欢
 3.1 "老娘舅"推出口味好的中式套餐
 3.2 "外婆家"的菜品和就餐环境深受消费者喜爱
 3.3 互联网上的中餐品种多样化

结论:目前,某洋快餐在中国的销售状况不佳。

(资料来源:人力资源和社会保障部职业技能鉴定中心,2011.与人交流能力训练手册[M].2版.北京:人民出版社.)

---

5. 发言前的演练

成功的发言离不开反复的演练。演练可以让发言者熟练材料、增强自信心。演练可以及时发现发言材料中的纰漏;预见潜在的问题并准备对策。演练时应该注意以下几点。

①大胆高声地自我练习,熟悉发言内容。

②借助录音、录像设备进行过程分析,改进发言技能。

③熟悉发言环境或者设置模拟场景练习,消除紧张心理。

④ 注重仪容仪表与发言的时间、地点和目的协调一致。

15.2 精心设计开头与结尾

心理学上有"首因效应"和"近因效应",指的是人们的注意力和记忆力的最佳时段是接触事物时的一前一后。按此原理,要想当众发言生动且有吸引力,开好头、结好尾尤为重要。

1. 设计开场白

开场白是指演出或其他发言开场时引入主题的道白,是文章、介绍或发言等开始的部分。在当众发言之前,一般都要说几句开场白,比如"大家好!我是开发部的章平,我今天要讲的是……"开场白的作用除了引入主题和礼仪需要外,还可以一开口就吸引听众的吸引力。据研究,演讲者的焦虑水平在开始30秒之后会大幅下降,因此开场白还会缓解发言者的紧张心情。当众发言的开场白多种多样,下面列举几个例子。

(1) 挂金钟法

挂金钟法即一开头就给人一个悬念。如某公司的总经理,在一次公司会议上发言,主要内容是提倡大家要注意维护和提升本公司形象。一开口他就说:"昨天晚上,公安局来人了,说有一件事要查一下是谁干的……"这样的开场白一下子就吸引了下属们的注意力,全神贯注地盯着他,想听接下来是怎么回事。

(2) 上启下法

上启下法即将前一位发言人提到的一件事或说过的一句话作为你讲话的开头。如某大学毕业典礼上,教师代表发言后,毕业生代表发言。他说道:"李老师刚刚说,今天你们以学校为荣,明天学校将以你们为荣,我相信这不仅是母校的希望,也是所有老师的共同愿望。此时此刻,我作为毕业生代表,最想对母校说的是……"

(3) 就地取材法

就地取材法即抓住现场某一特征开始说。如王健林先生在中央电视台《开讲啦》栏目演讲时,主持人撒贝宁一开场就说:"现场很多同学写来了他们的问题,有一个同学说了,终于见到了传说中的中国首富,我很激动,不知道高富帅的您可不可以告诉矮穷矬的我,怎样才能成为首富呢?括号,越快越好。"王健林先生说道:"两个办法。第一个办法,我的财富分给你90%,马上行了,但这个不太现实。第二个办法,想一个能赚钱的行业和买卖,关键你找到跟别人不一样的方法,比如做担担面,你不一定要做得味道比别人好很多,味道跟别人一样,想办法做连锁,比别人更便宜一点点,你收入就多了。"这个互动方式的开场白引来了在场听众的阵阵掌声,气氛非常热烈。随即王健林先生就借题转入了他的演讲正题——《坚持才能成功》。

案例 15-7

大师们的开场白

著名教育家张伯苓是南开大学的创建人。1929年,南开女中的第一届学生毕业,张校长的讲话既幽默又深刻。他说:"你们将来结婚后,相夫教子,要襄助丈夫为公为国,不要要求丈夫升官发财。男人升官发财以后,往往第一个看不顺眼的就是你这个原配夫人!"

闻一多先生不仅文学成就大,课也讲得精彩。闻一多上课时,先抽上一口烟,然后用顿挫鲜明的语调说:"痛饮酒,熟读《离骚》——乃可以为名士。"他讲唐诗,把晚唐诗和后期印象派的绘画联系起来讲,别具特色;他的口才又好,引经据典,信手拈来。所以,他讲课时,课堂上每次都爆满,外校也有不少人来"蹭课",有的人甚至跑上几十里路来听他的课。

著名作家、翻译家胡愈之先生,也偶尔到大学客串讲课,开场白就说:"我姓胡,虽然写过一些书,但都是胡写;出版过不少书,那是胡出;至于翻译的外国书,更是胡翻。"在看似轻松的玩笑中,介绍了自己的成就和职业,十分巧妙而贴切。

沈从文先生的小说写得好,在世界上都有影响,差一点儿获得诺贝尔文学奖,可他的授课技巧却很一般。他也颇有自知之明,一开头就会说:"我的课讲得不精彩,你们要睡觉,我不反对,但请不要打呼噜,以免影响别人。"这么谦虚地一说,反倒赢得满堂彩。

(资料出处:作者根据相关网络资料整理。)

【当众发言开头】

2. 当众发言开头

(1)直入法

当你的话题本身有一定的吸引力时,可以第一句话就点出"主题"。例如,"我的爱好就是读菜谱",会让听众觉得有些另类。

案例 15-8

坚持才能成功

今天叫我来开讲之前,叫我确定一个题目。后来我想,讲什么呢?我就定一个题目吧,叫坚持才能成功。

(资料来源:中央电视台《开讲啦》王健林演讲稿节选。)

(2)悬念法

悬念法即一开口说话,就提出一个悬念。例如,"爱美之心,人皆有之,尤其是女孩。当然我也不例外。朋友,你是否知道,爱美有时也是要付出代价的!"

(3)请求法

从一个请求开始。例如,"我有个问题想问大家,你们有几个生日?"以引起听众的兴趣,随即把话题展开讲。

（4）对比法

对比法即提出两个相对的概念，以引起人们的注意。例如，"常听人讲，应聘者在主考官面前，一般就像老鼠见了猫，我的经历却是猫见了猫。"

（5）提问法

提问法即向现场听众提问题。一种是让听众回答，然后予以肯定，以此增强与现场听众互动的气氛；另一种就是自问自答，意在抓住听众的注意力。

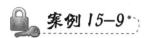

丑女莫作怪

有一天，我很认真地问我哥："你说我为什么嫁不出去？"我哥看着我的脸认真地回答："你一直不知道自己长得丑吗？"我说："不知道啊。"他说："这个世界上很多事情都跟长相有关，比如，灰姑娘被王子选中是因为她穷吗？那是因为她长得好看。"可是，长得丑难道就没有救了吗？

（资料来源：安徽卫视《超级演说家》第二季刘媛媛演讲稿节选。）

（6）引用法

引用法即引用了一句名人名言或富含哲理的话来引出话题。例如，"古人云：'勿以恶小而为之，勿以善小而不为'，每逢想起这句话，我就……"

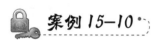

不作，不会活

2016年，十大网络流行语之一"No zuo, no die"大家都听过吗？不作就不会死。但是，我今天想让大家记住的不是"No zuo, no die"，而是"No zuo, no life"。

（资料来源：安徽卫视《超级演说家》第二季刘媛媛演讲稿节选。）

3. 当众发言结尾

（1）回味式

回味式即让人听了这段结尾的话，引起一种耐人寻味的感觉。

【当众发言结尾】

面对不成功的人生

泰戈尔说："飞鸟从天空飞过，可它并没有留下痕迹。"可是我的朋友，你知道吗，你自己应该懂，你自己在这片天空飞翔过。

（资料来源：安徽卫视《超级演说家》第二季刘媛媛演讲稿节选。）

（2）提醒式

提醒式即把所要表达的意思浓缩成一两句话，用递进的方式表达出来。例如，"至今我的额头上还留着一个疤痕呢！有时我照镜子看到它，就会提醒自己：这就是高跟鞋的代价，更是想当然的代价！"

（3）启发式

启发式即把自己讲的内容，归纳成几句富有哲理的话表达出来。例如，"朋友，请记住：杯子并不重要，水好就行！"

（4）呼应式

呼应式即把所讲的话题，在结尾巧妙地点出来，照应开头。

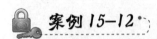

寒门贵子

这段演讲到现在已经是最后一次了，其实在刚刚问的时候我就发现了，我们大部分人都不是出身豪门的，我们都要靠自己，所以你要相信，命运给你一个比别人低的起点是想告诉你，让你用你的一生去奋斗出一个绝地反击的故事，这个故事关于独立、关于梦想、关于勇气、关于坚忍，它不是一个水到渠成的童话，没有一点点人间疾苦。这个故事是有志者事竟成，破釜沉舟，百二秦关终属楚；这个故事是苦心人天不负，卧薪尝胆，三千越甲可吞吴。

（资料来源：安徽卫视《超级演说家》第二季刘媛媛演讲稿节选。）

（5）调侃式

调侃式即用通俗、轻松的语言，以调侃的口吻结尾。

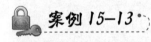

丑女莫作怪

最后呢，我送给大家四句话：命里有时终须有，命里无时"要"强求，想找对象不怕丑，努力就有男朋友。

（资料来源：安徽卫视《超级演说家》第二季刘媛媛演讲稿节选。）

（6）号召式

号召式即带有感召性的结尾。

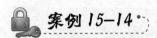

年轻人能为世界做点什么

所以我亲爱的"90后"们，如果再有人跟你们说，年轻人你不要看不惯，你要适应这个社会，这时候你就应该像一个真正的勇士一样直面他,你告诉他:"我跟你不一样,我不是来适应社会的,我是来改变社会的。"

（资料来源：安徽卫视《超级演说家》第二季刘媛媛演讲稿节选。）

（7）议论式

议论式即以议论的语调结尾。

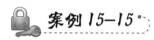

不作，不会活

你可能会说，人生嘛，平平淡淡才是真，瞎"作"什么呀！我每次听到一个二三十岁的年轻人说这种话的时候，我不是觉得他错，我只是觉得很可惜，这个世界那么大，那么精彩，你什么都还没看到过的时候却甘心地待在一个格子里面，循规蹈矩、安分守己地生活，这样的生活没有任何风险，也不会被别人嘲笑，但是我总觉得呀，一个没有把百酒都尝遍的人，他是不大懂得清水之味的。一个一辈子都安分守己不敢"作"的人，他从来也不曾拥有一个精彩丰富的人生。

毕竟，"No zuo, no die"，就"No life"！

（资料来源：安徽卫视《超级演说家》第二季刘媛媛演讲稿节选。）

（8）抒情式

抒情式即用散文诗的语言结尾，以倡导某种信念。

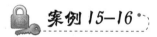

教之有道，斥之有方

我想说的是，教育的精髓是"教之有道，斥之有方"。

为何这么说呢？

陶行知先生在做校长时，一天，在校园里看到一名男生正想用砖头砸另一个同学。陶行知及时制止，同时让这个学生去自己的办公室。

在外了解情况后，他回到办公室，发现那名男生正在等他，便掏出第一颗糖递给他："这是奖励你的，因为你很准时，比我先到了。"

接着又掏出第二颗糖，说："这也是奖励你的，我不让你打人，你立刻就住手，说明你很尊重我。"该男生将信将疑地接过糖。

陶行知又掏出第三颗，说："据了解，你打同学是因为他欺负女生，说明你很有正义感。"

这时，那名男生已经泣不成声了："校长，我错了。不管怎么说，我用砖头打人是不对的。"

陶校长这时掏出第四颗糖，说："你已经认错，我们的谈话也结束了。"

陶先生以出其不意的奖励感化教育，轻而易举地攻破了学生的心理防线，圆满地达到了教育的目的。

想要教育一个人，首先要树立平等的心态，有宽广的胸怀，对事不对人，设喻服其心。凌驾他人，对立斥责只会产生相反的效果，教育孩子更是如此，逆反心理就是这样形成的。所以，教育学生或者孩子时不应该用训斥、苛责、打骂等伤人自尊的方式,而应平心静气,换位思考,旁敲侧击,采用对比设喻的方式感化对方。很多时候,微笑比严酷更有力量,赏识比批评更具有激励作用。

温暖是什么?是教之有道,斥之有方!

善于播种温暖的老师是高明的老师。

谁这么做了,谁就收获奇迹!

(资料来源:作者根据相关网络资料整理。)

以上仅举例说明了几种当众发言开头和结尾的具体方法。本节内容旨在提供一个思路,个人完全可以在此基础上创造出更精彩的开头和结尾,且能够举一反三,灵活运用。

15.3 依据发言目的选择发言思路

做好当众发言,首先要知道发言的内容主要包括哪几方面;其次表述这些内容的方式有哪些具体要求。所以,虽然当众发言的具体内容包罗万象,但根据发言的目的性,大体可以分为3类:一是叙述类发言,二是说明类发言,三是说服类发言。

【五何公式法】

1. "五何公式法"的发言思路

叙述类的发言,内容组织要详略得当,语言组织应具体生动,强调的是"言之有物,说话不空"。基本要求是把一件事情用叙述的口吻讲清楚,让听众有身临其境之感。讲清楚的关键是要把一件事情发生的时间、地点、原因、人物、结果这五大要素交代清楚;否则,给听众的感觉就会朦朦胧胧,更谈不上印象深刻。"五何公式法"发言思路就是这5个要素的简称,即何时、何地、何故、何人、何果。在当众发言时,围绕这5方面的内容进行叙述,能保持内容的完整和清晰。

如何寻找话题呢?演讲家彭清一说过:"当众讲话时,拿亲身经历举例是很好的一个办法。它可以生动地说明自己的思想或观点,引起听众的兴趣。当然,为了达到最佳效果,还离不开认真和真诚,以及与听众的目光交流。"所以在任何场合发言,说自己最擅长的和熟悉的话题最容易。初练当众发言,最好说说自己亲身经历,或有过思考、有过研究的话题。

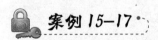
案例15-17

坚持才能成功

1970年我到部队当兵,十五六岁,我是一个新兵。有一次去拉练,每人背个粮袋、背包,20来斤吧,两千多华里。东北,那真的是林海雪原,那时候出去走,积雪基本上都没了膝盖了。野外宿营，什么也没有，需要你自己挖个雪洞，钻进去过一晚上。大家每天平均要走六十里，甚至七八十里。如果你走不动了，可以到后面坐汽车。上面写上"收容车"。但是可能这一年评先进、评"五好战士"的机会就没了。那个艰苦，是现在的年轻人无法想象的。正常的训练，可能正常的吃饭是够的。天气那么冷，加上又累，饭量就大，也吃不饱。我当时的老班长说："小王，我跟你说个事，你首先承诺，你要坚决保密，我教你一个吃饱饭的招。"我说："坚决保密！"部队那时候吃饭是个缸，这么粗，这么高的大缸子。他说："你啊，上去先盛半缸。"他说，"就算你吃得慢，你这半缸一定比别人吃得快，然后你再去盛第二缸时你来满满一缸，这样你就吃饱了，你别傻傻地先去盛一满缸，很多人都有这个心态，上去先盛满，等盛满了再来没第二次了。"我按他教我这一招，这一年行军路上，基本上吃饱饭。

我们这个野营训练，这一路上的艰苦，到什么程度呢？我都亲眼看到一个干部，就在那儿哭："我说什么也不走了，我党员不要了！我排干部也不要了！"很多人都是，都坚持不下来！一千多人的团队，最后能完整走下来的不到一百人。作为一个十几岁的小孩，我坚持走到了最后，就是一种信念，我走的时候我母亲跟我讲："一定要当'五好战士'！"我父亲也是老军人，说："你当兵，争取超过你父亲！"靠着这种信念和坚持，所以我才能在入伍的第一年，就评上了"五好战士"。

所以，人生做任何事情，要没有一种咬牙的精神，要没有一直坚持到底的精神，是不能成功的。

（资料来源：作者根据中央电视台《开讲啦》王健林演讲稿整理。）

2."黄金三点论"的发言思路

说明类发言内容要集中，表述要条理清晰、通俗易懂，强调的是"言之有序，逻辑性强"。在日常生活、学习和工作中发言的时候，特别是即兴发言的时候，常遇到的问题就是容易语无伦次或丢三落四，往往是说了半天，听众也没有听明白发言者要讲的重点。下面介绍一种"黄金三点论"的发言思路，帮助发言者在说明情况或表明态度时，思路清晰地表达自己的意思。

【"第一、第二、第三"发言思路】

（1）"黄金三点论"发言思路结构形式

简单地说，"黄金三点论"就是借助序数词发言，在讲话中围绕自己要表达的中心意思，运用"第一、第二、第三"，或者"首先、其次、最后"等序数词来表达。

（2）"黄金三点论"发言思路原理

为什么发言者的发言往往不是总结为两点、四点、五点、六点等，而是三点呢？心理学家经过实验证明：人们在一定时间内，对若干内容的记忆，对前三点记忆最深，又称为首因效应。另外我国传统文化中的三字文化影响也特别深远，《史记·律书》中就记载了"数始于一，终于十，成于三"。《道德经》里的开篇说的就是"道生一，一生二，二生三，三生万物"。《左传·庄公十年·曹刿论战》中也有"一鼓作气，再而衰，三而竭"的经典之说。《三字经》家喻户晓，成语中和俗话中与三有关的词语更是举不胜举，如三思而行、三令五申、事不过三、三心二意、约法三章等。因此，正是因为人们对三的记忆最深，所以建议大家在当众发言时，把最重要的话归纳为三点为宜。

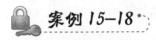

智慧城市的 AI 新思维

2018年8月23日，中国国际智能产业博览会在重庆召开。会上，百度公司的创始人、董事长兼首席执行官李彦宏发表了题为《智慧城市的 AI 新思维》的演讲。

李彦宏阐述了人们对人工智能（Artificial Intelligence，AI）的三个误解。

第一个误解是人工智能是一个长得像人的机器。人工智能长得不应该像人，人们的精力不应该花在怎么去造出一个机器来长得像人，不应该花在解决让这个机器怎么学会走路、怎么学会跑步、怎么学会上下楼梯，这是一个机械时代的思维。如果要让这个机器去替代人的体力，我们在工业化时代已经解决了这个问题，目前我们要解决的是让机器能够像人一样思考。

第二个误解就是机器怎么像人一样思考。现在有很多的研究是研究人脑怎么工作，我认为这条路也行不通。人工智能不是仿生学，现在的人工智能技术跟人脑的工作原理没有太大关系。事实上，我们人类根本还没有搞清楚人脑是怎么工作的，又何谈用机器来模仿人脑的工作原理。所以，人工智能不是模仿人脑的工作原理，而是要用机器的方式实现人脑能够实现的价值或者作用。

第三个误解是人工智能"威胁论"。很多人担心有一天人类会被机器所控制，有一天我们自己造出来的机器会毁灭我们，我认为这是完全没有必要的担心，当我们在做技术研究的时候，会发现比我们想象的要难很多，让机器像人一样思考，就是所谓的 AGI 实现，其实还离我们非常远。如果仔细去琢磨人工智能"Artificial Intelligence"中 Artificial 这个词，它是人工的，其实也有假的意思，所以它离真正人的思维方式、能力，以及有可能出现的风险还非常远。因此，我们更应该担心技术成熟得不够快。

（资料来源：作者根据相关网络资料整理。）

（3）"黄金三点论"的发言思路

如果发言者在发言中仅仅是简单地罗列为三点，听众不知道发言者是如何分出的一、二、三，仍然会感觉条理模糊。所以，"黄金三点论"发言思路运用的要点就是如何划分三点，简单地说就是要根据自己发言的目的，选取合适的角度，按照其内在逻辑关系分三个层次。其中内在逻辑关系的思路可以是多种多样的，比如，从大处往小处说，或者从小处往大处说；从相同之处说到不同之处，或者从不同之处说到相同之处；或者从时间关系上说；等等。比如，杭州的一位导游给游客介绍如何挑选西湖龙井新茶，她就站在杭州本地人的角度，选取视觉、触觉、味觉三个方面来进行介绍。

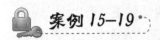

如何挑选西湖龙井新茶？

西湖龙井名扬天下，讲究的就是喝新茶，所以才有明前茶、谷雨茶之分。今天我从三个方面教各位学会识别龙井新茶：

项目15 当众发言

首先，用眼睛"看"。新茶色亮，干硬疏松；陈茶色暗，皮软有潮感。泡开后，新茶的边缘是锯齿状，叶背面有绒毛；而陈茶则紧缩暗软，叶片形状不清晰。新茶的茶汤透亮，陈茶则暗浊。

其次是用手"捻"。新茶一捻为粉末状，陈茶则很难捻碎。

最后是用鼻"闻"。新茶冲泡后，香气鲜美而持久；相反，如果有柴草味、馊味等异味，则为陈茶。

（资料来源：黄大钊，2005.敢说会说巧说——当众讲话三部曲[M].北京：中国书籍出版社.）

3."钩子、西瓜和刀叉"的发言思路

说服类的发言侧重用事实说话，观点和结论与事实相统一，强调的是"言之有理，让人信服"。"钩子、西瓜和刀叉"就是一种说服他人的简洁发言思路，它方便发言者在较短时间内，用较少的话语，让听众认可其观点而采取行动。

（1）"钩子、西瓜和刀叉"的发言思路

钩子，代表开始几句话要有吸引力。

西瓜，代表的是实例。

【钩子、西瓜与刀叉】

刀叉，代表的是结尾。宜短不宜长。刀代表发言者由实例得出的观点，即向听众强调指出，他们如果接受你的建议，会有什么好处；叉代表具体的倡议、主张或要求。

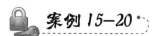

给应聘者赠送公司产品的建议

某化妆品公司召开部门经理会议，公司的人力资源管理部门经理做了如下发言。

大家好！

昨天是周末，我正在家里休息，我妹妹的女儿莉莉到我家来了，一进门就一脸不高兴的样子。我心想怎么一来就给舅舅脸色看呢？（钩子）

原来她一个月前参加了某化妆品公司的面试，用人单位说让她等通知，这一等就是一个月。刚刚她给那个公司的人力资源管理部打电话，才告诉她没有被录用。所以呢，一肚子的抱怨，说以后要说服她周围的朋友再也不使用他们的化妆品了。（西瓜）

我因此联想到我们公司，在招聘促销员时，也不能忘记树立和维护我们的品牌形象，要把应聘者作为我们的潜在消费者来培养，给他留下良好的第一印象。（刀）

经过认真考虑，我建议我们公司能否专门制作一种礼品型产品，赠给每一位应聘者。（叉）

（资料来源：黄大钊，2006.敢说会说巧说——当众讲话三部曲[M].北京：中国书籍出版社.）

（2）"钩子、西瓜和刀叉"发言思路的运用技巧

首先，"钩子"要有吸引力。开头几句话直入主题，让听众感觉干脆利索，自然就有吸引力了。可以用细节开头；用时间开头；用提问方式开头。

其次，"西瓜"最好是自己的。亲身经历的事情，或者身边刚刚发生的故事，说起来有真情实感，容易产生感染力和说服力。同时，讲述中要抓住细节，但切忌把

261

不切题的细节堆砌一大串，这样不但不能引起听众的注意力，还会让听众厌烦。因此在叙述事例时，只选取能强调你讲话的重点和目的的细节，其余的细节一概忽略不提。

最后，"刀叉"精练又具体。精练，是指用一两句话，画龙点睛地说出由实例所得出的结论（刀）。建议（叉）则具体体现在语句要明了，要具体地告诉听众，应该做什么；建议要可行，比如前面案例中的人力资源管理部经理建议赠送每位应聘者一套公司最新的化妆品，这就不太现实；声音要自信，提建议是本次发言的最终目的，因此应该坚定而信心十足地告诉听众，同时用加重的语气说出来，以此来加深听众的印象。

4．"点石成金"的发言思路

"点石成金"是另一种说服人的发言思路。如果说"钩子、西瓜与刀叉"是倒叙的话，"点石成金"就是正叙。譬如，在某些会议上，就一个问题，大家争相发言，都想让大家接受自己的观点，这时就需要有充足的论据；还有一种情况，就是作为某一层次的领导，就一个问题说服或教育下属，这时的发言思路，最好用"点石成金"。

从心理学角度看，人们的学习方式有两种。一种是练习律，一连串相类似的学习行为重复出现，也就是通常说的练习、练习再练习，会导致一个人思维方式或行为模式的相应改变。另一种是效应律，心理学家由实验得出结论：比较强烈的感官刺激会给人强烈的震撼力，并容易改变人们原有的认知，进而造成思想认识和行为模式的改变。"点石成金"的发言思路，运用的就是效应律。那些不寻常的事，本身就很有故事性，当被人生动地讲述出来时，会让人感觉身临其境，且对原有的认知造成冲击，所以能达到让人心悦诚服的目的。

"点石成金"的发言思路：先亮出观点，再举出实例，最后得出结论就可以了。

【点石成金】

点，是指所要表达的观点。

石，是指用来做论据的事实。

金，是指由事实得出的结论。

运用的时候，关键是要把中间的故事讲好，前面的观点和后面的结论都是越简单越好。实际上，我们每个人对很多道理都不陌生，通过新颖的发言方法和技巧，可以让老道理带给人新感受。

15.4 让发言生动得体

在当众发言或演讲中，发言和演讲的内容非常重要，同时如何去表达这些内容也特别关键。那么，如何才能发挥自己的语言魅力去"讲"、去"演"，达到感染听众的目的呢？我们分别从语言表达的规范性、语音语调的使用技巧和肢体语言的运用三个方面进行学习和练习。

项目15 当众发言

1.语言表达的规范性

第一,发音要规范清楚。当众发言中要使用通用语言,比如在国内发言,除特殊情况外,要使用普通话,参照普通话的发音标准进行发言,否则容易闹笑话。

第二,不要说错别字。汉语言文字博大精深,有些字一笔之差,语义语音就相差万里。比如"如火如荼"误读为"如火如茶","草菅人命"误读为"草管人命",把"棘手"误说成"辣手"。另外还有一字多音的字,更加要读准确。如"深恶(wù)痛绝"不能读成"深恶(è)痛绝";"参差(cēn cī)不齐"不能读成"(cān chā)不齐",或者"(shēn chā)不齐"等。

案例15-21

那些年我们一再读错的字,竟然悄悄变正确了

明明读书时老师千叮咛万嘱咐,课文《触龙说(shuì)赵太后》里,触龙是个【说(shuì)客】,"说"字跟【游说】里的"说"同音,这怎么说变就变呐!

其实这样的改动并不是"突然"的。在1983年的第二版《现代汉语词典》中,【说(shuì)服】就已经改成【说(shuō)服】,所以现在"说服别人的人"变成了【说(shuō)客】也有迹可循,且这个词其实已经改了好几年了。

其实,近些年类似的"修订"可多了!

比如,以前的字典上是【确凿(zuò)】,现在已统一了【凿】字的读音,汉语词典中只有(záo)这个音。

再比如,我们都背过的杨玉环吃荔枝的"一骑(jì)红尘妃子笑",现在"骑"字就只有一个读音了,【坐骑(jì)】也变成了【坐骑(qí)】。

近日,在最新修订的《普通话异读词审音表》中,还有很多字词的读音发生了类似的改变,将一些过去有多种拼音读法的汉字明确地统一读音。许多曾经的"规范读音"现如今竟悄悄变成了"错误读音";经常读错的字音,现在已经成为对的了。

荨(qián)麻疹改为荨(xún)麻疹。不过,荨麻这种草本植物还是读作【荨(qián)麻】。

橙,统读chéng,取消chén(橙子);

从,统读cóng,取消cōng(从容);

脊,统读jǐ,取消jí(脊梁);

迹,统读jì,取消jī(事迹);

绩,统读jì,取消jī(成绩);

framework,统读kuàng,取消kuāng(门框);

拎,统读līn,取消līng(拎东西);

澎,统读péng,取消pēng(澎湃);

绕,统读rào,取消ráo(回绕);

往,统读wǎng,取消wàng(往前走);

寻,统读xún,取消xín(寻思);

咱,统读zán,取消zá(咱们);

作,在"作坊、洗衣作、豆腐作、小器作"中读zuō,其他场合都读zuò。

看完这些，觉得以前语文老师纠正过的读音都变正确了！

（资料来源：作者根据相关网络资料整理。）

第三，避免词异音同。许多书面语言中能够一起使用的词语，因为音同容易让听众引起歧义的词语在发言中最好能更换为其他同义词。如"治病"和"致病"，最好把"致病"修改为"得病"或"患病"。

第四，要去除口头禅，保持语句清爽干净。我们听到有的发言者在讲话中经常说"那么呐""然后""啊啊"等口头禅。这些带有较多口头禅的讲话，让人听起来感觉发言不流畅，容易冲淡听众的热情和兴趣。因此，我们要有意识地去除口头禅，可以在讲话中有意识地放慢自己的语速，熟悉讲话内容，投入地去讲。

2.语音语调的使用技巧

第一，巧用重音。当众发言时，要想准确传达自己的思想和观点，除发音准确外，巧用重音所带来的语义变化，能帮助我们表达自己的某种特殊情感。

第二，把握停顿。停顿是指口语表达中词与词、句与句之间的停顿，就像书面语言中的标点符号一样。如果语速过快，听众就会很难听出句子之间的停顿，造成理解上的难度。因此在当众发言时，该停顿时就应适当停顿。

第三，变化语调。常言道"声随情转，以声传情"，语调的变化在口语表达上具有重要且微妙的传情达意的作用，能引起人们丰富的联想。因此，当讲述美好事物的时候，音量要适当放大，语速适当加快，停顿相对缩短；而在讲一件不幸的事件时，表达的是思绪沉郁之情，这时的音量要适度降低，停顿稍延长，语速相对放慢，节奏徐缓。总之，根据内容表达的需要，表述时的语调要适当有起伏变化。

第四，体现节奏。当众发言的节奏感，体现在讲话速度的快与慢，讲话过程中情绪的张与弛，音量的轻与重。美国黑人民权运动领袖马丁·路德·金说过："当众演讲的速度取决于演讲者本人希望营造的气氛。譬如，你希望传达激水漂流的兴奋，就应该以快于常人的速度讲话。"

第五，提高语感。语感是指人们对语言的感知和反应能力。当你听到或看到的信息传入你的大脑时，你能否快速准确地理解其含义，或者能否快速找到恰当而生动的词语，使其连贯有序地表达出来，这就是语言的感应能力。在当众发言中，好的语感能力是指词汇丰富、出口成章。丰富的词汇要靠平时的积累，比如时下很多网络流行语，如果你关注到了，并且在你的发言中恰当地用到了，就会给听众不一样的感觉。比如案例15-22中的"翻阅""调阅""借阅""参阅""查阅"等词，都是查看和了解的意思，但发言者根据查阅者身份和用处不同，分别使用了不同的表达词语，既清晰精确地表达了内容，也避免了仅仅使用一个"翻阅"造成语言单调和呆板而给人的乏味之感。

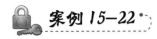

一位公司秘书关于公司档案管理的发言

公司的档案有绝密、机密和一般之分。绝密和机密管理的核心问题是严格把关。一般档案存放要便利,可以随时让有关人员"翻阅"。如领导要了解情况时可以随时"调阅";其他人员需要时可以"借阅";领导在决策时可以"参阅";对一些较早的一般档案资料还可以"查阅"。

(资料来源:黄大钊,2006.敢说会说巧说——当众讲话三部曲[M].北京:中国书籍出版社.)

3. 肢体语言的运用

当众发言的时候,虽然听众主要是通过听觉来接收发言者的信息,但如果是现场面对听众的话,一定要通过一些肢体语言,如手势、动作,帮助听众更准确地理解内容,同时还会刺激听众的注意力。所以,我们要学会运用合适的肢体语言。

首先,站姿、坐姿要稳。站姿应采用放松、舒适的直立,把身体重量均匀地落在两只脚上,双脚可以分开,与肩同宽,让观众感觉你比较自信。发言时可以适当地移动脚步,但避免大幅度地走来走去。坐姿应坐在椅子面积的三分之一或三分之二处,腰要直,挺胸,双肩自然下沉,双臂自然弯曲,两手自然放在桌面上,保持头正,双目平视听众或前方,面带微笑。

其次,恰当运用手势。根据演讲内容和听众的习惯设计适当的手势。在当众发言的时候,注意避免使用以下肢体语言:如双臂交叉在胸前、双手交叉在背后、一只手握住另一处胳膊,或者紧抓讲台。还要避免显得紧张的肢体动作,如挠耳朵、搔手背等。

最后,积极的目光交流。根据演讲的规模,选择适当的目光。演讲规模较小时,使用定视,就是和每一位听众都有目光交流。演讲规模中等时,可采用环视,争取对每一位听众都产生印象。演讲规模较大时,采用虚视,平视听众,表情自然。当众发言要避免总是看讲稿或者辅助的 PPT、视频图像等。

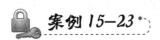

如何在举手投足之间释放强大气场?

体态直接影响我们的形象。如何让身体语言帮助你传递积极的信息?什么手势让你的演讲更有说服力?

身体语言专家 Kasia Wezowski 创建了肢体语言中心,并出版了 4 本关于肢体语言的书籍。肢体语言中心对不同领域的成功领袖进行了研究,并发现某些肢体语言特别容易给人留下深刻的印象,特别具有说服力。她总结了 6 种肢体语言,可以帮助我们拥有更强大的气场。

1. 箱内活动——更可靠

在美国前总统比尔·克林顿早年的政治生涯里，他习惯手舞足蹈地强调他的演讲内容，这大大削弱了他演讲内容的可信度。为了控制他那夸张的肢体语言，他的顾问让他尝试想象一个箱子放在他的胸和肚子的前面，让他把手的活动范围控制在箱子内。就这样，"克林顿的箱子"就成为这一行的流行术语。

2. 犹抱篮球——更能干

模仿手中握有一个篮球的手势，瞬间提高了你的自信和能力，仿佛一切尽在掌握之中，运筹帷幄。美国苹果公司联合创始人史蒂夫·乔布斯在演讲时就经常使用这个动作。

3. 菱形手势——更从容

一个人自信的时候，他会安安静静地待着；反之，越是紧张就越会手足无措，小动作较多，频频搓手。左手交右手弄出一个菱形来，这样就能限制你的手部动作。虽说这个动作被用得非常多，有些盛气凌人或傲慢无礼的人也会用这个手势。回归它的本意，它不是代表自鸣得意，它代表的是从容不迫、落落大方，所以许多总理都喜欢用这个手势。德国前总理安格拉·默克尔的招牌手势就是菱形手势，她表示这个动作帮助她挺直上半身，避免驼背。

4. 松开脚步——更自信

站姿是心态的直接反映。双脚张开与肩同宽，这样稳定的站姿比双脚并拢更显得沉着。松开脚步的同时要挺直腰，两者的结合让你的自信立刻散发了出来。

5. 掌心向上——更真诚

这个动作展现了个人的率真与率性。美国脱口秀主持人奥普拉·温弗瑞在她的演讲中就经常使用这个动作。她是一个强势且极具影响力的人，就是通过这个动作，不管是面对一个人还是一大群人，她都能展现出真心实意想与对方交流的一面。

6. 掌心向下——更利索

这个动作给人果断利索的感觉，代表了能力、权威与魄力。美国前总统奥巴马在每个激动人心的演讲瞬间，就喜欢用它平复听众的情绪。

优秀是一种习惯。不妨对着镜子练习一下这几种姿势吧，把身体姿势与你的语言、神态天衣无缝地配合起来，才能表现得更加大方得体、真诚坦率、自信十足。

（资料来源：作者根据相关网络资料整理。）

15.5 运用辅助手段强化发言主题

听众在听到某种信息的时候，可以记住该信息的20%；如果在听到的同时也看到该信息，则可以记住该信息的80%。因此在当众发言或演讲中，使用可视辅助物帮助说明演讲主题，可以增强演讲的专业性和生动性，可以使你的观点更清楚、更有说服力，也更令人难忘。同时，恰当地使用可视辅助物可以有效缓解发言者的紧张情绪，增强自信，展示最好的状态。

项目15 当众发言

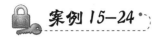

比尔·盖茨把蚊子带进演讲现场

在2009年的TED（TED为科技technology、娱乐entertainment、设计design的缩写，TED大会聚集全球卓越的思想家，就科学、艺术、政治、全球性问题、建筑、音乐等各个领域的问题进行交流）大会上，比尔·盖茨发表了针对非洲疟疾防治的演讲，他呼吁人们应该重视疟疾的影响，应该采取更有力的措施和投入更多的药品与疟疾斗争。演讲中，他打开了一个装满蚊子的罐子，说："疟疾是通过蚊子传播的，我带了一些过来，让它们在这里也飞一下。没有理由只让穷人被传染。"此举让台下的听众感到惊恐，人们足足担心了一分钟，比尔·盖茨才告诉听众他放出来的蚊子是不带疟疾的。

该大会的管理者克里斯开玩笑说："盖茨此举应该成为各大媒体新闻的头条，标题可以用'盖茨向全世界释放更多的致命昆虫'。"eBay公司的创始人皮埃尔·奥米迪亚表示："这简直太不可思议了，我当时就坐在第一排。"

（资料来源：作者根据相关网络资料整理。）

【思考与讨论】你认为比尔·盖茨此举对他的演讲有什么作用？

1. 演讲辅助材料的种类

演讲辅助材料汇总表见表15-1。

表15-1 演讲辅助材料汇总表

辅助材料种类	优 点	缺 点
实物	最具戏剧效果，使听众印象深刻	不易准备，有时会有局限性
PPT演示文档和幻灯片	灵活、方便、清晰、直观	对现场多媒体设备要求较高
模型	直观，具有冲击性	不易准备，有时会有局限性
照片	准确、清晰，显示现场	不适合听众较多的场合
黑板	简单直观，适合组织讨论	写满后必须擦掉
视频	在视觉和听觉方面具有较好的冲击性	需要光线较暗的房间，容易让听众注意力分散
分发材料	听众可以事先阅读	会在听演讲时分神

2. 演讲辅助材料的使用

① 使用的演讲辅助材料要与主题和听众相适应。

② 尽量使用图示，减少文字性的东西。

③ 使用黑板演示，复杂的图表最好事先画下来。在黑板上书写要简短，版面安排要有条理，字迹要清晰有力。

④ 图表要足够大，演示的时候尽量站在它的旁边。

⑤ 在讲述的时候，要转过身体面向观众。

思 考 题

1. 在职场上，当众发言的目的有哪些？
2. 当众发言时紧张的原因有哪些？
3. 在组织发言内容时，如何根据发言目的正确运用发言思路？
4. 如何使你的发言更有魅力？
5. 当众发言的辅助手段主要有哪些？如何运用才是恰当有效的？

实 训 项 目

一、思维敏捷训练

1. 卓别林训练法。每位参加者各自在纸条上写下一个题目，然后将纸条折叠起来，摇乱后，请每位参加者轮流抽纸条，打开纸条后根据题目马上说60秒。同一个题目只能回答一次。

2. 故事连接训练法。即参加互动的所有参加者同讲一个故事。老师让第一位参加者任意编一个故事，先开一个头，接下来的另一个参加者必须发挥自己的想象，创造情节把故事接下去。直到轮到最后一位参加者时，必须把故事讲完。连接故事的时候，只要沿着前一位叙述的基本情节讲，可以任意发挥，展开想象的翅膀，任思绪自由驰骋，情节越离奇越好。

二、当众演讲训练

将"五何公式法"与"点石成金""钩子、西瓜和刀叉""黄金三点论"等发言思路相结合，围绕自己在大学生活中亲身经历或所见所闻的事例，当众演讲，阐述自己的观点或思想。

要求：

1. 演讲内容。演讲题目自拟，要新颖且有创意；主题突出，内容真实感人，结构完整清晰；演讲稿写作运用了好的方法与技巧，使得现场听众为之所动，具有较好的说服性。

2. 表达形式。有声语言、肢体语言；普通话标准，声音洪亮清楚，语调和语速与演讲内容相配合，声音与情感相结合等；表情自然并与内容有机结合，声情并茂，感染力强，动作与手势恰到好处等；仪表端庄，服装整洁大方，讲究礼仪；注意时间控制、出入场、演讲效果、创意及辅助手段运用等。

3. 每位选手比赛时间限定在3~5分钟。

参考文献

崔佳颖，2010．360度高效沟通技巧[M]．北京：机械工业出版社．

范文琼，丰晓流，2009．人际沟通技巧[M]．武汉：华中科技大学出版社．

郭碧莲，2009．会说话是本事[M]．呼和浩特：内蒙古文化出版社．

鸿蒙，2010．每天学点关系学[M]．北京：金城出版社．

胡巍，2005．管理沟通——案例101[M]．济南：山东人民出版社．

黄大钊，2006．敢说会说巧说——当众讲话三部曲[M]．北京：中国书籍出版社．

金正昆，2009．金正昆教你学礼仪全集[M]．西安：陕西师范大学出版社．

卡耐基，2012．卡耐基：沟通的艺术与处世的智慧[M]．王红星，编译．北京：中国华侨出版社．

卡耐基，2012．卡耐基：做一个会说话会办事的聪明人[M]．唐汶，编译．北京：化学工业出版社．

李波，2006．职场十诫[M]．北京：中国纺织出版社．

李宁，郑海燕，2007．如何管好电话销售团队[M]．北京：中国社会科学出版社．

李屹之，2007．实用口才全书[M]．北京：新世界出版社．

刘玉良，阮小芳，2001．哈佛模式·职业经理人[M]．北京：人民日报出版社，线装书局．

马吉欧，2014．说话的艺术[M]．正林，王权，译．长沙：湖南人民出版社．

明理，2015．北大口才课[M]．北京：北京联合出版公司．

明卫红，2008．沟通技能训练[M]．北京：机械工业出版社．

人力资源和社会保障部职业技能鉴定中心，2011．与人交流能力训练手册[M]．2版．北京：人民出版社．

塞利格曼，2010．活出最乐观的自己[M]．洪兰，译．沈阳：万卷出版公司．

沈杰，2009．沟通无处不在[M]．北京：新世界出版社．

宋学军，2007．有效提高表达与沟通技巧[M]．北京：地震出版社．

王建民，2015．管理沟通实务[M]．4版．北京：中国人民大学出版社．

王林，2008．成功探索十二讲[M]．北京：机械工业出版社．

王小平，2008．本领恐慌[M]．北京：中国青年出版社．

韦尔丁，2009．情商[M]．尧俊芳，译．天津：天津教育出版社．

谢红霞，2015．沟通技巧[M]．2版．北京：中国人民大学出版社．

严家明，2010．今天，你微笑了吗[M]．北京：机械工业出版社．

叶舟，2011．一切从赞美开始——无往而不胜的销售宝典[M]．北京：北京理工大学出版社．

张德俊，2010．职场关系与沟通技巧[M]．北京：航空工业出版社．

张健鹏，胡足青，2005．小故事大智慧 [M]．北京：当代世界出版社．

张铁成，2008．你是能说会道的人全集 [M]．北京：新世界出版社．

赵国忻，2008．管理学基础 [M]．北京：科学出版社．